MARCO POLO

Frankreich

Reisen mit Insider Tipps

Diesen Reiseführer schrieb Axel Patitz. Er lebt im Südwesten Frankreichs und verfasste für die MARCO POLO Reihe unter anderem die Bände Burgund, Bretagne und Französische Atlantikküste.

www.marcopolo.de

Infos zu den beliebtesten Reisezielen im Internet, siehe auch Seite 155

SYMBOLE

MARCO POLO INSIDER-TIPPS:
Von unserem Autor für Sie entdeckt

MARCO POLO HIGHLIGHTS:
Alles, was Sie in Frankreich kennen sollten

HIER HABEN SIE EINE SCHÖNE AUSSICHT

WO SIE JUNGE LEUTE TREFFEN

PREISKATEGORIEN

Hotels

€€€	über 110 Euro
€€	65–110 Euro
€	unter 65 Euro

Die Preise gelten für zwei Personen im Doppelzimmer ohne Frühstück. Bei nur einer Person ermäßigt sich der Preis meist nicht.

Restaurants

€€€	über 30 Euro
€€	15–30 Euro
€	unter 15 Euro

Die Preise gelten für Menüs (für eine Person ohne Wein), wobei in niedrigeren Kategorien die Zahl der Gänge begrenzt ist.

KARTEN

[166 A1] Seitenzahlen und Koordinaten für den Reiseatlas Frankreich

[U A1] Koordinaten für die Pariskarte im hinteren Umschlag

[O] außerhalb des Kartenausschnitts

Übersichtskarte Großraum Paris Seite 174/175

Zu Ihrer Orientierung sind auch die Orte mit Koordinaten versehen, die nicht im Reiseatlas eingetragen sind.

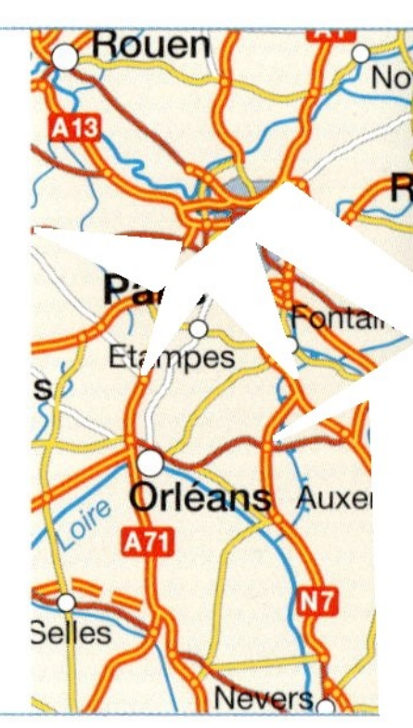

GUT ZU WISSEN

Inhalt

Die wichtigsten MARCO POLO Highlights

Sehenswürdigkeiten, Orte und Erlebnisse, die Sie nicht verpassen sollten

1 **Louvre**
Mona Lisa, ägyptisches Gold, antike Marmorschönheit – der Louvre ist die größte Schatzkammer der Welt (Seite 29)

2 **Musée National Picasso**
Wirklich eine Jahrhundertgestalt war das Malgenie: Hier versteht man, warum (Seite 30)

3 **Chantilly**
Wie der Prince de Condé gern gewohnt hätte, wäre er als Pferd zur Welt gekommen (Seite 32)

4 **Nancy**
Keine Stadt in Frankreich präsentiert sich prunkvoller. Höhepunkt der Pracht: die Place Stanislas (Seite 41)

5 **Colmar**
Schönes Fachwerk findet man im Elsass vielerorts; in Colmar ist es nur Rahmenwerk zu herrlichen Kunstschätzen (Seite 44)

6 **Giverny**
Monets Seerosenteich samt Atelier und Wohnhaus des Künstlers ist ein globales Pilgerziel (Seite 53)

7 **Carnac**
Mystik pur erleben Sie beim Besuch der rätselhaften Steinreihen (Seite 65)

Colmar, Rue des Marchands

Paddeln in den Gorges du Tarn

Mont-Saint-Michel
Der gigantische Klosterberg in der Meeresbucht ist ein Wallfahrtsort für Millionen (Seite 73)

Beaune
Wein und Kunst sind in der burgundischen Stadt aufs schönste vereint (Seite 80)

Vulcania
Die Vulkanlandschaft der Auvergne ist mit dem neuen europäischen Vulkanpark bei Mont-Dore um eine große Attraktion reicher (Seite 83)

Azay-le-Rideau
Entzückendes Renaissance-schloss – besonders, wenn in lauer Sommernacht das Spektakel Son-et-Lumière über die Bühne geht (Seite 90)

Rocamadour
Das königliche Pilgerziel hat auch in unseren Tagen nichts von seiner Anziehungskraft eingebüßt (Seite 110)

Wasserschloss Azay-le-Rideau

Toulouse
Die Heimatstadt des Airbus und der Ariane lädt zum virtuellen Weltraum-abenteuer ein (Seite 113)

Avignon
Nicht nur »Sur le pont« singt man ein Loblied auf die Papst-stadt (Seite 120)

Gorges du Tarn
Wild, malerisch, sensationell – der Canyon des Tarn ist ein Naturwunder der Superlative (Seite 124)

 *Die Highlights sind in der Karte auf dem hinteren Umschlag eingetragen*

Entdecken Sie Frankreich!

Lernen Sie ein Land kennen, das viel zu bieten hat – seine Menschen und seine Landschaften, seine Kultur und seine Geschichte

Frankreich als geografischer Raum vereint in der Form des Sechsecks, von den Franzosen *l'Hexagone* genannt, ganz unterschiedliche Landschaften. Die Pariser mögen wie eh und je glauben, ihre Stadt sei der Nabel des Landes und der Rest nichts als »Provinz«. Wahr ist, dass Frankreich mit einer derartigen Fülle an Landschaften, regionalen Eigenarten kultureller und geschichtlicher Art, sozialen, gesellschaftlichen und wirtschaftlichen Besonderheiten aufwartet, dass es unmöglich ist, das Land als Ganzes auf einer einzigen Reise auch nur einigermaßen kennen zu lernen. Was man allerdings in allen Landesteilen mit Sicherheit antrifft, ist eine Leichtigkeit des Seins, als Savoir-vivre in den internationalen Sprachschatz übernommen, die unsere Begegnung mit Frankreich zu einem Leib und Seele erfrischenden Erlebnis werden lässt. Ob auf einer Autotour jede Nacht in einem anderen Hotelbett, drei Wochen in einer Ferienwohnung am Meer, auf einer langen Radtour, mit einem Hausboot auf den Kanälen durch Burgund oder auf einer Wanderung in den Cevennen – immer wieder gibt es Augenblicke, in denen die Kunst der Franzosen, dem Leben positive Seiten abzugewinnen, es lebenswert zu machen, uns ansteckt.

Bedeutender römischer Aquädukt: Pont du Gard westlich von Avignon

Überragend: der Eiffelturm in Paris

Ein Überblick über die einzelnen Landstriche: Im Norden grenzt die Region *Nord-Pas-de-Calais* an den Ärmelkanal und Belgien. Die Landschaft ist flach und touristisch kaum beachtet, doch stehen hier mit der Kathedrale von Amiens und den flämischen Arkadenhäusern von Arras Sehenswürdigkeiten ersten Rangs. Und an der Küste liegen so namhafte Städte wie Dünkirchen, Calais und Boulogne und der einst mondäne, von den Parisern seit Generationen geschätzte Badeort Le Touquet-Paris Plage mit seinem kilometerlangen Sandstrand.

Geschichtstabelle

um 10 000 v. Chr. Ende der Altsteinzeit; bedeutende Höhlenmalereien in Südfrankreich (Lascaux u. a.)

58–51 v. Chr. Cäsar erobert ganz Gallien. Römische Stadtgründungen

440–751 n. Chr. Herrschaft der Merowinger

751–986 Herrschaft der Karolinger. Das Reich der Franken wird zum stärksten Staat Europas

13. Jh. Albigenserkriege. Hochblüte Frankreichs unter Ludwig IX. (1226–70). Hochgotik, Gründung der Sorbonne

1337–1453 Hundertjähriger Krieg mit England

ab 1562 Religionskriege erschüttern Frankreich. Hugenottenkriege

ab 1589 Unter Heinrich IV. erstarkt die Krone. Nach seiner Ermordung (1610) neue Unterdrückung der Hugenotten (Protestanten)

1643–1715 Unter Ludwig XIV. wird Frankreich zur Großmacht

1789–92 Französische Revolution

1799–1815 Herrschaft Napoleons I.

1814–48 Zeitalter der Restauration. Der Adel wird entschädigt. Sturz des Königs mit der Februarrevolution 1848

1848–70 Zweite Republik und zweites Kaiserreich. Louis Napoléon wird zunächst Staatspräsident und herrscht ab 1852 als Kaiser Napoleon III.

1870–1914 Dritte Republik nach der Niederlage im Krieg gegen Preußen

1914–45 Stellungskrieg im Ersten Weltkrieg. Im Zweiten Weltkrieg Besetzung Frankreichs durch die Deutschen. Landung der Alliierten in der Normandie am 6. Juni 1944

1946–58 Vierte Republik

1958 Fünfte Republik. Algerienkrise; Präsidentschaft Charles de Gaulles bis 1969

1981–95 François Mitterrand regiert als Staatspräsident

1997 Lionel Jospin wird Premierminister unter Staatspräsident Jacques Chirac

1998 Frankreich wird Fußballweltmeister

2000 Verkürzung der Amtszeit des Präsidenten von 7 auf 5 Jahre

2002 Wiederwahl Jacques Chiracs zum Staatspräsidenten

Bizarre Felsen an der wilden Küste der Côtes d'Armor in der Bretagne

Die *Normandie,* das Land des Calvados und Camemberts, ist mit seinen heckengesäumten Wiesen, Fachwerk-Bauernhäusern, Klosterruinen und stillen Dörfern von einer friedlichen Schönheit. Seineabwärts liegt die Departmenthauptstadt Rouen mit ihrer – von Monet oft gemalten – Kathedrale. Nahe der Küste mit den Stränden, an denen am 6. Juni 1944 die größte Armada der Weltgeschichte aufkreuzte, kommt man in die Städte Caen und Bayeux, in denen einst die Normannenherzöge residierten.

» Das Land des Calvados und Camemberts «

In der Normandie wird man auch immer wieder daran erinnert – nicht nur an Stränden mit Namen wie Omaha Beach, Utah Beach oder Sword Beach –, dass dieses friedvolle Bauernland wie keine andere Region Frankreichs unter den Zerstörungen des Zweiten Weltkriegs zu leiden hatte. In einem beispiellosen Wiederaufbau wurden die historischen Bauten der betroffenen Städte rekonstruiert.

Die benachbarte *Bretagne* unterscheidet sich in fast jeder Hinsicht von der Normandie. Dort die ruhigen, dabei unter ihren Landsleuten als leidenschaftlich prozessfreudig geltenden Normannen – hier die Bretonen, die kein wikingisches Blut in den Adern haben, sondern keltischer Abstammung sind. Man sagt ihnen Beharrlichkeit und Geduld nach, aber auch typisch keltische Wesenszüge wie reiche Phantasie und tiefe Gläubigkeit. Bei mehr als zwei Dutzend *pardons,* den alljährlich vom Frühjahr bis zum Jahresende stattfindenden Wallfahrten, ziehen die Bewohner ganzer Dörfer in alten Trachten, mit Kreuzen, Bannern und Heiligenfiguren unter Gesang zu einsam gelegenen Kapellen.

An Felsenküsten mit Namen wie Côte des Légendes, Côte de Granit Rose und Côte d'Émeraude, zusammengefasst unter der Bezeichnung *Côtes d'Armor,* liegen versteckte Fischerdörfer und kleine Häfen, in denen die Atmosphäre durchdrungen ist von Legenden.

Wendet man sich dem östlichen Rand Frankreichs zu, *Lothringen* und dem *Elsass,* so lassen sich Gemeinsamkeiten mit der Bretagne kaum feststellen. Die Bewohner dieser Regionen verbindet nur, dass sie (heute) in ein und demselben Land leben. Im Elsass wird Alemannisch ebenso gesprochen wie Französisch. 1648 Frankreich einverleibt, wurde es nach dem Krieg von 1870/71 deutsch, um 1918 wieder an Frankreich zu fallen. Heute kommen die Touristen von jenseits der Grenze nicht nur, weil das Elsass so nah liegt. Mit seinen Bilderbuch-Fachwerkdörfern, der guten Küche, den Rebhügeln und Weinstuben und nicht zuletzt des Kunstgenusses wegen ist das Ländchen zwischen Rhein und Vogesen ein Reiseziel fürs ganze Jahr. Straßburg mit seinem machtvollen Münster ist seit 1949 Sitz des Europarats. Es beherbergt im hochmodernen *Palais de l'Europe* neben dem Europaparlament, das hier jeden Monat für fünf Tage im großen Plenarsaal tagt, mehr als 1000 Beamte.

Die Reise nach *Burgund* ist so etwas wie eine Wallfahrt zu den Wurzeln abendländischer Kultur. Orte wie Vézelay, in dessen romanischer Kirche Ste-Madeleine Bernhard von Clairvaux 1146 zum zweiten Kreuzzug aufrief, Beaune mit dem Hôtel-Dieu und die noch als Ruine majestätische Klosteranlage Cluny sind unvergessliche Stationen. Und zwischen den Rebhängen der Côte d'Or, des »Goldhangs« südlich von Dijon, sind es kleine Dörfer mit großen Namen, die höchste Weinkultur repräsentieren.

Die *Loire* ist mit 1020 km Frankreichs längster Fluss. Nur einige Hundert Kilometer davon haben Geschichte gemacht: als Schlösserregion, in die aus aller Welt die Touristen strömen. Kenner reisen nicht im Juli oder August an die Loire, sondern kommen im Frühjahr oder Herbst, und nicht nur wegen Chambord, Amboise, Chenonceau und anderen Stätten königlicher Hofhaltung, Feste, Intrigen und Liebschaften, sondern auch wegen der bezaubernden kleinen Schlösser an den Nachbarflüssen Cher, Indre, Vienne und Loir.

» Straßburg ist seit 1949 Sitz des Europarats «

Anders das *Tal der Rhône:* Hier verläuft seit alters her eine der größten europäischen Verkehrsachsen zwischen Nord und Süd. Lyon, die zweitgrößte Stadt Frankreichs, ist einen Besuch wert, und das nicht nur wegen einer einmaligen Restaurantszene. Östlich bis zur schweizerisch-italienischen Grenze erstreckt sich der Alpenbogen. Dort liegen im Gebiet *Rhône-Alpes* das dynamische Grenoble, die berühmten Wintersport- und Kurorte Hochsavoyens.

In gleichem Maß wie die Mittelmeerküste, und zwar nicht nur die spanische und italienische, sondern eben auch die Côte d'Azur, zu Aufmarschplätzen des Massentourismus geworden sind, empfiehlt sich für den Badeurlaub die *französische Atlantikküste* zwischen La Baule und Biarritz. Zu erfinden ist der Tourismus auch hier allerdings längst nicht mehr: Die Franzosen kommen bereits seit mehr als einem Jahrhundert in die renommierten Seebäder und kleinen Badeorte.

»Das Périgord ist Provinz im besten Sinn«

Wie alle regional bedeutenden Städte hat Bordeaux sich in den letzten Jahrzehnten auf eine erstaunliche Weise verjüngt. Dabei haben die *conseils régionaux*, die Regionalräte, im Zug der unter François Mitterrand eingeleiteten Dezentralisierung maßgeblichen Anteil an der Entwicklung der Regionen, in diesem Fall von *Aquitaine.* Diese Region, also der überwiegende Teil des Südwestens, kann in touristischer Hinsicht als Idyll gelten. Das *Périgord* etwa ist mehr als das Land der *truffes* und der *foie gras*, der Trüffeln und Stopfleber. Es ist Provinz im besten Sinn, nämlich von ausgeprägter Eigenart und dabei typisch französisch durch die Kunst des Savoir-vivre.

Abseits ausgetretener Pfade oder Touristenstraßen reist man praktisch im ganzen *Midi,* vom *Baskenland* im Westen bis ins *Languedoc* und *Roussillon.* Dabei sind auch Städte wie Pau, Toulouse und Albi zu entdecken, in denen sich heutiges Leben und eine selbstbewusste Eigenart, nämlich das Okzitanische, zu einer ganz spezifischen Atmosphäre verdichten. Darin ist das Midi ebenso typisch wie die *Provence*, in der das provenzalische Erbe den Sonne und südliches Licht suchenden Touristen zum wahren Liebhaber werden lässt, der immer gern wiederkommt.

Der Canal du Midi verbindet das Mittelmeer mit dem Atlantik

Basken, Bretonen und andere

Über regionale Eigenheiten und weitere landeskundliche Details können Sie sich in diesem Kapitel informieren

Architektur
Antike Baudenkmäler sind vor allem in der Provence zahlreich erhalten geblieben: der Pont-du-Gard, der Tempel in Nîmes, die Amphitheater in Arles und Orange, die Arenen in Arles, Nîmes und Fréjus, die Triumphbögen und Denkmäler in St-Rémy und Orange. Römische Stadttore und Triumphbögen stehen in Besançon, Langres, Autun, Reims und Saintes, Thermen in Nîmes und Paris. Die Romanik hinterließ in Frankreich zahlreiche Klosteranlagen mit Kreuzgängen. Für den Bau von Basiliken ist Cluny in Burgund wegweisend.

Eine ganz eigene Schöpfung, und daher auch als *style français* bezeichnet, ist die Gotik in Frankreich (12.–15. Jh.). Herausragendes Beispiel dafür ist die Kathedrale von Chartres, fast gleichwertig sind diejenigen in Reims und Amiens. Einzigartig ist die Anlage des Mont-St-Michel.

Die Renaissance hielt unter Karl VIII. Einzug, der bereits 1496 Künstler aus Italien für den Bau von Amboise nach Frankreich holte. Unter König Franz I. wurden die Schlösser Châteaudun, Chenonceau, Chambord und andere gebaut. In Paris entstanden die Bauten um die Place des Vosges, der innere Hof des Louvre und das Schloss der Tuilerien, das 1871 zerstört wurde.

Mehr als nur eine Kopfbedeckung: die Baskenmütze

Berühmte Architekten in der Zeit Ludwigs XIV., Ludwigs XV. und Ludwigs XVI., der Epoche des französischen Klassizismus, waren François Mansart und sein Großneffe Jules Hardouin-Mansart (Seitenflügel von Versailles, Place Vendôme). Die Baustile Empire und Romantik kennzeichneten die Zeit Napoleons I., während vom Ende des Klassizismus bis zum 20. Jh. zugleich ältere Stile nachgeahmt wurden. Herausragende Figur bei der Restaurierung mittelalterlicher Bauten war Eugène Viollet-le-Duc (1814–79), der u. a. die Cité von Carcassonne und Nôtre-Dame in Paris umfassend restaurierte. Die Epoche der Eisen- und Glasbauten begann Ende des 19. Jhs. mit dem Wirken des Architekten Tony Garnier. Als eines der kühnsten Erstwerke der Eisenbaukonstruktion gilt der Eiffelturm, 1887–89 von Alexandre Gustave Eiffel erbaut.

In der Nachkriegszeit entstanden die großen Trabantenstädte um Paris, in den 1970er-Jahren das Centre Pompidou und in jüngster Zeit die mächtige Arche de la Défense des dänischen Architekten Otto von Spreckelsen (1989) sowie die futuristische Cité de la Science et de l'Industrie de la Villette in Paris mit ihren imposanten Gebäuden (1984–89) und die Oper an der Bastille (1989).

Beur-Kultur

Les beurs, wie sie in ihrem Jargon genannt werden, sind die in Frankreich geborenen Nachkommen nordafrikanischer, das heißt mohammedanischer Eltern. Die *beurs* (»beur« ist durch Umkehrung und Lautverschiebung des Worts »arabe« gebildet) beherrschen von der Sprache der Eltern nur einige Brocken, sie sind – wie etwa die in Deutschland geborenen Kinder türkischer Eltern – eine Weder-noch-Generation, im Konflikt mit dem oft strengen Traditionalismus der Eltern, zugleich diffamiert und zurückgewiesen durch die französische Umgebung. Sie wachsen in den *banlieues,* den tristen Vorstadtzonen, auf, die berüchtigt sind für Jugendkriminalität, Drogensucht und Bandentum. Dennoch: Ein neues Selbstbewusstsein ließ in den 1980er-Jahren eine *Culture Beur* entstehen, die als lebendige Subkultur arabische und französische Elemente vereint, mit eigenen Musikgruppen und eigener Literatur. SOS-Racisme entstand, eine antirassistische Initiative, die Hunderttausende von Schülern mobilisierte.

Korsika (Corse)

Mit 8722 km^2 ist Korsika die nach Sizilien, Sardinien und Zypern viertgrößte Mittelmeerinsel. Mit mehr als 50 Gipfeln über 2000 m Höhe ist Korsika, ein Gebirge im Meer, zugleich die »Insel der Schönheit«. Nur 5,5 Prozent der Fläche können

Halali

Gar lustig ist die Jägerei?

Kein Volkssport, sondern Teil des Savoir-vivre ist die Jagd für viele Franzosen. Und ein »Symbol der Freiheit«, wie der nationale Jagdverband betont. Das gilt insbesondere für die ländliche Bevölkerung. Gejagt wird von September bis Anfang Februar. Dann wimmeln die Wälder an bestimmten Tagen von martialisch gerüsteten Waidmännern (Frauen so gut wie gar nicht), die Wildschwein, Reh oder Hirsch in Gruppen nachstellen. Dabei kommen nicht selten Autos statt der eigenen Beine zum Einsatz. Und nicht nur Jagdkollegen, sondern auch radelnde Touristen, Spaziergänger und Pilzsucher leben gefährlich, wenn sich eine Kugel verirrt. Geschärftes Sicherheitsbewusstsein führte dazu, dass sich die Zahl der getöteten Jäger in den letzten Jahren auf knapp zwei Dutzend halbierte, aber immerhin noch fast 100 schwere und 70 leichte Jagdunfälle zu beklagen waren.

Schöner Strand: die Grande Plage von Biarritz

landwirtschaftlich genutzt werden, neben Wein und Obst wird Tabak angebaut. Eine große Rolle spielen daneben Oliven, Feigen und Kastanien. Schafe und Ziegen sind die wichtigsten Nutztiere.

Korsika wurde nach turbulenten Jahren der vergebens angestrebten Unabhängigkeit und 484-jähriger genuesischer Herrschaft 1768 an Frankreich abgetreten. 1794 fiel die Insel an England, wurde aber nur zwei Jahre später von dem größten Korsen, Napoleon Bonaparte, zurückerobert und ist seitdem in zwei Departments eingeteilt: Corse-du-Sud und Haute-Corse. Aber es rumort heftig auf der Insel. Immer wieder kommt es zu Bombenanschlägen der FLNC *(Front de Libération Nationale de la Corse)* und anderer separatistischer Bewegungen, denen auch hohe Beamte zum Opfer fallen. Gegen touristische Einrichtungen sind die Anschläge indes nicht gerichtet.

Größte Stadt der Insel ist Napoleons Geburtsort Ajaccio (55 200 Ew.), gefolgt von Bastia (50 000 Ew.). Ausführliche Informationen finden Sie im MARCO POLO Band »Korsika«.

Land und Leute

Mit 551 000 km^2 ist Frankreich der Fläche nach das größte Land Westeuropas. Rund 190 000 km^2 werden landwirtschaftlich genutzt. Die Küsten an Atlantik und Mittelmeer haben eine Gesamtlänge von rund 3100 km.

Vielgestaltig wie die Landschaft Frankreichs ist auch die Bevölkerung (etwa 60,5 Mio. Menschen). Sie setzt sich zusammen aus Nachfahren der Kelten und verschiedener Invasionsvölker wie Römer, Germanen und Normannen sowie aus Einwanderern von Spanien, Italien, Polen, Russland, den nordafrikanischen und anderen Ländern. Darüber hinaus leben zahlreiche Minderheiten in Frankreich: im Norden Flamen und Nachfahren der Normannen sowie Bretonen, im Südwesten und Süden Basken sowie Katalanen, die Menschen der Provence und des Languedoc, im Osten Elsässer und Lothringer, ferner die Korsen.

Das Bemühen, Sprache und Traditionen der Basken, Bretonen und anderer Minderheiten wie Elsässer oder Katalanen auch für kommende Generationen zu erhalten, wird begrüßt und gefördert. Das moderne Französisch entstand aus der Langue d'Oil, einer Gruppe von Dialekten, die nördlich des Massif Central gesprochen wurden und sich aus dem einheimischen Latein in galloromanischer Zeit herausbildeten. Die Langue d'Oc, das Okzitanische, wurde im Süden gesprochen und hat in mehreren großen Dialekten, *patois* genannt, überlebt. Es ist aber fast ausschließlich die vor dem Zweiten Weltkrieg geborene Generation, die noch mit dem *patois* vertraut ist. Die weltweit starke Stellung des Französischen – immerhin rund 122 Mio. Menschen in Belgien, der Schweiz und den französischen Besitzungen in Übersee haben sie als erste Sprache – wird von einem eigenen Ministère de la Francophonie gehütet.

Landwirtschaft

Je nach Region ist die Nutzung des Landes sehr unterschiedlich. In der Normandie dominiert Weideland und damit die Milchwirtschaft, in der Bretagne herrscht der Gemüse- und Futteranbau vor, während die Gebiete der Île-de-France südwestlich und nördlich von Paris als Kornkammer gelten können. In den Gebirgsgegenden wie dem Zentralmassiv, dem Jura, den Westalpen und den Pyrenäen mit ihrem hohen Anteil an Grünland überwiegt die Rindermast. In den Regionen Provence-Alpes-Côte d'Azur und Languedoc-Roussillon ist neben der Schafhaltung die Bewässerungslandwirtschaft mit Gemüse-, Obst- und Weinproduktion von besonderer Bedeutung.

Verglichen mit Deutschland oder Großbritannien ist in Frankreich der Anteil der Erwerbstätigen in der Landwirtschaft mit knapp 5 Prozent immer noch hoch. Steigende Kosten und harte Konkurrenz machen aber auch den französischen Landwirten das Überleben schwer. Hinzu kommt, dass von den 500 000 Bauern, die um das Jahr 2000 in Pension gegangen sind, rund 300 000 keinen Nachfolger haben. Zwischen 2000 und 2003 ist die Zahl der landwirtschaftlichen Betriebe von 664 000 auf 600 000 gesunken. Fachleute gehen davon aus, dass in Zukunft 200 000 Grossbetriebe ausreichen würden, den derzeitigen Anteil von rund 2,7 Prozent des Bruttoinlandprodukts zu erwirtschaften.

Nationalparks

In Frankreich gibt es derzeit sieben Nationalparks. Daneben wurden 38 regionale Parks sowie *réserves* geschaffen. Die Nationalparks nehmen jeweils die größten Flächen, überwiegend im Alpenraum, ein: der *Parc National de la Vanoise* zwischen Arc und Isère ist 530 km^2 groß und durch insgesamt 500 km Wanderwege erschlossen. In der Größe wird er vom *Parc National des Écrins* (2700 km^2) zwischen den Tälern von Romanche, Drac und Durance und dem *Parc National du Mercantour* (6850 km^2) entlang der italienischen Grenze übertroffen. In letzterem ist eine besonders reiche Tier- und Pflanzenwelt erhalten, darunter über 20 Königsadlerpaare. Berühmt ist im *Parc National du Mercantour* die *Vallée des Merveilles,* das Tal der Wunder,

Schafherde im Park National des Écrins in den Savoyer Alpen

mit rund 100 000 Felszeichnungen aus der Bronzezeit. Ein Paradies für Naturfreunde und Wanderer ist auch der *Parc National des Pyrénées* (457 km^2) im westlichen Teil des Gebirges mit 350 km Wanderwegen. Auskunft: *Fédération des Parcs Naturels de France, 4, rue Stockholm, 75008 Paris, Tel. 01 44 90 86 20, www.parcs-naturels-regionaux.tm.fr*

Weingebiete

Mit rund 5000 Weingütern, den großen und kleinen Châteaux und 1350 km^2 Anbaufläche ist das Bordelais bei Bordeaux die größte und wichtigste Weinregion Frankreichs. Zwei bedeutende Anbaugebiete sind im Nordosten die Champagne (jährlich rund 150 Mio. Flaschen Champagner) und das Elsass. Burgund umfasst fünf Weingebiete: Côte d'Or, Côte Chalonnaise, Chablis, Mâconnais und Beaujolais. Touraine, Anjou und Muscadet sind die wichtigsten Anbaugebiete im Val de Loire. Klein, aber fein ist die Weinproduktion in Savoyen. Das gilt auch vom Gebiet Cahors im Südwesten, wo bereits im 7. Jh. Wein angebaut wurde. Die aus Amerika eingeschleppte Reblaus vernichtete im 19. Jh. einen Großteil der Rebstöcke, doch wurde mit Erfolg neu begonnen.

Flächenmäßig größer ist Gaillac weiter südlich, wo viele verschiedene Sorten erzeugt und auch hauptsächlich in der Region selbst getrunken werden. Im Südosten umfasst die riesige Appellation Côtes-du-Rhône 400 km^2 Rebfläche. Noch größer ist die Weinregion Languedoc, in der hauptsächlich *vin ordinaire,* Landwein, erzeugt wird. Allerdings ist seit einigen Jahren die Qualität zum Teil erheblich verbessert worden. Das gilt auch für das angrenzende Gebiet Roussillon. Die Provence ist Frankreichs ältestes Weingebiet.

Trüffeln aus dem Périgord

Im Paradies für Feinschmecker wird Sie jeder Landesteil mit neuen, ungewöhnlichen Gaumenfreuden überraschen

Essen und Trinken gelten in Frankreich (noch) als Kunst. Das fällt selbst in einfachen Restaurants auf, die ohne »Sterne«, »Kochmützen«, »Bestecke« und andere Auszeichnungen zu Tisch bitten. Von großem Reiz ist bei einer Reise durch Frankreich die Vielfalt der regionalen Küchen. Erst ihre Summe macht die »französische Küche« aus. Dem ausländischen Gast bereitet beim Studium der Speisekarte leider allzu oft die Sprache Schwierigkeiten. Schließlich interessieren ja die Arten der Zubereitung und Zutaten kaum weniger als die Hauptbestandteile eines Gerichts.

Bekanntlich verdient das *petit déjeuner* seinen Namen. Man frühstückt eben schnell – eine Tasse *café au lait*, etwas Weißbrot mit Marmelade, ein Croissant. In besseren Hotels ist die Auswahl um Fruchtsaft, Müsli, gekochte Eier oder Ähnliches erweitert.

Das Mittagessen, *déjeuner*, wird ab 12 Uhr und nicht mehr nach 14 Uhr serviert. Es besteht in ländlichen Gaststätten aus Suppe, Vorspeise, Hauptgericht und Nachtisch. Ein Kaffee schließt die Mahlzeit ab.

Klein, stark, schwarz: Ohne den »petit noir« als Abschluss ist eine Mahlzeit für viele nicht vollständig

Hauptmahlzeit des Tages ist das abendliche *dîner.* Man setzt sich selten vor 20 Uhr zu Tisch. Je nach Preislage besteht ein Menü aus drei bis fünf Gängen. *À la carte* zu speisen ist wesentlich teurer, es sei denn, man begnügt sich mit kleiner Vorspeise, Hauptgericht und Käse oder Dessert. Die Portionen sind darauf abgestimmt, dass man mehrere Gänge isst, sie sind also relativ klein.

Zum Auftakt gibt es oft eine Suppe, gefolgt von der Vorspeise, *hors-d'œuvre. Entrée* ist ein warmer Gang vor dem Hauptgericht aus Fleisch oder Fisch. Als Beilage wird verschiedenes Gemüse gereicht. Salat wird meist nach dem Hauptgericht serviert. Da die Franzosen Fleisch im Allgemeinen fast roh *(bleu)* oder blutig *(saignant)* bevorzugen, muss bei der Bestellung gesagt werden, wenn man es *à point* oder *medium*, halb durchgebraten, oder *bien cuit*, durchgebraten, haben möchte.

Keine Mahlzeit ist ohne Weißbrot denkbar, das unbegrenzt nach-

Französische Spezialitäten

Lassen Sie sich diese Köstlichkeiten gut schmecken!

Speisen

anchoïade – Sardellenpaste mit Knoblauch und Olivenöl

bœuf bourguignon – mit Zwiebeln und Schalotten in Rotwein geschmorte Rindfleischwürfel

bouillabaisse – der klassische Fischeintopf des Südens aus mindestens drei Fischarten, dazu Lauch, Fenchel, Tomaten, Zwiebeln

cassoulet – Bohneneintopf mit Schweine- oder Hammelfleisch, Confit, Speck u. a.

confit de canard – im eigenen Fett gekochte und eingemachte Ente

coq au vin – in Rotweinsauce mit Räucherspeck, Zwiebeln, Kräutern u. a. gekochte Hähnchenstücke

crème brulée – mit Zucker karamellisierte Creme

daube provençale – Fleisch- und Gemüsegericht, das stundenlang geschmort wird

matelot d'anguilles – herzhaftes Aalragout in Rot- oder Weißwein mit Zwiebeln, Speck, Kräutern und Gewürzen

mouclade – Muscheln in Weißweinsud mit Schalotten und Petersilie, gebunden mit Butter, Sahne und Eigelb

plateau de fruits de mer – Meeresfrüchte, auf einer großen Platte angerichtet

pot-au-feu – nahrhafter Eintopf, unzählige regionale Varianten

quiche lorraine – flacher Kuchen aus Mürbe- und Blätterteig mit Eiern, Milch, Sahne, Speck, Schinken und Zwiebeln

salade niçoise – Salat aus frischen Tomaten, Gurken, Artischocken, grünem Paprika, harten Eiern, Sardellen oder Thunfisch und mehr

soupe au pistou – dicke, nahrhafte Gemüsesuppe mit Tomaten, Kräutern und Würzpaste *(pistou)* aus Basilikum, Knoblauch, Olivenöl

tripes à la mode de Caen – Eintopf aus Rinderkutteln mit Suppengemüse, stark gewürzt, mit Cidre und Calvados

Getränke

bière pression – Bier vom Fass, im Allgemeinen ein helles Bier *(blonde)*

petit noir – kleiner, starker, schwarzer Kaffee, wird oft als Abschluss einer Mahlzeit serviert

gereicht wird. Wichtiger Bestandteil des Essens ist der Käse *(fromage)* nach dem Hauptgericht. Bei einfacheren Menüs ist zwischen Käse und Dessert zu wählen. Man wählt vom Käsewagen oder bekommt eine Platte zur Auswahl auf den Tisch.

Beim Nachtisch *(dessert)* stehen neben leckeren, nicht zu süßen Kuchen *(tartes)* unter anderem Eis, Sorbet und Mousse au Chocolat zur Wahl. Die Regel, zu Fleisch nur Rotwein und zu Fisch nur Weißwein zu trinken, ist heute nicht mehr Gesetz. Ein leichter Rotwein passt auch gut zu Meeresfrüchten. Wein wird übrigens nur zum Essen, nicht auch noch danach getrunken. Auf den Tisch kommt auch immer eine Karaffe Wasser, oft bestellt man eine Flasche Mineralwasser mit *(gazeuse)* oder ohne *(non gazeuse)* Kohlensäure. Ein *café noir* bzw. *express* schließt fast immer die Mahlzeit ab, ist aber extra zu bestellen.

Bistro, Brasserie, Restaurant

Das Bistro (auch *bistrot*) ist für den Franzosen ein wichtiger Treffpunkt. Hier fühlt er sich zu Hause. Geöffnet hat das Bistro an der Ecke von morgens 6 Uhr bis Mitternacht. Man trinkt seinen *express*, Rotwein oder Aperitif. Auch zu essen gibt es: das Tagesgericht, *plat du jour*, wechselt täglich. Vor allem in größeren Städten sind die meisten Bistros echte Restaurants mit meist guter Küche und einer Ausstattung, die die Herkunft verrät. Das gilt auch für die Brasserie (Brauerei, Bierhaus). Sie ist ein großes Restaurant oder einem Restaurant angeschlossen; hier wird oft auf hohem Niveau gekocht.

Beim Restaurant kommt es auf die Kategorie an. Preis und Leistung stehen hier in einem unmittelbaren Verhältnis. Wenn zum Beispiel an der Tür farbige Blechschilder anerkannter Küchen- und Gastronomieorganisationen mit Jahreszahl angebracht sind, wird man kaum jemals enttäuscht werden. Außerdem hängt am Eingang das Angebot an Speisen und Menüs, mit Preisen versehen, aus. Einen Tischplatz sucht man sich generell nicht selbst, sondern wartet, bis er zugewiesen wird. Bei feineren Restaurants empfiehlt es sich, besonders zum *dîner*, einen Tisch telefonisch vorzubestellen. Bedienung ist im Preis inbegriffen. Man lässt aber einen Betrag von bis zu zehn Prozent in Münzen auf dem Tisch liegen. Einmal in einem Sterne-Restaurant zu speisen gehört zweifellos zu den Höhepunkten einer Frankreichreise. Dabei muss man keine großen Umwege fahren, es sei denn, man hat einen bestimmten Meisterkoch im Visier. Denn über ganz Frankreich verteilt gibt es rund 600 Sterne-Restaurants.

Das Essen wird im Allgemeinen von 12 bis 14 und von 19 bis 22 Uhr serviert. Die meisten Restaurants schließen nach 24 Uhr. Neben den Menüs, deren Preise sich nach der Anzahl der Gänge und dem Gebotenen richten, kann man sich ein Essen *à la carte* zusammenstellen, wobei die Endsumme gegenüber dem Menü jedoch um rund ein Drittel höher liegt, wenn man alle Gänge einzeln bestellt. Bei der Wahl des Weins sollte man sich nicht scheuen, auch einmal den *vin maison* – offen oder in der Flasche – zu probieren. Die Qualität ist meistens ohne Tadel, und man zahlt nur die Hälfte eines preiswerten Markenweins.

Atelier
"Sous
l'Etoile"
Exposition
Jeannine Nert
Peinture

Märkte und Markthallen

Erstklassige regionale Produkte sind begehrte Reisemitbringsel

Es ist eine Lust, auf dem Wochenmarkt in einem französischen Provinzstädtchen einzukaufen. Dort finden Sie ein reichhaltiges Angebot all jener Produkte, denen die französische Küche ihren guten Ruf verdankt. Der Frische halber wird Geflügel lebend ausgesucht und für den Kunden geschlachtet. Gemüse, Obst, Käse, Fleisch- und Wurstspezialitäten, Honig und Backwaren werden neben den Weinen der Region von privaten Erzeugern und Händlern angeboten. Es gibt fast immer auch Stände mit Brathähnchen und frisch zubereiteter Paella oder Crêpes, ideal für den kleinen Hunger zwischendurch oder das Picknick. Gleichzeitig besteht auf einem Wochenmarkt manchmal die Gelegenheit, regionales Kunsthandwerk kennen zu lernen. Breit ist auch das Angebot an nützlichem Haushaltsgerät, an Körben, Töpferwaren und Bekleidung.

Neben diesen jeweils an einem Wochentag stattfindenden Märkten haben die meisten größeren Städte täglich geöffnete Markthallen. Für Lebensmittel und regionale Spezialitäten gibt es keine besseren Einkaufsquellen, wobei der Einfachheit halber alles unter einem Dach versammelt ist. Das ist auch bei den riesigen Super- und Hypermärkten für den Familiengroßeinkauf an den Stadträndern der Fall, die von außen oft steril-modern wirken, aber ein umfangreiches Sortiment günstiger Markenartikel und regionaler Produkte führen.

In vielen Orten kann man die Ateliers lokaler Maler besuchen

Die Öffnungszeiten der Geschäfte sind in Frankreich nicht durch ein Ladenschlussgesetz festgelegt und variieren deshalb stark. Allgemein haben die Geschäfte wochentags von 9 bis 12.30 Uhr und von 14.30 bis 19 Uhr (auch samstags) geöffnet, Lebensmittelgeschäfte, Bäckereien, Tabak- und Souvenirläden sogar am Sonntagvormittag. In großen Städten bleiben viele Geschäfte auch während der Mittagszeit geöffnet.

Zum Ausgleich sind in der Provinz die Geschäfte generell am Montag geschlossen, allerdings gibt es in den Ferienmonaten Juli und August öfters Ausnahmen von dieser Regel. Typische Erzeugnisse der Provinz bieten die Fachläden unter der Bezeichnung *produits régionaux* an, Senf und Honig beispielsweise, Likör und Früchtebrot.

Feste, Events und mehr

Auch kleine Ortschaften sind vom Festspielfieber erfasst

Der Sommer ist reich an Festivals aller Art und Veranstaltungen für Touristen. Auch an echten Volksfesten herrscht kein Mangel, sei es eine bretonische Wallfahrt, ein Hirtenfest im Midi oder der Karneval in Nizza.

Parade am Nationalfeiertag

Offizielle Feiertage

1. Januar; Ostermontag; 1. Mai; 8. Mai *(Kriegsende 1945);* **Christi Himmelfahrt; Pfingstmontag; 14. Juli** *(Nationalfeiertag);* **15. August** *(Mariä Himmelfahrt);* **1. November** *(Allerheiligen);* **11. November** *(Ende des Ersten Weltkriegs 1918);* **25. Dezember**

Besondere Veranstaltungen

März/April

Zu Ostern wird mit der *Feria von Arles* die Stierkampfsaison festlich eröffnet, wobei die Camargue-Hirten mit ihren weissen Pferden nicht fehlen dürfen

Mai

Zu Ehren von *Jeanne d'Arc* lassen die Einwohner von Compiègne am 3. Maiwochenende das Mittelalter wieder auferstehen.
Wie in alten Zeiten ziehen Tausende von Schafen und Kühen Ende Mai beim *Almauftrieb* von St-Rémy-de-Provence in die Berge.
Immer spektakulär ist auch die *Zigeunerwallfahrt* von Stes-Marie-de-la-Mer Ende Mai.

Mai

Spanisch bunt und temperamentvoll gehts bei der *Pfingstferia* von Nîmes zu, wenn in der Arena Corridas veranstaltet werden.

Juni

Musikfestspiele der Touraine, Ende Juni in Tours
Traditioneller Knoblauchmarkt in Uzès, letztes Wochenende

Juli

Kein Ort in Frankreich, der nicht mit ★ *festlichen Veranstaltungen*

am Vorabend des 14. Juli den *Nationalfeiertag* einleitet.
Oper, Konzerte und Gesang von und mit berühmten Künstlern und Ensembles machen die Insider Tipp *Internationalen Musikfestspiele* von Aix-en-Provence ab Mitte Juli zum Hochgenuss.
Das ★ *Mittelalterfest* in Vannes mit mittelalterlichem Markt, Umzügen und Musik findet Mitte Juli statt.
Beim *Estival de Paris* (Mitte Juli bis Mitte September) gibt es eine Fülle von Konzerten und Ausstellungen.
Das *Festival de Cournaille* in Qimper in der 3. Juliwoche ist mit Tausenden von Teilnehmern ein Höhepunkt im bretonischen Festkalender.

Juli/August

Neben den ★ *Internationalen Theaterfestspielen* von Avignon hat sich das alternative Insider Tipp *Off-Festival* etabliert, bei dem Amateure und Laien mitwirken.

August

Echt baskisch ist die Atmosphäre bei den *Fêtes de Bayonne* Anfang August.
Musiker und Fans aus aller Welt treffen sich zum großen *Jazzfestival* Mitte August in Marcia im Südwesten.
Elsässische Folklore erlebt man beim großen *Weinmarkt* von Colmar am 3. Wochenende.
Als gastronomisches Schlaraffenland präsentiert sich Burgund bei der *Fête des Charolais* in Saulieu am 3. Wochenende.

September

Dijon wird Anfang September zum Schauplatz eines großen internationalen *Folklorefestivals* und *Weinfests*.

September/Oktober

Festival International de la Danse de Paris und ★ *Festival d'Automne*, kultureller Höhepunkt des Jahres mit Theater, Konzerten, Tanz, Ausstellungen, 3. Septemberwoche bis Anfang Oktober

November

Beaune und Clos-Vougeot sind die großen Stationen der *Trois Glorieuses*, des traditionsreichen Weinfests von Burgund am 3. Wochenende.

November/Dezember

Strasbourg: herrlicher Weihnachtsmarkt ab dem 3. Novemberwochenende

Bretonisches Fest

Die Hauptstadt und die »Insel« Frankreichs

Eine aufregende Weltstadt im Kranz glanzvoller Schlösser

Unter den Metropolen der Welt nimmt Paris eine Sonderstellung ein: In keiner anderen Hauptstadt sind alle Elemente des Landes so zu einer unvergleichlichen Einheit verschmolzen wie hier. Zumindest ihren 2,15 Mio. Einwohnern gilt sie als Nabel der Welt. Paris hat für jeden Geldbeutel und jeden Geschmack das Passende. Nur eins nicht: weite Landschaft, ländliche Stille. Das findet sich im Umland, der Île-de-France. Viele Sehenswürdigkeiten und Ziele sind von Paris aus mit Metro oder Bahn auf einem Tagesausflug zu erreichen.

PARIS

Karte in der hinteren Umschlagklappe

[168 B4] Paris ist nicht Frankreich, heißt es. Wie wahr! Paris ist einmalig, ein Ereignis, für das eine internationale Schar großer Künstler und namenloser Besucher seit eh und je geschwärmt hat. Die Hauptstadt der Mode, der Künste und des Vergnügens vermeldet alle Jahre wieder Besucherrekorde. Dabei stehen die klassischen Highlights vom Eiffelturm über Sacré-Cœur bis zum Louvre ebenso auf dem Programm wie die neuesten Attraktionen: der schnittige Triumphbogen Arche de la Défense, die »neue« Oper an der Place de la Bastille, die riesige Nationalbibliothek oder die futuristische Cité des Sciences.

Wahrzeichen von Paris seit über 100 Jahren: der Eiffelturm

Skulpturen von Niki de Saint-Phalle

SEHENSWERTES

Eiffelturm **[U A4]**

Das eiserne Wahrzeichen der Stadt, eingeweiht 1889 anlässlich

Durch die gläserne Pyramide führt der Weg in den Louvre

der Weltausstellung, wiegt bei 320,75 m Höhe 7175 t und enthält 2,5 Mio. Nieten. Gutes Restaurant, tolle Aussicht. *Quai Branly, www.monum.fr, Sommer 9.30–23, sonst 10–22.30 Uhr*

Jardin du Luxembourg **[U D5]**
Die Oase der Ruhe beim Boulevard Saint-Michel gehört zu den schönsten Parks von Paris und gilt als Garten der Dichter, denen zahlreiche Denkmäler gewidmet sind. Hier erholen und tummeln sich Jung und Alt bei Schach, Tennis und Boule, auf Spielplätzen und beim Reiten.

Montmartre **[U D–E1]**
»La Butte (Hügel) Montmartre«, die »freie« Gemeinde, hat sich ihren dörflichen Charme erhalten können. Schmale Gässchen, Treppen, pittoreske Häuser ziehen sich hügelan. Hier wohnten berühmte Künstler, unter anderem Pablo Picasso im so genannten *Bateau-Lavoir* (Waschboot) an der Place Emile-Goudeau. Ein Idyll, abgesehen vom Rummel auf der Place du Tertre und in den angrenzenden Gassen. Höhepunkt ist die Kirche *Sacré-Cœur*, das heißt die Aussicht rund 500 m von der Place du Tertre entfernt. Unter dem »Butte« breitet sich das »vulgäre« Montmartre rund um Place Pigalle und Place Blanche aus, mit zweifelhaften Etablissements, dem legendären Moulin Rouge und anderen, weniger berühmten Touristenfallen.

Notre-Dame **[U E5]**
Auf der Île de la Cité steht die Hauptkirche von Paris, die von 1163 bis Mitte des 14. Jhs. im gotischen Stil erbaut wurde. Umfassende Restaurierungsarbeiten wurden vom Architekten Eugène-Emmanuel Viollet-le-Duc 1841–64 nach seinen Vorstellungen von einer Idealgotik durchgeführt. Außer der Innenbesichtigung der Kathed-

rale lohnt sich auch die Turmbesteigung. *Place du Parvis-Notre-Dame, tgl. Sommer 9–21, sonst 10–17.30 Uhr*

MUSEEN

Paris hat etwa 100 Museen. Da muss man wählerisch sein. Einige, voran der Louvre, sind so stark besucht, dass man die *nocturnes* nutzen sollte, Tage, an denen erst spätabends geschlossen wird. Die Öffnungszeiten sind so unterschiedlich, dass man sich die Veranstaltungskalender »Pariscope« oder »La Semaine de Paris« kaufen sollte. Besonders zu empfehlen: Der Pass für 70 Museen und Monumente in und um Paris gilt für einen, drei oder fünf Tage und kostet 12, 24 oder 36 Euro. Er ist erhältlich in den Museen, beim Touristenbüro und in den Metrostationen.

Insider Tipp

Cité des Sciences et de l'Industrie la Villette **[O]**

Die moderne Technik hat am nordöstlichen Stadtrand ihren angemessenen Tempel bekommen. *30, avenue Corentin-Cariou, tgl. außer Mo 10–18 (So bis 19) Uhr*

Louvre **[U D4]**

★ Gehört zum Pflichtprogramm, ist aber mit einmaliger Visite als Ganzes (sieben Abteilungen) unmöglich zu bewältigen. Der Andrang vor der oft stickig warmen Glaspyramide ist immer enorm, man beschränke sich also von vornherein auf einzelne Abteilungen bzw. Werke, wie die Sammlung der französischen Malerei des 18. Jhs. oder die sehr schöne ägyptische Abteilung. *Cour Napoléon, www.louvre.fr, tgl. außer Di 9–18 (Mo und Mi bis 21.45) Uhr, Eintritt 7,50 Euro vor 15, 5 Euro nach 15 Uhr und So*

MARCO POLO Highlights »Paris und Île-de-France«

★ **Musée national Picasso**
Hier erleben Sie den Meister fast komplett (Seite 30)

★ **Louvre**
Zum Parisaufenthalt gehört unbedingt der Besuch des Louvre (Seite 29)

★ **Versailles**
Einen Tag sollten Sie wenigstens für Schloss und Park vorsehen (Seite 35)

★ **Chantilly**
Paradies der edlen Rösser (Seite 32)

★ **Fontainebleau**
Herrliches Renaissanceschloss (Seite 33)

★ **Saint-Germain-en Laye**
Hier fand Ludwig XIV. Erholung vom Regieren (Seite 34)

★ **Beauvais**
Die Kathedrale stürzte auf dem Weg in den Himmel zusammen (Seite 32)

★ **Chartres**
Europas größte Kathedrale (Seite 32)

Das Centre Georges Pompidou ist auch äußerlich eine Attraktion

Carnavalet – Musée Histoire de Paris [U F4]
In einem prächtigen Palais im Maraisviertel liegt das historische Museum. Die faszinierenden Sammlungen umfassen Mittelalter, Revolution und jüngere Zeitgeschichte mit vielen persönlichen Erinnerungen an Napoleon, Maximilien Robespierre, Marcel Proust und andere. *23, rue de Sévigné, www.paris.fr, tgl. außer Mo 10–18 Uhr*

Centre Pompidou (Musée national d'Art Moderne) [U E3]
An sich schon ein architektonisches Paradestück, birgt diese »Kulturmaschine« im ehemaligen Hallenviertel neben hervorragenden Sammlungen zur modernen Kunst u. a. eine Bibliothek, ein Designzentrum und ein Zentrum für experimentelle Musik. *Place Georges Pompidou, www.centrepompidou.fr, tgl. außer Di 11–22 Uhr*

Musée national Picasso [U F4]
★ In einem schönen Stadtpalais des Maraisviertels wurde eine sämtliche Schaffensperioden umfassende Sammlung von Werken Pablo Picassos eingerichtet. *5, rue de Thorigny, www.musee-picasso.fr, tgl. außer Di 9.30–17.30 oder 18 Uhr*

ESSEN & TRINKEN

Phantastisch ist das riesige Angebot vom Café übers Bistro bis hin zum Spitzenrestaurant. Bei berühmten Adressen unbedingt reservieren!

Le Bistro Melrose [U C1]
In diesem schönen Bistro wird man nicht nur mit einer ausgezeichneten Küche, sondern auch mit sehr humanen Preisen verwöhnt. *5, place de Clichy, Tel. 01 42 93 61 34, So abends geschl.,* €–€€

Brasserie Lipp [U D4]
Eine ehrwürdige Adresse, seit Generationen ein Prominententreff. *151, boulevard St-Germain, Tel. 01 45 48 72 93, kein Ruhetag,* €€

La Coupole [U D4]
Laut, riesig, immer voll – die größte Brasserie von Paris und eine Institu-

tion. *102, boulevard du Montparnasse, Tel. 01 43 20 14 20, kein Ruhetag, €€–€€€*

Insider Tipp **Gallopin** **[U E3]**
Ein weiterer Stern am Brasserie-Himmel von Paris: tolles Essen, wunderschönes Ambiente. Sehr gut sind die Fischgerichte. *40, rue Notre-Dame-des-Victoires, Tel. 01 42 36 45 38, So geschl., €€*

Pharamond **[U E4]**
Aus der glorreichen Hallenzeit übrig gebliebenes Bistro mit Kachelwänden. Bodenständige normannische Küche. *24, rue de la Grande-Truanderie, Tel. 01 40 28 45 18, So geschl., €€–€€€*

ÜBERNACHTEN

Bretonnerie **[U F4]**
Komfortables und gepflegtes Haus mit schönen Zimmern, nahe Rathaus und Maraisviertel. *29 Zi., 22, rue Ste-Croix-de-la-Bretonnerie, Tel. 01 48 87 77 63, Fax 01 42 77 26 78, www.bretonnerie.com, €€€*

Ermitage **[O]**
Kleines, charmantes Hotel am Montmartre. *12 Zi., 24, rue Lamarck, Tel. 01 42 64 79 22, Fax 01 42 64 10 33, €€*

Insider Tipp **Des Grandes Écoles** **[U E5]**
Mitten im Quartier Latin liegt das zauberhafte Ensemble von drei Häusern ruhig in einem Garten. *48 Zi., 75, rue du Cardinal-Lemoine, Tel. 01 43 26 79 23, Fax 01 43 25 28 15, €€€*

La Sanguine **[U C3]**
Der Komfort lässt nichts zu wünschen übrig, auch die Lage zwischen Madeleine und Place de la Concorde nicht. *31 Zi., 6, rue de Surène, Tel. 01 42 65 71 61, Fax 01 42 66 96 77, €€–€€€*

AM ABEND

Noch immer sind die Revuen des *Moulin-Rouge*, der *Folies-Bergère (www.foliesbergere.com)* und des *Lido (www.lido.fr)* echte Zugnummern, wobei die Show des Lido als die internationalste gilt. Diskotheken und Nachtclubs werden ebenfalls höchsten Ansprüchen gerecht, zum Beispiel *Le Balajo, 9, rue de Lappe*, das mit beliebten Musette-Nachmittagen die Tradition hochhält, oder *La Chapelle des Lombards, 19, rue de Lappe*, das lateinamerikanische Tänze bietet.

Eine Hochburg des Theaterlebens ist die traditionsreiche *Comédie Française, 2, rue de Richelieu*, die nach wie vor Klassiker in höchster Vollendung, aber auch viele moderne Autoren auf die Bühne bringt. Das *Théâtre de l'Europe* an der *Place Paul-Claudel* bietet Gastspiele aus ganz Europa.

Opernfreunde gehen in die *Opéra de la Bastille, 2, place de la Bastille;* in der alten *Opéra de Paris/Salle Garnier, 5, rue Favart*, werden nur noch Ballette aufgeführt.

AUSKUNFT

Office de Tourisme et des Congrès de Paris
127, avenue des Champs-Elysées, Tel. 08 36 68 31 12, Fax 01 49 52 53 20, www.paris. touristoffice.com

Ausführliche Informationen zur Hauptstadt Frankreichs finden Sie im MARCO POLO Band »Paris«.

Île-de-France

Aus der »Insel Frankreichs«, so benannt wegen ihrer Lage zwischen den vier Flüssen Aube, Marne, Oise und Seine, ging das Königreich Frankreich hervor.

Beauvais **[168 A3]**

★ Wer die Städte Reims, Amiens oder Laon wegen ihrer Kathedralen besucht, der darf das 76 km nördlich von Paris gelegene Beauvais (60 000 Ew.) nicht auslassen: Die *Cathédrale St-Pierre* sollte immerhin Frankreichs größtes gotisches Gotteshaus werden. Dieser Anspruch scheiterte; nachdem 1227 mit dem Bau begonnen wurde, stürzte die Kathedrale 1284 ein, weil die Baumeister Höhe über Stabilität stellten. Rund 300 Jahre später wiederholte sich die Katastrophe beim Bau des 153 m himmelwärts strebenden Turms. So blieb es beim 48,20 m hohen Querschiff samt Chor – immerhin die höchsten gotischen Gewölbe überhaupt. Herrlich sind die Glasfenster und die Spitzbögen; die astronomische Uhr von 1868 ist ein mechanisches Wunderwerk; sie besteht aus 90 000 Teilen.

Chantilly **[168 B3]**

★ Pferdenarren pilgern in die vornehme Stadt (12 000 Ew.) 48 km nördlich von Paris, um edle Rösser in den exklusiven Anlagen eines der großen Trainingszentren der Welt für Vollblüter zu erleben und das *Musée Vivant du Cheval, www.musee-vivant-du-cheval.fr* in den großen Stallungen des Schlosses zu besuchen. Die Pferde leben in den feinen Boxen, die der Prince de Condé Anfang des 18. Jhs. bauen ließ *(Sommer tgl. außer Di 10.30 bis 18 Uhr).*

Das Schloss selbst besteht aus dem jüngeren *Grand Château,* das in der Revolution zerstört und Ende des 19. Jhs. wieder aufgebaut wurde, und dem älteren *Petit Château* (um 1550). Im Grand Château liegt das *Musée Condé.* Sehenswerter sind die *Appartements des Princes* mit interessantem *Cabinet des Livres* sowie die *Kapelle* im Petit Château. *Sommer tgl. außer Di 10–18, sonst 10.30–12.45 und 14–17 Uhr, www.chateaudechantilly.com*

Chartres **[168 A4]**

★ Der Name der Stadt (40 000 Ew.) 90 km südwestlich von Paris ist untrennbar mit dem ihrer Kathedrale verbunden – der größten und schönsten Europas. Mit dem Bau wurde 1021 begonnen, doch 1194 zerstörte ihn ein gewaltiger Brand bis auf den Portail Royal, das »Königsportal«. Man fing sofort von neuem an, und nach nur 25 Jahren, 1220, war die Kathedrale wieder aufgebaut. Das Schiff ist mit insgesamt 130,20 m Länge, 36,55 m Höhe und 16,40 m Breite das größte Frankreichs. Superlativ auch für die bunten Glasfenster im berühmten Blau: insgesamt fast 3000 m^2. Beachten Sie im Schiff, zwischen dem dritten und vierten Joch, das Labyrinth im Fußboden, bestehend aus hellen und dunklen Steinen. Sie bilden einen Weg in Kreuzform von 261,50 m Länge, den die Pilger auf den Knien zurücklegten – symbolisch für den Weg des Menschen zum himmlischen Jerusalem.

Auch die anderen Kirchen von Chartres verdienen einen Besuch:

Strebepfeiler der Kathedrale

Saint-Pierre (12. Jh.) in der Unterstadt besitzt ebenfalls herrliche Glasfenster. Sehr reizvoll ist der Spaziergang von der Kirche durch die Rue de la Foulerie und Rue de la Tannerie am Fluss Eure entlang. Im *Musée des Beaux-Arts* bei der Kathedrale sind herrliche flämische Wandteppiche und Gemälde italienischer und französischer Künstler zu bewundern.

Compiègne **[168 B3]**
Der Ausflug nach Compiègne (70 000 Ew.), 75 km nördlich von Paris, gilt nicht nur dem Wald nahe der Stadt, wo auf der Lichtung *Clairière de l'Armistice* das Gebäude mit der Kopie des Salonwagens von Marschall Foch steht *(tgl. außer Di)*. In diesem Wagen wurde 1918 der Waffenstillstand des Ersten Weltkriegs und 1940 der Waffenstillstand nach dem deutschen Überfall auf Frankreich unterzeichnet. Sehenswert sind hier auch das reich ausgestattete *Schloss*, erbaut 1715–88 *(tgl. außer Di Führungen)* und das *Musée de la Voiture* mit erlesenen Automobilveteranen im Nordflügel des Schlosses *(www.musee-chateau-compiegne.fr)*.

Écouen **[168 B3]**
Am Nordrand von Paris, etwa 20 km vom Zentrum entfernt, liegt Écouen mit seinem imposanten Schloss. Der mächtige Berater von Franz I. und Armeechef, Anne (so hieß der Mann wirklich) de Montmorency, ließ es in den Jahren 1538–55 erbauen und prächtig ausstatten. Die fürstlichen Gemächer sind heute Museum *(Musée National de la Renaissance, www.musee-renaissance.fr)*. Zum Teil stammen die Kunstschätze wie Gobelins, Keramiken, Skulpturen und Gemälde aus anderen Schlössern. Besonders schön ist die Schlosskapelle, mit einer Galerie, deren Gewölbe mit dem Wappen der Montmorencys geschmückt ist. *Tgl. außer Di 9 bis 12.30 und 14–17.15 Uhr*

Fontainebleau **[168 B4]**
★ Schmuckstück der 65 km südöstlich von Paris liegenden Stadt (16 000 Ew.), ist das herrliche Renaissanceschloss *(www.musee-chateau-fontainebleau.fr)*, als königliche Residenz kaum weniger prächtig als Versailles, aber längst nicht so überlaufen. Seit Franz I. italienische Künstler und Handwerker für den Schlossbau verpflichtet hatte, taten nachfolgende Monarchen bis hin zu Napoleon I. das ihre, das Schloss weiter zu veredeln. Die Sammlungen im *Musée Napoléon*

erinnern an den kleinen großen Korsen. Auch die Gärten – André Le Nôtre wirkte hier – sind königlich *(tgl. außer Di 9.30–17 oder 18 Uhr)*. Berühmt ist auch der 250 km² große *Forêt de Fontainebleau*, in dem die Pariser wandern, joggen, radeln und reiten.

Saint-Denis **[168 B3]**
Der Industrievorort (90 000 Ew.) im Norden von Paris hat zwei architektonische Superlative: die *gotische Basilika* mit den Grabstätten der meisten französischen Könige und die topmoderne, gigantische Fußballarena *Stade de France*. Hier soll uns nur die Basilika interessieren: Sie ist die erste gotische Kathedrale (1135) überhaupt, Vorbild für viele andere, darunter die von Chartres. Rund 800 Personen wurden in St-Denis beigesetzt: Könige, Königinnen, deren Kinder, nahe Verwandte und einige Höflinge. Die ältesten Grabfiguren sind jene der Merowingerkönige Chlodwig I. († 511) und seines Sohns Childebert I. († 558), die allerdings erst zu Beginn des 19. Jhs. nach St-Denis überführt wurden. In der Renaissance wurden die Grabmäler zu prunkvollen, doppelstöckigen Monumenten, wie das Grab von Ludwig XII. und Anne de Bretagne, von Franz I. oder Heinrich II. und Katherina von Medici. Es empfiehlt sich unbedingt, am Schalter einen Kopfhörer *(audioguide)* für die Führung zu nehmen *(Sommer tgl. 10 bis 19, sonst 10–17 Uhr)*.

Saint-Germain-en-Laye **[168 A4]**
★ In dem Schloss 22 km westlich von Paris machte der Sonnenkönig gern Urlaub vom Regieren. Die Stadt selbst (40 000 Ew.) hat ebenfalls königlichen Zuschnitt, denn zahlreiche Höflinge folgten dem Herrscher und bauten sich feine Häuser. Das Schloss, königliche Residenz vom 12. bis zum 17. Jh., ist eine rechte Schatztruhe. In seinem *Musée des Antiquités, www.musee-antiquitesnationales.fr*, ist die Fülle der Kunstwerke von der Steinzeit bis in unsere Tage schier überwältigend. Schön spazieren kann man im Park und auf der 2400 m langen Terrasse. *Tgl. außer Di 9–17.15 Uhr*

Senlis **[168 B3]**
Eine kleine Stadt von 17 000 Einwohnern, 51 km nördlich von Paris, mit einer großen Kathedrale: *Notre-Dame* wurde 1153 begonnen, durch einen Brand 1503 verheert und 1513–60 umfassend restauriert. Besonders schön sind das mit Skulpturen geschmückte Hauptportal und die romanische Kapelle *St-Sacrément* mit Fresken des 15. Jhs. Stimmungsvoll die mittelalterlichen Gassen südlich der Kathedrale mit ihren charakteristischen alten Häusern aus der Zeit der Valois (14.–16. Jh.), als Senlis königliche Residenz war. Das *Château Royal* über dem Städtchen steht an der Stelle der Festung des Merowingerkönigs Chlodwig. Im Prioratsgebäude des Gartens ist das sehenswerte *Musée d'Art et d'Archéologie, Mi–Mo 10–12 und 14 bis 18 Uhr*, untergebracht.

Vaux-le-Vicomte **[168 B4]**
In einem Anfall von Größenwahn beauftragte Nicolas Fouquet, Schatzmeister Ludwigs XIV., 1656 die größten Architekten seiner Zeit – Louis Le Vau und Charles Lebrun sowie André Le Nôtre – mit dem Bau eines Schlosses und der Anlage

der Gärten. Als der Sonnenkönig anlässlich eines ihm zu Ehren gegebenen Fests das Ergebnis besichtigte, das alles Bisherige in den Schatten stellte, war er zutiefst in seinem Stolz verletzt und ließ seinen Schatzmeister verhaften. Das Schloss, das den Erbauer den Kopf kostete, ist auch im Innern von einer Pracht, die nicht einmal von Versailles übertroffen wird. *64 km südöstlich von Paris bei Melun, www.vaux-le-vicomte.com, April bis Nov. tgl. 10–18 Uhr*

Versailles **[168 A4]**

★ Ein Ausflug, der zu Paris gehört wie der Besuch von Louvre oder Montmartre. Von 1682 bis zur Französischen Revolution 1789 war Versailles, 23 km südwestlich von Paris, Regierungssitz und politisches Zentrum Frankreichs. Als der Bauherr Ludwig XIV. 1715 starb, war der Bau immer noch nicht vollendet und hatte enorme Summen verschlungen, was dazu beitrug, die Staatsfinanzen zu ruinieren. Rund 30 000 Arbeiter waren damit beschäftigt, die Pläne des Architekten Louis Le Vau und dessen Nachfolgers Jules Hardouin-Mansart zu verwirklichen. Für die prunkvolle Innenausstattung war Charles Le Brun zuständig, die phantastischen Garten- und Parkanlagen schuf der berühmte Landschaftsarchitekt André Le Nôtre. In dem 580 m langen Schloss sind u. a. *Grand Appartement du Roi, Appartement de la Reine, Salle du Trône* und *Galerie des Glaces* (der berühmte Spiegelsaal) zu besichtigen *(tgl. außer Mo Mai–Sept. 9–18.30, sonst 9–17.30, Sa/So 10–17 Uhr)*. Schier unübersehbar sind die Garten- und Parkanlagen. Allein der *Grand Canal* ist 1,6 km lang. Von Mai bis Oktober werden die Fontänen angestellt, Insider Tipp ein großartiges Schauspiel *(www.grandeseauxmusicales.fr)*! Um sich vom Hofleben zu erholen, zog sich Ludwig XIV. in den 1,5 km vom Hauptschloss entfernt gelegenen *Grand Trianon* zurück. Marie-Antoinette zog den *Petit Trianon* vor und schuf mit dem *Hameau de la Reine* ein künstlich-ländliches Idyll.

Eindrucksvolle Fontänen empfangen die Besucher von Versailles

Fachwerkdörfer, Champagnerreben und tiefe Wälder

Vom Elsass über Lothringen und die Champagne bis zur Franche-Comté

Das Münster und der Europarat in Straßburg, Weinstuben in putzigen Fachwerkdörfern, Weinhügel und Vogesen – das und noch viel mehr ist das Elsass, französisch *Alsace.* Mit der Einigung Europas wird die deutsch-französische Grenze immer durchlässiger, ziehen deutsche Familien ins Elsass und arbeiten in Deutschland, genauso wie viele Elsässer in Deutschland einen Arbeitsplatz haben. Dabei ist die Geschichte nicht immer gut mit den Elsässern umgesprungen. 1870/1871 wurde das Elsass, samt Lothringen, nach der Niederlage Frankreichs von Deutschland annektiert; 1918 wurde es wieder französisch, um im Zweiten Weltkrieg abermals von Deutschland annektiert zu werden. Das ist gottlob Vergangenheit. Heute gehört das Elsass zu Frankreich und ist ein kleines touristisches Paradies. Ausführliche Informationen zu dieser Region finden Sie im MARCO POLO Band »Elsass«.

Die Kathedrale Notre-Dame in Reims ist ein Meisterwerk gotischer Baukunst

Weinfelder in der Champagne

So beliebt das Elsass als Reiseziel ist, so wenig beachtet ist Lothringen (Lorraine) – zu Unrecht. Mit Metz und Nancy hat Lothringen reizvolle Städte, und an den Höhenzug der Vogesen schließen sich nördlich weite Wälder an. Sie setzen sich in den tiefen Wäldern der Ardennen fort, die den Norden des Gebiets Champagne einnehmen. Rund um Reims und Épernay erstrecken sich die Weinfelder, die den Saft für den besten Champagner der Welt liefern. Troyes, die alte Hauptstadt der Champagne, ist mit ihrer Kathedrale und der mittelalterlichen, vorbildlich restaurierten Altstadt eine echte Perle unter den französischen Städten.

Die Menschen der Grenzregion Franche-Comté sind für ihren Eigensinn bekannt. Erst 1678 wurde das Gebiet endgültig von Frankreich annektiert. Den eigenen Charakter spürt man weniger in der heutigen Hauptstadt Besançon, einem Zentrum von Industrie, Handel und Kultur – eine Entdeckung wert ist vielmehr das touristisch wenig erschlossene, wildromantische Gebiet der tiefen Wälder, des Weidehochlands und der Seen östlich der fruchtbaren Saône-Ebene und bis hin zum Jura.

ARC-ET-SENANS

[169 D6] Das einmalige Experiment einer Idealstadt in der Franche-Comté blieb zwar unvollendet, dennoch fasziniert das im Jahr 1771 vom Architekten Claude-Nicolas Ledoux begonnene Ensemble klassizistischer Bauten um die ehemals königlichen Salinen: Als Mittelpunkt der geometrisch angelegten Stadt war die Salzfabrik geplant, um die herum sich Wohnungen, Kaufhäuser, Bäder, Kirchen und so fort in mehreren konzentrischen Ringen gruppieren sollten. Dem obersten Bauherrn, Ludwig XV., wurde das Projekt aber schließlich zu teuer. Als es mit der Salzgewinnung zu Ende ging, wurde der Plan der Idealstadt ad acta gelegt. Die sorgfältig restaurierte Anlage mit den streng symmetrisch gruppierten Salinengebäuden und dem palastartigen Wohnsitz des einstigen Fabrikdirektors ist heute ein Museum, *Juli/Aug. tgl. 9–19, Vor- und Nachsaison 9–12 und 14–18, Winter 10–12 und 14–17 Uhr.* Ein sympathisches Hotel mit Restaurant ist das *Relais, 10 Zi., place de l' Église, Tel. 03 81 57 40 60, Fax 03 81 57 46 17, €.*

BELFORT

[169 E5] Wahrzeichen der Stadt (50 500 Ew.) in der Franche-Comté ist der monumentale *Löwe* (22 m lang, 11 m hoch) aus rotem Sandstein, 1875–80 geschaffen von Frédéric Bartholdi, von dem auch die New Yorker Freiheitsstatue stammt. Zum Löwen gelangen Sie über eine Rampe von der Porte de Brisach aus. Als umkämpfte Grenzstadt pflegt Belfort die Erinnerung an drei Belagerungen: 1814, 1815 und 1870. Zentrum der Altstadt ist die *Place d'Armes* mit dem Denkmal *Quand même.* Ein angenehmes, zentrales Hotel ist *Les Capucins, 35 Zi., 20, Porte de Montbeliard, Tel. 03 84 28 04 60, Fax 03 84 55 00 92, €€.* 21 km nordöstlich liegt die großartige Wallfahrtskirche *Notre-Dame-du-Haut,* entworfen von Le Corbusier.

BESANÇON

[169 E6] Die Hauptstadt der Franche-Comté (120 000 Ew.) liegt malerisch am Nordwestrand des Jura. Sie geht auf eine römische Gründung zurück; ihre Lage machte sie zu einer historisch bedeutenden Festung. Den besten Blick auf die Stadt hat man vom *Fort Chaudanne* (419 m) aus. Die Hauptstraße der schönen Altstadt ist die *Grande Rue.* Die *Porte Noire,* ein Triumphbogen aus der Zeit Kaiser Marc Aurels (164), führt zur *Kathedrale* (wertvolle Gemälde, astronomische Uhr). Im *Musée des Beaux-Arts,* nordwestlich der Place du 8 Septembre, finden Sie eine interessante Uhren-, eine wertvolle

Gemäldesammlung und ägyptische Sarkophage *(tgl. außer Di 9.30–12 und 14–18 Uhr).* Zentral gelegen und sehr komfortabel ist das Hotel *Castan Relais, 10 Zi., 6, square Castan, Tel. 03 81 65 02 00, Fax 03 81 83 01 02, €€€.*

CHÂLONS-EN-CHAMPAGNE

[168 C3] Die in der flachen Landschaft der Champagne gelegene Hauptstadt des Departments Marne (60 000 Ew.) lohnt den Besuch wegen der Kathedrale aus dem 13. Jh., mit bedeutenden Fenstern (13.–16. Jh.) und der frühgotischen Kirche *Notre-Dame-en-Vaux,* die zu den herausragenden der Champagne zählt. Im *Musée du Cloître de Notre-Dame* nördlich der Kirche sind wunderbar gearbeitete Kapitelle und Statuen zu sehen *(tgl. außer Di 10–12 und 14–17 Uhr).* Zum Essen und Übernachten empfehlenswert sind das schöne *Restaurant Pré St-Alpin, 2 bis, rue Abbé Lambert, Tel. 03 26 70 20 26, So abends geschl., €,* und das familiäre *Hôtel Renard, 35 Zi., 24, place République, Tel. 03 26 68 03 78, Fax 03 26 64 50 07, €–€€.*

METZ

[169 E3] ★ Lothringens größte Stadt (100 000 Ew.) hat mit ihren hochkarätigen Sehenswürdigkeiten aus einer 3000-jährigen Geschichte, der verschachtelt und eng bebauten Altstadt, dem über der malerisch sich verzweigenden Mosel

MARCO POLO Highlights »Der Osten«

★ **Reims**
Besonders der Skulpturenschmuck der Kathedrale begeistert (Seite 41)

★ **Nancy**
Hier triumphiert die Baukunst des 18. Jhs. (Seite 41)

★ **Obernai**
Ein elsässisches Idyll ist das Städtchen (Seite 45)

★ **Riquewihr**
Strenges Recht regierte im hübschen Reichenweier (Seite 46)

★ **Strasbourg**
Hat heute mehr zu bieten als nur das Münster (Seite 42)

★ **Colmar**
Präsentiert sich als eine wohlgefüllte Schatztruhe (Seite 44)

★ **Metz**
Die Stadt verfügt über ungeahnte Attraktionen (Seite 39)

★ **Troyes**
Eine prächtige Kathedrale und viele Fachwerkhäuser (Seite 47)

Kontrast zu den engen Gassen der Altstadt von Metz bietet dieser Platz

gelegenen Zentrum und einer geschäftigen, großstädtisch anmutenden Atmosphäre viel zu bieten. An der schönen *Place d'Armes* steht die große gotische Kathedrale *St-Étienne*, erbaut 1250–1380 aus gelbem Sandstein. Das 42 m hohe Innere wird von prächtigen Glasfenstern erhellt. Im linken Querschiff und im Chorumgang links drei Glasfenster von Marc Chagall (1960). Nordöstlich, in der Rue Chèremont, liegt das reich bestückte *Musée la Cour d'Or* mit mittelalterlicher Plastik und einer großen Sammlung alter Meister, *tgl. 10–12 und 14–18 Uhr.* Restaurant: *L'Assiette du Bistrot, 9, rue Faisan, Tel. 03 87 37 06 44, So geschl.,* **€**. Hotel: *Royal Bleu Marine, 62 Zi., 23, avenue Foch, Tel. 03 87 66 81 11, Fax 03 87 56 13 16,* **€€–€€€**

MULHOUSE

[169 F5] Dass in Mühlhausen (250 000 Ew.) immer fleißig gearbeitet wurde, ist kein Geheimnis. Zu viel Industrie, mag man da denken und ohne Stopp auf der Autobahn gen Süden an der Stadt vorbeifahren. Dabei lohnt sich durchaus ein Besuch, vor allem wegen der vielen Museen, die von der beeindruckenden Entwicklung der Stadt zu einem wichtigen Industrie- und Handelszentrum Zeugnis ablegen und einfach Spitzenklasse sind. Das *Musée National de l'Automobile – Collection Schlumpf, 129, avenue de Colmar, tgl. 10–17 Uhr,* besitzt eine prächtige Sammlung von 600 Edelkarossen. Im *Musée de l'Impression sur ètoffes, 14, rue Jean-Jacques Henner, tgl. 10–18 Uhr,* sind rund 10 Mio. Muster von bedruckten Stoffen aus heimischer und weltweiter Produktion zu bewundern. Eisenbahnfans gehen ins *Musée Francais du Chemin de Fer, 2, rue Alfred de Glehn, tgl. 9–17 oder 18 Uhr.* Ein neuartiges Museumskonzept ist mit dem *Electropolis,* dem Museum der Elektrizität, *5, rue du Paturage,* verwirklicht worden (*Sommer tgl., sonst tgl. außer Mo 10–18 Uhr*). Das *Musée du Papier Peint* mit einer hinreißenden und wohl weltgrößten

Insider Tipp

Kollektion von Tapeten liegt 6 km östlich in Rixheim. Das Restaurant *Zum Sauwadala, 13, rue de l'Arsenal, Tel. 03 89 45 18 19, €,* lockt mit typisch elsässischen Gerichten.

NANCY

[169 E4] ★ Die weltoffene Hauptstadt von Lothringen (125 000 Ew.) bietet das architektonisch geschlossenste und prächtigste Ensemble von Bauten aus dem 18. Jh. in Frankreich. Die vornehme *Place Stanislas* mit fünf stattlichen Palais, einstöckiger Galerie, vergoldeten Gittern und Brunnen wurde 1751–55 nach Plänen von Emmanuel Héré angelegt. Ein Triumphbogen führt weiter zur *Place de la Carrière* mit zwei Palais von 1715 und 1753 sowie einer Reihe von Bürgerhäusern. In der Altstadt ist im Palais Ducal das sehenswerte *Musée Lorraine, tgl. außer Di 10 bis 18 Uhr,* untergebracht. Bedeutend ist auch das dem Jugendstil gewidmete *Musée de l'École de Nancy, 36, rue du Sergeant-Blandan, Mi–So 10.30–18 Uhr.* In einem Stadtpalais liegt das schöne *Hôtel de la Reine, 44 Zi., 2, place Stanislas, Tel. 03 83 35 03 01, Fax 03 83 32 86 04, €€€.* Preiswerter ist das *Hôtel de Guise* in der Altstadt, *45 Zi., 18, rue Guise, Tel. 03 83 32 24 68, Fax 03 83 35 75 63, €–€€.*

REIMS

[168 C3] ★ Mittelpunkt der alten Krönungsstadt (170 000 Ew.) in der Champagne ist die Kathedrale *Notre-Dame.* Begonnen 1211, vollendet 1294, gehört sie zu den bedeutenden Kirchen Frankreichs. Der ganze Bau ist reich mit großen Skulpturen geschmückt, darunter am linken Portal neben der Tür der *ange au sourire,* der lächelnde Engel; im Innern sind die 120 Figuren an der Westwand hervorzuheben. Der Bischofspalast neben der Kathedrale birgt herausragende Kirchenschätze, u. a. den Talisman Karls des Großen.

Südlich des Stadtzentrums liegt die frühromanische Basilika St-Rémi. Zu Kellereibesichtigungen, mit Direktkauf, laden alle großen Champagnerhäuser ein. Sie liegen südöstlich des Zentrums *(Auskunft erteilt das Office de Tourisme).* Schön übernachten können Sie im Hotel *La Paix, 106 Zi., 9, rue Buirette, Tel. 03 26 40 04 08, Fax*

Place Stanislas in Nancy

03 26 47 75 04, €€–€€€, oder – ganz traumhaft – im *Schlösschen Les Crayères* mit Drei-Sterne-Restaurant von Gérard und Elyane Boyer, *16 Zi., 64, boulevard Vasnier, Tel. 03 26 82 80 80, Fax 03 26 82 65 52, Restaurant Di mittags und Mo geschl.,* €€€. 50 km südlich von Reims liegt das hübsche Dorf *Hautvillers.* Es gilt als die Wiege des Champagners: Ende des 17. Jhs. »erfand« der Mönch Dom Pérignon hier die *méthode champenoise.* Die Reste des Klosters, in dem er lebte, sind im Besitz der Familie Moët et Chandon.

STRASBOURG

[169 F4] ★ Straßburg (264 000 Ew.) ist in gleichem Maß eine geistige wie wirtschaftliche Metropole des Elsass und Europas. Seit 1949 hat der Europarat, dem derzeit 43 Mitgliedsstaaten angehören, seinen Sitz in Straßburg, und alle zwei Jahre tritt im neuen Parlamentsgebäude das Europaparlament zusammen. Hier herrscht eine kosmopolitische Atmosphäre, wobei der mittelalterliche Stadtkern durch die moderne Architektur in den Außenbezirken reizvoll ergänzt wird. Für den Touristen ist natürlich das *Münster* erste Station; auch ein Spaziergang rund um die Innenstadtinsel, zu den Fachwerkhäusern im Viertel *Petite France* und über seine zahlreichen Brücken ist sehr zu empfehlen. Dabei hat Straßburg, wie könnte es im Elsass anders sein, dem Gaumen so viel zu bieten, dass mancher allein deswegen die Reise unternimmt. Von Straßburg aus geht es südwärts auf der »Weinstraße« in die Marktflecken mit spitzgiebeligen Fachwerkhäusern, gastlichen Herbergen und »Winstuben«, in geschichtsträchtige Städtchen und zu Burgen.

SEHENSWERTES

Altstadt

La Petite France, das ehemalige Gerberviertel, erlaubt als Fußgängerzone die ungestörte Betrachtung der mittelalterlichen Fachwerkfassaden. Die ganze Altstadt sollte zu Fuß erobert werden. Außer dem Münster liegen hier auch eine Reihe weit bekannter Restaurants wie *Maison Kammerzell* oder *Au Crocodile.*

Cathédrale Notre-Dame (Münster)

Das Straßburger Münster gilt als besonders schönes Beispiel der deutschen Gotik. Dabei zeigt es vorbildlich den Übergang von der Bauweise der Romanik zur Gotik. Die prächtige Westfassade schuf 1277–1318 Meister Erwin von Steinbach, das Achteck des Nordturms Ulrich von Ensingen aus Ulm (1399–1419) und den Helm des 142 m hohen Turms Johannes Hültz (1420–39). Im 103 m langen, 41 m breiten und 31,5 m hohen Innern sind neben Glasmalereien (12.–15. Jh.) der Engelspfeiler (1230–40) im südlichen Querschiff und die astronomische Uhr (Uhrwerk von 1838–42) hervorzuheben. Prächtig ist die Aussicht vom Turm.

Église Saint-Thomas

Die protestantische Thomaskirche, erbaut 1230–1330, ist die einzige Hallenkirche im Elsass. Eine allegorische Marmorgruppe von Jean-

Baptiste Pigalle bezeichnet die Grabstätte des französischen Marschalls Moritz von Sachsen. *Place St-Thomas*

Palais de l'Europe

Das Europäische Parlament tagt im Bau des Architekten Henry Bernard von 1975. Hier kommt auch dreimal jährlich der Europarat zusammen *(Führungen nur für Reisegruppen)*. Hinter dem Europapalast liegt das moderne Gebäude des Europäischen »Menschenrechtspalasts« und auf der anderen Seite des Ill die Gebäudegruppe des 1999 eröffneten *Parlament Européen.*

MUSEEN

Das *Musée Alsacien, 23, quai St-Nicolas, tgl. außer Di 10–18 Uhr,* besteht aus drei Fachwerkhäusern und stellt elsässische Volkskunst und -kunde zur Schau. Im *Musée d'Art Moderne et Contemporain, 5, place du Château, tgl. außer Mo 11–19, Do 12–22 Uhr,* finden Sie ausgezeichnete Sammlungen großer Maler von Hans Arp bis Edouard Vuillard. Im *Château de Rohan* sind drei sehr gute Museen untergebracht: *Musée Archéologique, Musée des Arts Décoratifs* und *Musée des Beaux-Arts, 2, place du Château, tgl. außer Di 10–18 Uhr.* Im *Musée de l'Œuvre de Notre-Dame, place du Château, tgl. außer Mo 10–18 Uhr,* ist neben Originalen aus dem Münster mittelalterliche Kunst zu sehen.

ESSEN & TRINKEN

Chaîne d'Or Insider Tipp

Elsässische Tafelfreuden in Vollendung im traditionsreichen Rahmen einer Brasserie. *134, Grand Rue, Tel. 03 88 75 02 69, kein Ruhetag,* €€

Au Crocodile

Das Spitzenrestaurant macht den Besuch in Straßburg mit Spezialitä-

Futuristisch oder zukunftsweisend? Europäischer Menschenrechtspalast

ten wie fein gewürfelter Gänseleber auf Gänseconfit in der Pfanne oder Kalbsbries in Blätterteig zum kulinarischen Erlebnis. *10, rue Outre, Tel. 03 88 32 13 02, So/Mo geschl., €€€*

Maison Kammerzell
Eine Institution ist dieses altelsässische Restaurant in einem Fachwerkhaus beim Münster. *16, place de la Cathédrale, Tel. 03 88 32 42 14, kein Ruhetag, €€–€€€*

ÜBERNACHTEN

Couvent du Franciscain
Altstadthotel mit gediegenem Komfort. Parkmöglichkeit, kein Restaurant. *43 Zi., 18, rue du Faubourg de Pierre, Tel. 03 88 32 93 93, Fax 03 88 75 68 46, www.hotel-franciscain.com, €*

Europe
Typisch elsässisches Interieur prägt die Atmosphäre dieses Hotels in der Altstadt. *60 Zi., 38, rue Fossés des Tanneurs, Tel. 03 88 32 17 88, Fax 03 88 75 65 45, www.hotel-europe.com, €€*

Gutenberg
Im Zentrum gelegenes Haus mit gehobenem Standard. *42 Zi., 31, rue des Serruriers, Tel. 03 88 32 17 15, Fax 03 88 75 76 67, www.hotel-gutenberg.com, €€*

AM ABEND

Sympathisch ist die Nachtszene, typisch elsässisch mit gemütlichen, stets gut besuchten Weinstuben wie *Pfifferbrieder* an der *Place du Marché aux Cochons de Lait* oder *Winstub Zum Strissel, place de la Grande Boucherie.* Im *Le Trou, 5, rue des Couples,* (Insider Tipp) sind Freunde des Gerstensafts richtig; es gibt 100 bis 150 Biersorten zu kosten. Das *Kafteur, 3, rue Thiergarten,* ist ein renommiertes *Café-Théatre,* daneben gibt es zahlreiche Bars sowie mehr als ein Dutzend Diskotheken.

AUSKUNFT

Office de Tourisme et Bureaux d'Accueil
17, place de la Cathédrale, Tel. 03 88 52 28 28, Fax 03 88 52 28 29; place de la Gare, Tel. 03 88 32 51 49; pont de l'Europe, Tel. 03 88 61 39 23; www.otstrasbourg.fr

ZIELE IN DER UMGEBUNG

An der Weinroute (*route du vin;* rund 210 km lang), die sich am Westrand der Vogesen hinzieht, reihen sich alte Dörfer und Städtchen; zahlreiche Burgen und die Vogesen locken zu Abstechern.

Colmar **[169 F5]**
★ In der drittgrößten Stadt des Elsass 65 km südlich von Straßburg (90 000 Ew.) sind große Vergangenheit und Gegenwart eine harmonische Ehe eingegangen. Die Altstadt erstrahlt freitags und samstags dank raffinierter Beleuchtung mit Lichtleitfasern in magischem Glanz. Ein Glanzstück des Kunsterbes ist dagegen der *Isenheimer Altar* von Matthias Grünewald im *Musée d'Unterlinden, April–Okt. tgl. 9–18, sonst tgl. außer Di 9–12 und 14–17 Uhr.* Außerdem Sammlungen elsässischer Volkskunst und altdeutsche Gemälde von Martin Schongauer, Kaspar Isenmann und anderen. Ein schönes Beispiel der

Rue des Marchands in Colmar: buntes Treiben vor historischer Kulisse

Gotik ist die *Dominikanerkirche, rue des Serruriers, tgl. 10–13 und 15–18 Uhr,* in der die berühmte »Madonna im Rosenhag« von Schongauer hängt. Eines der herausragenden Häuser der Altstadt ist die *Maison Pfister, rue des Marchands.* Fenster und Erker der *Maison des Têtes (1609)* sind mit etwa 100 Köpfen geschmückt, innen befindet sich ein traditionsreiches Restaurant *(19, rue des Têtes, Tel. 03 89 24 43 43, Mo/Di, Mi mittags und So abends geschl., €€–€€€).* In Petite Venise liegt die Hostellerie *Le Maréchal, 30 Zi., 4–6, place des Six-Montagnes-Noires, Tel. 03 89 41 60 32, Fax 03 89 24 59 40,* €€–€€€. Eine gute Adresse ist auch *Hôtel du Ladhof, 20 Zi., 198, rue Ladhof, Tel. 03 89 41 09 78, Fax 03 89 23 08 14,* €–€€.

Eguisheim **[169 F5]**

Nahe Colmar liegt Egisheim, die »Wiege des elsässischen Weinbaus« (1500 Ew.). In der Ortsmitte befindet sich die Stammburg der Grafen von Egisheim, eine eigenartige achteckige Pfalz. Über dem Ort erheben sich die Burgruinen Hohen- und Dreienegisheim mit drei Türmen, den Drei Exen. Schlemmer kehren im Restaurant *Le Caveau d'Eguisheim, 3, place Château, Tel. 03 89 41 08 89, Mo/Di geschl.,* €€, ein.

Haut-Kœnigsbourg **[169 F4]**

Nachdem die Schweden die Hochkönigsburg 1633 zerstört hatten, ließ Wilhelm II. sie 1901 wieder aufbauen. Das Ergebnis ist umstritten, aber sehenswert. Starker Besucherandrang im Sommer. *Sommer tgl. 9–18.30, sonst 13–17.30 Uhr, 40 km südlich von Straßburg, www.haut-koenigsbourg.net*

Obernai (Oberehnheim) **[169 F4]**

★ Das mittelalterliche Städtchen 25 km südwestlich von Straßburg (9500 Ew.) ist eine der besonders hübschen Etappen an der Weinstraße, mit Befestigungsmauer, einem geschlossenen Marktplatz, dem prächtigen »Sechseimerbrunnen«, der Fruchthalle von 1554 (Museum), der Kirche Sts-Pierre-et-St-Paul und dem Kapellenturm.

Riquewihr **[169 F5]**

★ Vorbildlich haben die 1200 Bürger des ca. 60 km südwestlich von Straßburg in den Ausläufern der Vogesen gelegenen Weinbaustädtchens das mittelalterliche Stadtbild bewahrt. Autos müssen draußen bleiben. Da stehen hinter Mauern und Tortürmen Häuser mit malerischen Höfen, das Schloss der Grafen von Württemberg-Mömpelgard, der »Diebsturm« mit Folterkammer, der Sinnbrunnen. Im alten Torturm »Dolder« ist ein Heimatmuseum eingerichtet (*tgl. außer Di 10–17.30 Uhr, im Winter nur am Wochenende*). Im nahen Weinort *Kaysersberg* wurde 1875 Albert Schweitzer geboren. Sein Geburtshaus ist heute Museum. *126, rue Général-de-Gaulle, Mai–Okt. tgl. 9–12 und 14–18 Uhr*

Sainte-Odile **[169 F4]**

Kloster 30 km südwestlich von Straßburg, herrlich gelegen auf dem Odilienberg (763 m). Die Gründung der hl. Odilie, der Schutzpatronin des Elsass, die 720 starb, ist noch heute eine viel besuchte Wallfahrtsstätte. In der Kapelle befindet sich das Grab der Gründerin.

Sélestat **[169 F4]**

Vor allem in den Gassen der Altstadt fühlt man sich ins Mittelalter zurückversetzt, als die Stadt 45 km südlich von Straßburg zwischen Rhein und Vogesen (15 500 Ew.) ein Zentrum des europäischen Geisteslebens war. Berühmt war die Lateinschule in der Blütezeit des Humanismus Mitte des 15. Jhs. Neben der dreitürmigen *Kirche Ste-Foy*, einem bedeutenden spätromanischen Bau mit reichem Außenschmuck, besuche man das gotische *Münster St-Georges* und die *Bibliothèque Humaniste* mit ihren kostbaren Handschriften, *1, rue de la Bibliothèque, tgl. außer Di 9–12 und 14–18, Sa/So nur bis 17 Uhr.* Die *Auberge de l'Ill* der Familie Haeberlin, *Tel. 03 89 71 89 00, Mo/Di geschl.,* **€€€**, 13 km südlich von Schlettstadt, ist das berühmteste Schlemmerlokal des Elsass.

Wissembourg **[169 F3]**

Das Städtchen (10 000 Ew.) 64 km nördlich von Strasbourg ist typisch elsässisch mit seinen blumengesäumten Promenaden, den alten Stadtmauern und verschachtelten Ziegeldächern. Zum Bummeln laden das Viertel Bruch an der Lauter und der Quai Anselmann mit schönen Renaissancehäusern ein. Interessant die *Maison du Sel* von 1450 mit einem mächtigen Steildach, das *Hôpital Stanislas,* wo der entthronte Polenkönig Stanislas Lezcinski mit seiner Tochter Marie wohnte, die 1725 durch die Heirat mit Ludwig XV. französische Königin wurde. Die Kirche *St-Pierre-et-St-Paul* ist neben dem Straßburger Münster die einzige gotische Kirche des Elsass. Im *Musée Westercamp,* im Norden der Stadt, schöne Sammlung von Möbeln und Volkskunst (*tgl. außer Di 10–12 und 14–18 Uhr*). Viel Charme hat das Hotel *La Couronne, 18 Zi., 12, place de la République, Tel. 03 88 94 14 00, Fax 03 88 94 14 27, www.couronne-wissembourg.com,* **€€**.

TROYES

[168 C4] ★ Neben der Kathedrale *Sts-Pierre-et-Paul* von 1208 mit der Farbenpracht der Glasfenster (insgesamt 1500 m²) ist es vor allem die Altstadt mit den prächtigen Fachwerkhäusern, die Troyes zur zweiten Hauptstadt der Champagne macht. Im Insider Tipp *Musée d'Art Moderne, tgl. außer Mo 11–18 Uhr,* gibt es eine ausgezeichnete Sammlung der »Fauves« mit Werken von Georges Braque, Henri Matisse, Raoul Dufy und André Derain. Wer im Hotel (mit Restaurant) *La Poste, 29 Zi., 35, rue Émile Zola, Tel. 03 25 73 05 05, Fax 03 25 73 80 76, €€€,* absteigt, trifft eine sehr gute Wahl.

VERDUN

[169 D3] Der Name der lothringischen Stadt (25 000 Ew.) ist für immer mit der »Hölle von Verdun«, den furchtbaren Schlachten und dem Opfer von mehr als 800 000 Soldaten auf deutscher und französischer Seite während des Ersten Weltkriegs, verbunden. Der deutsche Versuch, begonnen am 21. Februar 1916, hier die französischen Verteidigungslinien zu durchbrechen, scheiterte endgültig mit der französischen Gegenoffensive im Oktober 1916. In der Stadt selbst steht das *Monument à la Victoire* von 1929, *tgl. Ostern–Mitte Nov. 9–12 und 14–18 Uhr.* Auf der Höhe der Altstadt erhebt sich die 1147 geweihte Kathedrale *Notre-Dame.* Westlich davon liegt die *Citadelle Souterraine* mit tief in die Felsen gehauenen Gängen *(tgl. April–Juni 9–17.30, Hochsaison 9–18, Nachsaison 9–12 und 14–17.30 Uhr).* Empfehlenswert ist die *Hostellerie Le Coq Hardi, 33 Zi., 8, avenue Victoire, Tel. 03 29 86 36 36, Fax 03 29 86 09 21, €€.*

Die Schlachtfelder befinden sich rund 10 km nordöstlich der Stadt, auf dem rechten und linken Ufer der Maas, u. a.: *Fort de Douaumont* und Totenhalle *(Ossuaire),* daneben 15 000 Gräber sowie *Fort de Vaux. April–Sept. tgl. 10–18 bzw. 19, Vorsaison 10–13 und 14–17, Nachsaison 10.30–13 und 14–17 Uhr*

Beeindruckendes Mahnmal: die Totenhalle im Fort de Douaumont

Kathedralen und Seebäder

Kunst und Geschichte in alten Städten, elegante Seebäder, weite Wälder und fruchtbares Land

Ganz oben im Norden der Departments Nord und Pas-de-Calais sieht man die Kreidefelsen von Dover über den Wellen des Ärmelkanals schweben. Dies ist nie eine abgelegene Ecke Frankreichs gewesen, und auch heute profitiert die Region als eine Drehscheibe Europas von dem Austausch zwischen den Ländern der Europäischen Union. Dafür steht die Hauptstadt Lille ebenso wie die Hafenstädte Dünkirchen, Calais, Boulogne-sur-Mer und Le Havre an der Küste der Haute-Normandie. Die flache Picardie umfasst den größten Teil des Gebiets nördlich von Paris und ist eine erholsame, ruhige Landschaft mit weiten Feldern und großen Wäldern. Auf der Fahrt in diesem Gebiet, in dem die Gotik ihre Wiege hat, sind die Kathedralen von Amiens, Rouen oder Laon nicht nur optische Höhepunkte.

An der Küste dagegen möchte man am liebsten in einem der großen Seebäder länger bleiben: im Seebad der Pariser, Le Touquet-Paris Plage, oder in einem der kleinen Badeorte wie Fécamp, Hardelot-Plage oder Étretat.

Die Falaises, bizarr geformte Klippen der steilen Kreideküste, locken viele Besucher in den kleinen Badeort Étretat in der Normandie

Straßencafé in Rouen

In die Haute-Normandie fahren Sie am besten seineabwärts. Rouen ist eine Etappe, die mehr als einen Kurzbesuch verdient. In den Gassen der Altstadt, um die Kathedrale, fühlt man sich ins Mittelalter zurückversetzt. Aber es ist lange her, dass die Jungfrau von Orléans auf dem Marktplatz den Scheiterhaufen bestieg; das Leben in Rouen ist unserer Zeit verpflichtet, wenn auch ohne die Hektik der Großstadt. Die Leute lassen sich Zeit füreinander beim täglichen Umgang, sei es beim Einkaufsschwätzchen, im Bistro beim Aperitif oder beim gemeinsamen Essen im Restaurant.

Ausführliche Informationen über die Normandie finden Sie im MARCO POLO Band »Normandie«.

AMIENS

[168 B2] ★ Die alte Hauptstadt der Picardie (160 000 Ew.) lohnt allein schon wegen der *Kathedrale Notre-Dame* die Reise. An der Somme gelegen, wurde Amiens im Zweiten Weltkrieg zum größten Teil zerstört. Das Stadtbild ist also modern, nördlich der Kathedrale, aber auch in dem von Kanälen durchzogenen Stadtviertel geradezu idyllisch. Die Kathedrale, mit deren Bau 1220 begonnen wurde, ist mit 145 m Länge, dem 42,3 m hohen Innern und einer Fläche von 7700 m^2 die größte Frankreichs. Mit ihrem überwältigenden Reichtum der ornamentalen Ausstattung ist sie der klassische Musterbau der Gotik, der auch beim Bau des Kölner Doms als Vorbild diente. Im *Musée de Picardie, tgl. außer Mo 10–12.30 und 14 bis 18 Uhr,* befinden sich reiche archäologische und kunstgeschichtliche Sammlungen sowie eine schöne Gemäldegalerie der französischen Schule.

Insider Tipp Sehr reizvoll sind *Les Hortillonages,* Gartenanlagen besonderer Art: Kleine Kanäle von 55 km Länge unterteilen diese Ansammlung von Gärten, in denen Gemüse angebaut wird. Man kann sie mit dem Kahn befahren *(Auskunft im Touristenbüro);* am Samstagvormittag wird auf dem Quai Parmentier Markt abgehalten.

Das *Quartier St-Leu* ist das schönste Viertel von Amiens. Hier reihen sich hübsche Häuser am Seitenarm der Somme aneinander, mit Cafés, Boutiquen und Restaurants: nach dem Besuch der Kathedrale ein hübscher Bummel. Originell ist Insider Tipp das Restaurant *Les Marissons, pont de la Dodane, Tel. 03 22 92 96 66, Sa mittags und So geschl.,* **€–€€**, in einer ehemaligen Bootswerft aus dem 15. Jh., mit Garten. Gut untergebracht sind Sie im *Hôtel de Normandie, 27 Zi., 1 bis, rue Lamartine, Tel. 03 22 91 74 99, Fax 03 22 92 06 56, www.hotelnormandie.com,* **€**.

ARRAS

[168 B2] ★ Größte Attraktion der alten Hauptstadt des Artois (40 000 Ew.), heute Hauptort des Departments Pas-de-Calais und Bischofssitz, sind die beiden grandiosen Plätze *Place des Héros (Petite Place)* und *La Grand' Place,* um die sich 155 arkadengetragene Barockgiebelhäuser aus dem 17./18. Jh. aneinander reihen. Das *Hôtel de Ville* (Rathaus) auf der Place des Héros wurde nach dem Ersten Weltkrieg völlig neu wieder aufgebaut. In der Eingangshalle sind Colas und Jacqueline, zwei Riesen, zu sehen, die bei festlichen Anlässen durch die Straßen getragen werden. Vom Turm des Rathauses hat man eine prächtige Aussicht auf die Stadt.

Im *Musée des Beaux-Arts, tgl. außer Di 9–12 und 14–17 Uhr,* ist eine schöne Kunstsammlung zu besichtigen, außerdem erinnern viele Ausstellungsstücke an Maximilien de Robespierre, der 1758 in Arras geboren wurde.

Zur Einkehr empfohlen sei das Restaurant *La Faisanderie, 45, Grand' Place, Tel. 03 21 48 20 76, So abends und Mo geschl.,* **€€€**, und zum Übernachten das *Hôtel des 3 Luppars, 49, Grand' Place, 42 Zi., Tel. 03 21 60 02 03, Fax*

03 21 24 24 80, €€. Nördlich und südöstlich von Arras liegen zahllose Denkmäler und Soldatenfriedhöfe, die an die Somme-Schlachten erinnern, bei denen mehr als 1,2 Mio. Soldaten ihr Leben ließen.

BOULOGNE-SUR-MER

[168 A1] In erster Linie ist die Stadt (44 000 Ew.) an der Kanalküste Frankreichs wichtigster Fischereihafen und bedeutender Fährhafen für den Verkehr über den Ärmelkanal. Davon abgesehen hat Boulogne touristisch einiges zu bieten. Schon die Lage am Meer, an und über der Mündung der Liane, nimmt ein, ebenso der prächtige Badestrand am offenen Meer nördlich des Zentrums. Auch an der sich nördlich anschließenden Steilküste, der Côte d'Opale, liegen schöne Strände. Während die Unterstadt von Boulogne im Zweiten Weltkrieg stark zerstört und modern wieder aufgebaut wurde, ist die mauerumgürtete mittelalterliche Oberstadt erhalten geblieben.

Mit moderner Technologie wird den Besuchern in dem großartigen, futuristisch gestylten Zentrum *Nausicaa, Centre National de la Mer, boulevard Ste-Beuve, Sommer tgl. 9.30–20, sonst 9.30–18.30 Uhr,* das Leben auf und im Meer nahe gebracht, die ganze Fülle ozeanischen Lebens vom Plankton bis zu den Korallen und tropischen Fischen unter Beteiligung aller Sinne. Im *Châteu-Musée, tgl. außer Di 10–12.30 und 14–17, So 10–17 Uhr,* sind schöne naturkundliche Sammlungen, darunter Fossilien aus der Umgebung, sowie eine gute Gemäldesammlung französischer Meister (Camille Corot, François

MARCO POLO Highlights »Der Norden«

★ **Amiens**
Hier steht die größte Kathedrale Frankreichs (Seite 50)

★ **Arras**
Oberirdische und unterirdische Attraktionen (Seite 50)

★ **Rouen**
Die Stadt ist reich an Geschichte, Atmosphäre und Kunstschätzen (Seite 55)

★ **Giverny**
Wo Claude Monet malte und lebte (Seite 53)

★ **Lille**
Die Europäische Kulturhauptstadt 2004 verwöhnt ihre Besucher (Seite 54)

★ **Le Bec-Hellouin**
In der Abtei wurde fleißig studiert (Seite 58)

★ **Jumièges**
Einen Ausflug zu der Klosterruine bei Rouen sollte man nicht versäumen (Seite 58)

★ **Lyons-la-Fôret**
Ein Märchenwald mitten in der Normandie (Seite 59)

Boucher, Jean-Honoré Fragonard) ausgestellt. Im *Musée Château d'Aumont, tgl. außer Di 10–12.30 und 14–17 Uhr, Ville haute (Oberstadt),* gibt es eine ägyptische Abteilung, außerdem regionale Funde und eine großartige Sammlung griechischer Vasen.

CALAIS

[168 A1] An der mit etwa 34 km Breite schmalsten Stelle des Ärmelkanals liegt die bedeutende Hafenstadt (77 000 Ew.) mit Fährverkehr und Kanaltunnel nach Dover. Auch als Seebad wird Calais wegen des weiten Strands und guter Wassersportmöglichkeiten viel besucht. Das großartige Denkmal der Bürger von Calais, geschaffen von Auguste Rodin, erinnert an die Übergabe der Stadt an Eduard III. von England 1347. Sehenswert ist das *Musée des Beaux-Arts et de la Dentelle, Mo und Mi–Fr 10–12 und 14–17.30, Sa bis 18.30, So 14 bis 18.30 Uhr,* mit Sammlungen zur Kunstgeschichte und Spitzenherstellung von Calais.

Folgen Sie der Küstenstraße in Richtung Westen, so erreichen Sie nach etwa 20 km das 134 m hohe Insider Tipp Cap Blanc-Nez, von dem sich eine umfassende Aussicht auf die Steilküste der Côte d'Opale bis zu den Kreidefelsen der englischen Küste jenseits des Kanals bietet.

40 km südwestlich von Calais liegt *Cap Gris-Nez,* ein kleiner Ferienort, an einer 45 m hohen, sanft abfallenden Felsküste. An der Spitze der Halbinsel steht ein 28 m hoher Leuchtturm, von dem man ebenfalls einen Blick bis hinüber nach England hat.

DIEPPE

[168 A2] Viel Betrieb herrscht in der Stadt am Ärmelkanal (34 000 Ew.) wegen des Fährverkehrs nach England und des bedeutenden Fischereihafens. Der 2 km lange Strand ist als nächstgelegener Badeplatz bei den Parisern populär und von zahlreichen Hotels gesäumt. Das *Schloss* auf hohem Kreidefelsen hat ein ausgezeichnetes *Musée de Château, tgl. außer Di 10–12 und 14–18 Uhr.* Besonders schön ist die Sammlung von Schiffsmodellen und Elfenbeinschnitzereien. Hochinteressant ist auch die *Cité de la Mer,* Insider Tipp *Sommer tgl. 10–12.30 und 14–18.30 Uhr,* im Viertel an der Südseite der Hafeneinfahrt. Komfortable Hotels mit Meeresblick sind *Aguado, 56 Zi., 30, boulevard Verdun, Tel. 02 35 84 27 00, Fax 02 35 06 17 61, €€€,* und *La Presidence, 89 Zi., boulevard de Verdun, Tel. 02 35 84 31 31, Fax 02 35 84 86 78, €€–€€€.* Etwa 13 km westlich der Stadt erstreckt sich die Kreideküste *La Côte d'Albâtre* bis zum Leuchtturm *Phare d'Ailly.*

DUNKERQUE

[168 B1] Die bedeutende Hafenstadt Dünkirchen (70 000 Ew.) mit Fährverkehr nach Dover wurde nach der Zerstörung im Zweiten Weltkrieg vorbildlich wieder aufgebaut. Lohnend ist eine *Hafenrundfahrt (Abfahrt der Schiffe im Bassin du Commerce)* oder die Besichtigung zu Fuß. Im schönen *Jardin de Sculptures* liegt der modern gestaltete Bau des *Musée d'Art contem-*

porain mit seinen ausgezeichneten Kunstsammlungen. Für den Badeurlaub empfiehlt sich *Malo-les-Bains*, ein viel besuchtes Seebad mit prächtigem Sandstrand an der 2 km langen Uferpromenade *Digue de Mer*, mit Kasino. Hotel am Meer (mit Restaurant): *Au Rivage, 16 Zi., 7, rue Flandre, Tel. 03 28 63 19 62, Fax 03 28 66 38 59,* **€–€€**

ÉTRETAT

[167 E2] Berühmt wurde der elegante Badeort (1600 Ew.) durch die *Falaises*, bizarr geformte Kreideklippen. Zwischen der Falaise d'Aval und der Falaise d'Amont zieht sich über rund 1 km der Kies- und Geröllstrand hin. Im Sommer herrscht viel Betrieb in dem engen Ort, der neben einer schönen Uferpromenade mit Kasino angenehme Hotels und gute Restaurants hat. Die große Markthalle aus Holz an der Place de Foch ist eine Rekonstruktion. Mitten im Zentrum liegt das *Hotel Falaises, 24 Zi., 1, boulevard R. Coty, Tel. 02 35 27 02 77, www.hoteldesfalaises.fr,* **€–€€**.

ÉVREUX

[167 F3] Die Stadt (51 000 Ew.) in der Haute-Normandie hatte im Zweiten Weltkrieg schwer zu leiden, doch blieb wie durch ein Wunder die gotische Kathedrale *Notre-Dame* mit ihren prächtigen Glasfenstern (13.–16. Jh.) erhalten. Die Arkaden des Schiffs indes sind noch romanisch, der Chor stammt vom Ende des 13. Jhs. Sehenswert ist auch die *Église St-Taurin*, in der ein wertvoller Reliquienschrein, die *Grande Chasse de St-Taurin* aus dem 13. Jh., aufbewahrt wird.

ZIEL IN DER UMGEBUNG

Giverny **[167 F3]**

★ Freunde des Malers Claude Monet besuchen den normannischen Ort 30 km nordöstlich von Évreux, wo der Künstler 1883 das Haus *Le Pressoir* bezog, in dem er bis zu seinem Tod 1926 arbeitete. Es ist heute im Besitz der *Fondation Claude Monet, www.fondation-monet.com,* und dem Publikum zugänglich, genauso wie die verwunschenen Gär-

Blick auf den Kiesstrand des kleinen Badeorts Étretat

ten mit Teich und üppiger Vegetation, die Monet anlegte und so oft malte. Das *Musée Américain* erinnert daran, dass zahlreiche amerikanische Maler im Land der Impressionisten künstlerische Anregung suchten. *Beide April–Okt. tgl. außer Mo 9.30–18 Uhr*

Fécamp

[167 E2] Das als Badeort besuchte Städtchen (21 000 Ew.) an der Côte d'Albâtre ist auch ein alter Fischerhafen: Von hier gingen Fangfahrten bis weit nach Neufundland hinauf, was sehr anschaulich im ausgezeichneten *Musée des Terres-Neuvas, tgl. außer Di 10–12 und 14–17.30 Uhr,* dargestellt ist. Aber nicht Fisch, sondern ein Likör hat Fécamp bekannt gemacht. Im *Palais de la Bénédictine, Sommer tgl. 10–18.30 Uhr,* erfahren Sie alles über das weltberühmte Lebenselixier, das Benediktinermönche hier kreierten. Ein rustikales und komfortables Restaurant ist die 2 km südlich von Fécamp gelegene *Auberge de la Rouge, 8 Zi., Tel. 02 35 28 07 59, Fax 02 35 28 70 55, €–€€.*

Lille

[168 B1] ★ Lille (500 000 Ew.) nahe der belgischen Grenze ist Zentrum eines großen Industriegebiets und Europäische Kulturhauptstadt 2004. Neben dem bedeutenden und sehr guten *Musée des Beaux-Arts, Mo 14–18, Mi–So 10–18 Uhr,* ist die *Zitadelle* zu nennen, das Hauptwerk des Festungsbaumeisters Sébastien de Vauban. *Führung So nach Voranmeldung im Touristenbüro.* Auch ein Besuch des *Musée d'Art moderne, tgl. außer Di 10–18 Uhr,* lohnt sehr. Es ist im 1236 von der Comtesse Jeanne de Flandre gegründeten Armenhaus untergebracht. Zu sehen sind der alte Krankensaal, die Barockkapelle und eine schöne Sammlung flämi-

Der Fischereihafen von Fécamp zieht auch Angler an

Die MARCO POLO Bitte

WWF

Marco Polo war der erste Weltreisende. Er reiste in friedlicher Absicht, verband Ost und West. Er wollte die Welt entdecken, fremde Kulturen kennen lernen, nicht zerstören. Könnte er heute für uns Reisende nicht Vorbild sein? Aufgeschlossen und friedlich sollte unsere Haltung auf Reisen sein. Dazu gehören auch Respekt vor Mensch und Tier und die Bewahrung der Umwelt.

scher, holländischer und nordfranzösischer Meister. Nach dem berühmtesten Sohn der Stadt wurde ein Platz benannt, das Haus, wo 1890 Charles de Gaulle geboren wurde, ist dagegen *Museum (9, rue Princess, nördlich der Altstadt, Mi–So 10–12 und 14–17 Uhr)*. Bestes Hotel ist das *Alliance, 80 Zi., 17, quai Wault, Tel. 03 20 30 62 62, Fax 03 20 42 94 25,* **€€€**; gediegenen Komfort bietet *Le Grand Hôtel, 34 Zi., 51, rue Faidherbe, Tel. 03 20 06 31 57, Fax 03 20 06 24 44, www.legrandhotel.com,* **€€**.

ROUEN

[167 F2] ★ Die alte Hauptstadt der Normandie (115 000 Ew.) bietet Besuchern viel. Überall in der malerischen Seinestadt trifft man auf architektonische Kleinode: Außer der mächtigen Kathedrale, die zu den großen und besonders schönen Frankreichs zählt, der spätgotischen Kirche St-Maclou, dem Aître St-Maclou, einer mittelalterlichen Begräbnisanlage, und der Abteikirche St-Ouen sind in der Altstadt rund 700 mittelalterliche Häuser erhalten. Viele davon drängen sich in der Rue St-Romain und der Rue de Gros Horloge. Rund 1,5 km südöstlich des Stadtzentrums bietet sich vom *Panorama de la Côte-Ste-Catherine* eine gute Aussicht.

SEHENSWERTES

Cathédrale Notre-Dame

Sie steht mitten in der Altstadt: ein Meisterwerk der Gotik, an dem vom Ende des 12. bis ins 16. Jh. gebaut wurde. Wer kennt nicht jene Gemälde von Claude Monet, in denen das Steinfiligran der Westfassade vom wechselnden Licht verzaubert wird? Herrlich sind auch die reich mit Figuren geschmückten Portale der Querschiffe, im Norden der *Portail des Libraires*, im Süden der *Portail de la Calende*. Eine Innenbesichtigung, möglichst mit Führung, dauert bei der Zahl der Kunstschätze ihre Zeit. Da ist z. B. im Chor das Grabmal von Richard Löwenherz mit seiner Figur und dem eingeschlossenen Herzen oder die außergewöhnliche, halbkreisförmige romanische Krypta, die erst 1934 ausgegraben wurde.

Église Saint-Maclou

Die Kirche, erbaut in den Jahren von 1437 bis 1581, gilt als herausragendes Beispiel der Spätgotik. Im Innern schöne Glasfenster aus der Renaissance. Wenn Sie links von

Flamboyant in reiner Ausprägung: Kathedrale Notre-Dame in Rouen

der Kirche in die Rue Martainville gehen, gelangen Sie in den von Fachwerkhäusern umgebenen *Aître de Saint-Maclou,* ein Beinhaus. In den Galerien wurden im 16./17. Jh. Pestopfer beigesetzt.

Église Saint-Ouen

Die schöne gotische Kirche einer ehemaligen Benediktinerabtei besitzt prächtige, ausgezeichnet restaurierte Glasfenster (14. Jh.). Der Hauptturm, *Tour Couronnée,* ist ein Meisterwerk der Gotik im Flamboyantstil, er misst 82 m.

Gros-Horloge und Beffroi

Von der Kathedrale gelangen Sie durch die Rue du Gros Horloge unter dem gleichnamigen Uhrturm, einem Ende des 14. Jhs. errichteten Wehrturm, hindurch. Die Uhr mit nur einem Zeiger zeigt die mythologischen Figuren der Woche sowie Sonnen- und Mondphasen. Darüber erhebt sich der gotische Beffroi.

Palais de Justice

Reich verziert mit allen Elementen des gotischen Flamboyantstils und der Renaissance, wirkt das Gerichtsgebäude eher wie ein fürstlicher Palast. Er steht in der *Rue aux Juifs,* nahe der Gros-Horloge.

Place du Vieux Marché

Auf dem alten Marktplatz wurde der Scheiterhaufen errichtet, auf dem am 30. Mai 1431 Jeanne d'Arc verbrannte. Ein Kreuz bezeichnet die Stelle. Gegenüber der Kirche Ste-Jeanne-d'Arc liegt ein kleines, der Nationalheiligen gewidmetes *Museum, tgl. Mai–Okt. 9.30–19, sonst 10–12 und 14–18 Uhr.*

MUSEEN

Musée des Beaux-Arts

Zu den Glanzstücken der Gemäldesammlungen gehören Werke von Michelangelo da Caravaggio und Diego Velázquez, Peter Paul Rubens, Nicolas Poussin und François Clouet. Aus der Kathedralenserie von Claude Monet besitzt das Museum das Gemälde »Le Portail, temps gris«. *Square Verdrel, tgl. außer Di 10–18 Uhr*

Musée de la Céramique
Ständige Ausstellung der Fayencen von Rouen sowie 600 Stücke Porzellan aus Frankreich und dem Ausland. *Hôtel d'Hocqueville, tgl. außer Di 10–13 und 14–18 Uhr*

Musée Flaubert
Der Vater des Autors von »Madame Bovary« war Chirurg am Hôtel-Dieu. Das wieder hergestellte Geburtszimmer von Gustave Flaubert (1821–80) ist heute Museum. *51, rue de Lecat, Di 10–18, Mi–Sa 10 bis 12 und 14–18 Uhr*

Insider Tipp **Musée Le Secq des Tournelles**
Eines der weltweit bedeutenden Museen für Schmiedekunst mit ungefähr 12 000 Exponaten. *Rue Jacques-Villon, tgl. außer Di 10–13 und 14–18 Uhr*

ESSEN & TRINKEN

La Couronne
Auf dem Vieux Marché steht das älteste Gasthaus Frankreichs (1345), ganz im mittelalterlichen Stil. Die Küche hält, was der Rahmen verspricht. *31, place Vieux-Marché, Tel. 02 35 71 40 90, kein Ruhetag,* €€–€€€

Gill
Zwei-Sterne-Restaurant auf der Höhe verführerischer Kochkunst. *9, quai de la Bourse, Tel. 02 35 71 16 14, Aug. und Mo geschl.,* €€–€€€

Le Quatre Saisons (Hôtel de Dieppe)
Gemütlich im Stil einer Brasserie, normannisch-üppige Gerichte. *Auch 41 Zi., place B.-Tissot, Tel. 02 35 71 96 00, Fax 02 35 89 65 21, Sa mittags geschl.,* €–€€

EINKAUFEN

Nutzen Sie die Gelegenheit: Fayencen aus Rouen sind keine Wegwerfartikel, und das Angebot ist überwältigend, z. B. *Faïences Benit-Romain, 56, rue St-Romain.* Insider Tipp

ÜBERNACHTEN

Hôtel de Bordeaux
Schön zwischen Seine und Kathedrale gelegen; angenehm, mit gutem Komfort. *48 Zi., 9, place de la République, Tel. 02 35 71 93 58, Fax 02 35 71 92 15,* €–€€

Mercure Rouen Centre
Komfortabel, gut geführt, mit angenehmer Atmosphäre. *125 Zi., rue Croix-de-Fer, Tel. 02 35 52 69 52, Fax 02 35 89 41 46, www.mercure.com,* €€–€€€

Notre-Dame
Mit etwas Glück bekommen Sie ein (geräumiges) Zimmer mit Blick auf die Kathedrale. Ausgezeichneter Service. *28 Zi., 4, rue de la Savonnerie, Tel. 02 35 71 87 73, Fax 02 35 89 31 52, www.hotelnotredame.com,* €–€€ Insider Tipp

AUSKUNFT

Office de Tourisme
25, place de la Cathédrale, Tel. 02 32 08 32 40, Fax 02 32 08 32 44, www.rouentourisme.fr

ZIELE IN DER UMGEBUNG

Le Bec-Hellouin **[167 E3]**

★ Die romantische Klosteranlage 30 km südwestlich von Rouen, von der heute nur noch Ruinen erhalten sind, wurde um 1034 von dem einstigen Ritter Herluin begonnen und war zwischen dem 12. und 14. Jh. wichtige Ausbildungsstätte des normannischen Klerus. Von der alten Abteikirche haben sich nur Teile der Apsis und einzelne Kapellen erhalten; die neue Abteikirche wurde im 17. Jh. im alten Refektorium errichtet. Der schöne Kreuzgang entstand zwischen 1640 und 1660. *Führungen tgl. außer Di.* Besucher können in der schönen *Auberge de l'Abbaye, Tel. 02 32 44 86 02, Fax 02 32 46 32 23,* €€, übernachten, falls eines der neun Zimmer frei ist. Zu empfehlen auch das *Restaurant, Di mittags und Mo geschl.,* €€

Insider Tipp

Caudebec-en-Caux **[167 E2]**

Schön am Seineufer, 62 km westlich von Rouen, liegt die kleine Fachwerkstadt (2700 Ew.). Mit dem Fluss ist ihr Leben seit jeher eng verbunden. Das können Sie sehr anschaulich im *Musée de la Marine de Seine* studieren – Schifffahrt, Handel, Fischfang u. a. *Tgl. 13.30–18 Uhr, Nebensaison Di geschl.* Die spätgotische *Église Notre-Dame* lohnt einen Besuch, ebenso die *Maison des Templiers* aus dem 13. Jh. Im Zentrum, mit guter Küche, liegt das *Cheval Blanc, 14 Zi., 4, place R. Coty, Tel. 02 35 96 21 66, www.le-cheval-blanc.fr, So abends geschl.,* € – €€.

Château Gaillard **[167 F3]**

Hoch auf einem Kalkfelsen über der Stadt Les Andelys (10 000 Ew.), 39 km südöstlich von Rouen, thront die wuchtige Ruine von Château Gaillard. Das Schloss ist ein Werk von Richard Löwenherz, ab 1156 in zwei Jahren hingeklotzt als Angelpunkt der englischen Verteidigung der Normandie. 1204 lässt der französische König zum Angriff blasen, einige seiner Mannen dringen durch die Latrine ein und lassen die Zugbrücke herunter. Die Burg fällt. *Mitte März–Mitte Nov. tgl. außer Mi morgens und Di 9–12 und 14–18 Uhr.* Gaumenfreuden bietet *La Chaîne d'Or, 27, rue Grande, Tel. 02 32 54 00 31,* € – €€.

Insider Tipp

Gisors **[167 F3]**

Die Stadt (9000 Ew.) 58 km südöstlich von Rouen entstand um die mächtige Burg, die 1097 vom englischen König Wilhelm dem Roten erbaut wurde. Nach mehrmaligem Machtwechsel fiel sie 1449 endgültig an Frankreich. Vom Donjon blickt man weit ins Land. Nicht viel jünger ist die Kirche *St-Gervais-et-St-Protais,* die trotz häufiger Zutaten im Lauf der Zeit ausgesprochen harmonisch wirkt.

Jumièges **[167 E2]**

★ In einer Flussschleife der Seine, 25 km westlich von Rouen, liegt die imposante Klosterruine, die zu den bedeutendsten und schönsten Frankreichs zählt. Jumièges wurde 654 von Saint Philibert gegründet und nach der Zerstörung durch die Wikinger ab 960 wieder aufgebaut. 1040 wurde mit dem Neubau von *Notre-Dame* begonnen. Die beiden 46 m hohen Türme sind noch heute über dem ungedeckten Kirchenraum erhalten. Südlich davon schließen sich die Reste der 1332–49 teilweise neu errichteten

Westlich von Rouen prägen Apfelplantagen die Landschaft des Pays d'Auge

Kirche St-Pierre und der Kapitelsaal (12. Jh.) an. 1790 verließen die letzten Mönche das einst mächtige und reiche Kloster. *Sommer tgl. 9.30–19, Winter 9.30–13 und 14.30–17.30 Uhr*

Insider Tipp **Lyons-la-Forêt** **[167 F3]**

Waldesluft und Vogelsang erwarten den Besucher dieses normannischen Idylls (1000 Ew.) in einem über 100 km^2 großen Buchenwald. Die Sommerfrische, 36 km östlich von Rouen, ist Rast- und Ausgangspunkt für herrliche Waldspaziergänge. Versäumen Sie nicht einen Besuch der *Zisterzienserabtei Mortemer* südlich des Dorfs, *Ostern bis Sept. tgl. 13–18 Uhr.*

Martainville **[167 F2]**

Im aus Ziegeln und Steinen erbauten, stattlichen Château ist das interessante *Musée départemental des Traditions et Arts normands* untergebracht. *16 km nordöstlich von Rouen, tgl. außer Di und Sa vormittags 10–12.30 und 14–17 oder 18 Uhr*

LE TOUQUET PARIS-PLAGE

[168 A1] Dieser vornehme Badeort (5500 Ew.) ist die Perle der Côte d'Opale und das am besten ausgestattete Seebad der gesamten Kanalküste. Bei der Gründung 1882 wurde der der Hauptstadt am nächsten gelegene Strand Paris-Plage getauft, später dann in Le Touquet Paris-Plage umbenannt. Noch heute ist das schöne Seebad mit seiner großartigen Strandpromenade, den gepflegten Hotels und eleganten Villen unter Kiefern ein bevorzugter Aufenthaltsort der Jugend wohlhabender Franzosen und Engländer. Entsprechend umfangreich ist das Sportangebot. Zwei besonders schöne Hotels sind *Le Manoir Hôtel, 42 Zi., am Golfplatz, Tel. 03 21 06 28 28, Fax 03 21 06 28 29,* **€€€**, und das palastartige *Westminster, 113 Zi., 5, avenue du Verger, Tel. 03 21 05 48 48, Fax 03 21 05 45 45,* **€€€**.

Le Rescator
Bar
LACES
CRÊPES Le Rescator BAR RESTAURANT

Schlösser und Kalvarienberge

Berühmte Loireschlösser, steinerne Kalvarienberge in der Bretagne und die Atlantikküste mit ihren Hafenstädten und Badeorten

Blick zurück von der Île de Ré

Der schönste Weg in den Westen Frankreichs führt an der Loire mit ihren berühmten Schlössern entlang. Bevor das Meer erreicht ist, hat man die Wahl, nordwärts weiter in die Basse-Normandie, geradeaus in die Bretagne oder südwärts ins Poitou zu fahren. Die Basse-Normandie beginnt bei Honfleur, Hauptstadt ist Caen. Das saftiggrüne Bauernland mit seinen heckengesäumten Wiesen, Äckern und idyllischen Dörfern ist ein besonders geschichtsträchtiger Boden. Dazu gehören Seebäder wie Deauville oder Cabourg, Bayeux mit seinem berühmten Wandteppich und die schöne Halbinsel Cotentin mit der Hafenstadt Cherbourg; eine eher stille Ecke. Nahe dem Touristenmagneten Nummer eins in Frankreich, dem Mont-St-Michel, beginnt die Bretagne. Die Halbinsel ist mit 250 km Länge und 100 bis 150 km Breite groß genug für ihre Liebhaber. Herrlich ist Armor, das »Land am Meer« – Felsenküste mit Buchten, Klippen und Fischernestern. Argoat, »Waldland«, wird die innere Bretagne genannt. Sie ist immer noch eine Region des Glaubens und der Legenden, in der die steinernen Kreuzigungsgruppen der Kalvarienberge das Ziel alljährlicher Prozessionen sind. Aber die Bretagne ist auch ein Sommerparadies, vor allem mit der Halbinsel Quiberon, dem Golf von Morbihan und der Atlantikküste bis zum großen Seebad La Baule.

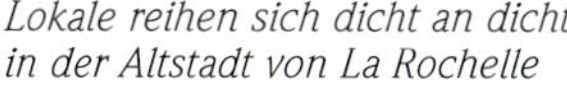

Lokale reihen sich dicht an dicht in der Altstadt von La Rochelle

Pays de la Loire heißt das Gebiet um Nantes, die Loiremündung und das Poitou. Das rund 150 m hoch gelegene, fruchtbare Plateau geht im Westen in das Gebiet der Vendée über, einen kargen Landstrich von eigenem Reiz. Besonders die Küste hat schöne Ziele: die lebenslustige Hafenstadt La Rochelle, die großen Inseln Île de Ré und Île d'Oléron, das Seebad Royan – Plätze genug für einen prächtigen Urlaub am Meer. In den MARCO POLO Bänden »Normandie«, »Bretagne«, »Loiretal« und »Französische Atlantikküste« finden Sie nähere Informationen zu diesen Regionen.

ANGERS

[167 D5] Gepflegt, kunstsinnig und wohlhabend präsentiert sich die alte Hauptstadt der Grafschaft Anjou (140 000 Ew.) dem Besucher. Sie liegt am Fluss Maine, 8 km von dessen Mündung in die Loire entfernt. Über den Dächern der *Cité* mit ihren Fachwerkhäusern thront das 1228–38 erbaute ★ *Château d'Angers.* Größte Sehenswürdigkeit ist hier in einem modernen Galeriebau der älteste und bedeutendste Wandteppich der Welt, die *Tenture de l'Apocalypse* (1375–80). Der Teppichzyklus – heute 130 m lang und 6 m breit – bestand ursprünglich aus 98 Szenen, von denen zwei Drittel erhalten sind (*Sommer tgl. 9.30–19 Uhr*). Die Kathedrale *St-Maurice* gilt als schönstes Beispiel der westfranzösischen Gotik. Im einstigen Hospital St-Jean ist das *Musée Jean Lurçat* mit den Bildteppichen des 1966 verstorbenen Künstlers untergebracht (*4, boulevard Arago, Sommer tgl. außer Mo 9–18.30 Uhr*). Zentral übernachten können Sie im *Continental, 25 Zi., 12, rue Louis-de-Romain, Tel. 02 41 86 94 94, Fax 02 41 86 96 60, €–€€.*

Insider Tipp

18 km südwestlich liegt das schöne Renaissance-Wasserschloss *Serrant, www.loire-france.com,* (16. bis 18. Jh.), das im Besitz der Nachfahren des Herzogs de La Trémoille ist. *Führungen Sommer tgl. außer Di 10–11.30 und 14–17.30 Uhr*

Insider Tipp

ANGOULÊME

[170 C2] Von den *Remparts Desaixs,* den Wällen der hoch gelegenen Altstadt, hat man eine prächtige Aussicht. In der Hauptstadt (43 000 Ew.) der Charente sind vor allem die *Kathedrale St-Pierre,* die 1105–28 im romanisch-byzantinischen Stil erbaut wurde, und der *Boulevard des Remparts* mit vielen runden und quadratischen Türmen sehenswert. Gut und preiswert ist das Hotel *St-Antoine, 32 Zi., Tel. 05 45 68 38 21, Fax 05 45 69 10 31, €–€€.* 22 km nordöstlich liegt das bedeutende *Château La Rochefoucauld, April–Ende Nov. tgl. 10–19, sonst Sa/So ab 14 Uhr.* Es war im Besitz von François de La Rochefoucauld (1613–80), Autor der berühmten »Maximen«, einem philosophisch-ethischen Werk.

Insider Tipp

LA BAULE

[166 C5] Das neben Biarritz bedeutendste und ausgesprochen elegante Seebad (15 000 Ew.) an der Atlantikküste besticht durch seinen prächtigen, 8 km langen Sandstrand mit einer schönen Promenade. Im Sommer herrscht hier Hochbetrieb; die Atmosphäre ist betont familiär, wobei viel Wert auf sportliche Aktivitäten gelegt wird. Die Auswahl an guten Hotels, Restaurants und Boutiquen ist groß. Preisgünstig sind *La Closerie, 15 Zi., 173, avenue M.-de-Lattre-de-Tassigny, Tel. 02 51 75 17 00, Fax 02 51 75 17 19, €€,* und *Residence Parabaule La Cantellerie, 10, avenue de Saumur, Tel. 02 40 11 35 10, Fax 02 40 60 64 21, www.*

parabaule.com, Studios Juli/Aug. etwa 900–1250 Euro pro Woche.

BAYEUX

[167 D3] ★ Die sympathische mittelalterliche Stadt (15 000 Ew.) hat im Gegensatz zu anderen normannischen Städten den Zweiten Weltkrieg unversehrt überstanden. Außer der schönen Kathedrale sind viele Bürgerhäuser (15.–18. Jh.) erhalten. Bedeutendster Kunstschatz ist jedoch der Teppich von Bayeux *(Tapisserie de la Reine Mathilde, www.bayeux-tourisme.com)* aus dem 11. Jh., der in einer faszinierenden Bilderfolge von knapp 70 m Länge die Eroberung Englands »erzählt« *(Sommer tgl. 9–19, sonst 9–12.30 und 14–19.30 Uhr)*. Auch die anderen Museen lohnen einen Besuch: Im *Musée Diocésian d'Art Religieux, Sommer tgl. 10 bis 12.30 und 14–18 Uhr,* neben der Kathedrale glaubt man sich in eine Schatzkammer versetzt. Faszinierend ist die Begegnung mit der für die Region berühmten Spitzenmacherei im *Conservatoire de la Dentelle, Sommer tgl. 10–12.30 und 14–18 Uhr,* wo man zuschauen kann, wie die Kunstwerke entstehen. In die jüngste Vergangenheit, als die Normandie zum Schlachtfeld wurde, führt u. a. das *Musée Mémorial 1944 Bataille de Normandie,* ein

MARCO POLO Highlights »Der Westen«

★ **Château d'Angers**
Hier ging die Welt schon vor 600 Jahren unter (Seite 62)

★ **Bayeux**
Ein Wandteppich erzählt von der Eroberung Englands (Seite 63)

★ **Nantes**
Nantes und das Meer – das ist eine faszinierende Geschichte (Seite 68)

★ **Dinan**
Mehr Mittelalter ist kaum möglich (Seite 66)

★ **Honfleur**
Kommen Sie, wenn die Saison vorbei ist und die Fischer wieder unter sich sind (Seite 67)

★ **Carnac**
Ein Pilgerziel der besonderen Art sind die rätselhaften Steinreihen (Seite 65)

★ **Mont-Saint-Michel**
In der Tat ein Wunder ist der Klosterberg im Meer (Seite 73)

★ **Le Futuroscope**
Da staunen nicht nur Kinder (Seite 71)

★ **Saint-Malo**
Die Korsarenstadt lebt von ihrer ruhmreichen Vergangenheit (Seite 73)

★ **Saumur**
Die Stadt ist berühmt für ihre Kavallerieschule und den Anjou-Wein (Seite 74)

riesiger Komplex mit umfangreicher Dokumentensammlung; mehrmals täglich wird ein halbstündiger Film vom D-Day, dem Tag der Landung der Alliierten in der Normandie, gezeigt *(tgl. Mai–Mitte Sept. 9.30–18.30, sonst 10–12.30 und 14–18 Uhr)*. Schön übernachten Sie im *Hôtel d'Argouges, 25 Zi., 28, rue St-Patrice, Tel. 02 31 92 88 86, Fax 02 31 92 69 16,* **€€–€€€**.

BREST

[166 A4] Der neben Toulon größte Kriegshafen Frankreichs (220 000 Ew.) wurde im Krieg fast völlig zerstört. Mit dem Wiederaufbau ging der romantische Charme einer Hafenstadt weitgehend verloren. Vom Cours Dajot, der 1769 über dem Handelshafen angelegten Promenade, bietet sich eine prächtige Aussicht auf die Rade de Brest. Sehr sehenswert ist das Meereszentrum *Océanopolis* im Yachthafen von Moulin Blanc, in dem die maritime Welt in all ihren Aspekten faszinierend dargestellt wird. *Hauptsaison tgl. 9–18 Uhr.* Übernachten können Sie im *Hôtel de la Paix, 25 Zi., 32, rue Algésiras, Tel. 02 98 80 12 97, Fax 02 98 43 30 95,* **€–€€**. 11 km östlich von Brest finden Sie Insider Tipp den *Calvaire de Plougastel-Daoulas* (1602–04), den größten Kalvarienberg der Bretagne.

CABOURG-DIVES

[167 E3] Das vornehme Seebad der Belle Époque, Cabourg (3300 Ew.), bildet mit dem am anderen Ufer des Flusses Dives gelegenen, gleichnamigen Fischer- und Schifferstädtchen (5800 Ew.) einen Doppelort. Cabourg entstand vor der Wende zum 20. Jh. sozusagen aus der Retorte, mit geometrischem Straßennetz, Kurhotel, Hotelreihe am prächtigen, feinsandigen Strand und Villenviertel, heute ergänzt u. a. durch Appartementhäuser. Berühmter Gast war Marcel Proust, durch den Cabourg als Balbec in die Literatur einging. Er wohnte im palastartigen *Grand Hotel, 70 Zi., Promenade Marcel Proust, Tel. 02 31 91 01 79, Fax 02 31 91 83 93,* **€€€**. Zu empfehlen ist auch das *Hôtel de Paris, 24 Zi., 39, avenue de la Mer, Tel. 02 31 91 31 34, Fax 02 31 24 54 61,* **€–€€**.

CAEN

[167 D–E3] Die Hauptstadt der Basse-Normandie (200 000 Ew.) präsentiert sich nach geglücktem Wiederaufbau als eine der besonders schönen und interessanten normannischen Städte. Über mittelalterlichen Gassen ragen Kirchen und das *Château* Wilhelms des Eroberers auf, der in Caen residierte. Die gotische Kirche *St-Pierre* stammt aus dem 13./14. Jh., besonders schön ist die Apsis. Die großartige Abteikirche *La Trinité* oder *L'Église de l'Abbaye aux Dames* von 1062 birgt das Grab von Königin Mathilde, der Gemahlin Herzog Wilhelms. Von den Mauern des Schlosses hat man eine schöne Aussicht. Man besuche auch das *Musée des Beaux-Arts* und das *Musée de Normandie,* beide *tgl. außer Di 9.30–18 Uhr.* Probieren sollten Sie in Caen die berühmten *tripes à la mode de Caen,* etwa im *Le Bœuf Ferré, 10, rue Croisiers,* **€€**. Übernachten können Sie z. B. im *Hôtel Royal, 42 Zi., place de la République, Tel. 02 31 86 55 33, Fax 02 31 79 89 44,* **€**.

CARNAC

[166 B5] ★ Westlich des flotten Seebads (4400 Ew.) liegt der bedeutendste Kultplatz der Bretagne mit knapp 3000 Menhiren. Die einzelnen Steinreihen heißen *alignements du Ménec, de Kermario* und *Kerlescan.* Sie entstanden zwischen 4500 und 2000 v. Chr. Der *Tumulus St-Michel,* ein Grabhügel mit Grabkammern, liegt am Nordostrand von Carnac. In Carnac selbst befindet sich das *Musée de Préhistoire, Juni–Sept. Mo–Fr 10 bis 18, Sa/So 10–12 und 14–17 Uhr, Nebensaison tgl. außer Di bis 17 Uhr.* Am Strandboulevard liegt das komfortable Hotel *Plancton, 23 Zi., 12, boulevard Plage, Tel. 02 97 52 13 65, Fax 02 97 52 87 63,* **€€€**, mit Blick aufs Meer.

CHAUVIGNY

[170 C1] Das zwischen Poitiers und Saint-Savin gelegene Städtchen (7000 Ew.) spielte als Hauptsitz der Herren von Chauvigny, die gleichzeitig Bischöfe von Poitiers waren, im Mittelalter eine wichtige Rolle. Davon zeugt das hinreißende Ensemble von *fünf Burgruinen* (Insider Tipp) auf dem Hügel über dem Ort. Vom *Château Baronnial* (11. Jh.) sind vor allem ein mächtiger Bergfried und Wehrmauern erhalten, vom *Château d'Harcourt,* 13. und 15. Jh., auf der Spitze des Hügels wuchtige Mauern und das Eingangstor. Imposant ist auch der Bergfried (11. Jh.) der Ruine des *Château de Gouzon* bei der Kirche *St-Pierre.* Die hochinteressanten romanischen Kapitelle im Chor der Kirche (11. Jh.) sind teils mit biblischen Szenen, teils mit allerlei Schreckensgestalten wie Dämonen, Sirenen und Sphingen geschmückt. In der Unterstadt liegt das sympathische Hotel *Lion d'Or, 26 Zi., 8, rue Marché, Tel. 05 49 46 30 28, Fax 05 49 47 74 28,* **€–€€**.

COUTANCES

[167 D3] Die auf einem Granitrücken an der Westküste der Halbinsel Cotentin gelegene normannische Bischofsstadt (13 500 Ew.) besitzt mit der Kathedrale *Notre-Dame* ein Meisterwerk der Gotik. Besonders imposant ist die Kuppel des achteckigen Vierungsturms. Vom Turm haben Sie eine Aussicht bis St-Malo und zur Insel Jersey. 20 km südlich im grünen Tal der Sienne liegt die *Abbaye de Hambye* (Insider Tipp), *April–Okt. tgl. 10–12 und 14 bis 18 Uhr,* eine romantische, eindrucksvolle Klosterruine (1145).

DEAUVILLE

[167 E3] Das bis in die 1930er-Jahre berühmteste Seebad Frankreichs (4300 Ew.) ist immer noch eine Ausnahmeerscheinung: Elegant und mondän geht es hier zu, auf den *Planches,* der berühmten Promenade am 3 km langen Strand, in den Luxushotels, beim Grand-Prix-Pferderennen im August, am Rou-

lettetisch im Kasino. Im Frühjahr werden allerlei sportliche Wettbewerbe veranstaltet, im Spätherbst kommen die Pferdeliebhaber zu den Auktionen der Jährlinge und Sportpferde. Übernachten können Sie im kleinen Hotel *Le Chantilly, 17 Zi., 120, avenue de la République, Tel. 02 31 88 79 75, Fax 02 31 88 41 29,* **€**, oder im luxuriösen *Normandy Barrière, 272 Zi., 38, rue Jean-Mermoz, Tel. 02 31 98 66 22, Fax 02 31 98 66 23, www.lucienbarriere.com,* **€€€**.
Das charmante *Houlgate* westlich von Deauville zählt zu den bevorzugten Badeplätzen der Normandie. Der feinsandige Strand erstreckt sich unterhalb der Felsenküste *Falaises des Vaches Noires.* Die hübschen Villenviertel und die ländliche Umgebung bestimmen die Atmosphäre von Houlgate.

DINAN

[166 C4] ★ In keiner bretonischen Stadt fühlt man sich so stark ins Mittelalter versetzt wie in Dinan (14 000 Ew.). Fast meint man, in der Altstadt mit ihren mittelalterlichen Fachwerkhäusern und vornehmen Bürgerhäusern der Renaissance in einem Freilichtmuseum zu flanieren – die rechte Kulisse für das alljährlich Ende September stattfindende *Mittelalterfest.* Die schönsten Häuser finden sich in der Rue de l'Apport, an der Place des Merciers und in der Rue de Jerzual. Das Schloss der Herzogin Anne stammt aus dem 14. Jh. Im Turm befindet sich ein interessantes *Museum (Sommer tgl. 10–19.15 Uhr).* Gut untergebracht sind Sie im Hotel *France, 14 Zi., 7, place du 11 Novembre, Tel. 02 96 39 22 56, Fax 02 96 39 08 96,* **€€**.

Fachwerkhaus in Dinan

14 km südwestlich von Dinan liegt das *Château de la Bourbansais* mit zoologischem Garten.

DINARD

[166 C4] Ende des 19. Jhs. war der elegante Badeort (10 000 Ew.) Tummelplatz der englischen Aristokratie. Noch immer dominiert die Belle-Époque-Architektur mit ihren großen Villen, dem Kasino, der schönen Promenade und noblen Hotels. 1868 eröffnete Kaiserin Eugénie, Gemahlin Napoleons III., die Badesaison. In der Villa Eugénie ist heute das *Musée du Site Balnéaire, April–Okt. tgl. 10–12 und 14–18 Uhr,* untergebracht, das, neben Sammlungen zur Kulturgeschichte der Region, der Geschichte von Dinard breiten Raum gibt. Auf der *Pointe de la Malouin* stehen besonders prachtvolle Villen. Die *Promenade du Clair de Lune* am Meer entlang ist am Abend zauberhaft. Familien baden bevorzugt an der *Plage du Prieuré,* eleganter ist die

Plage de l'Écluse beim Kasino. Wer das Außergewöhnliche sucht, sollte in einer der beiden Belle-Époque-Villen des Hotels *Reine Hortense et Castle Eugénie, 13 Zi., 19, rue Malouine, Tel. 02 99 46 54 31, Fax 02 99 88 15 88,* **€€€**, übernachten.

Rund 30 km westlich liegt *Cap Fréhel,* ein 70 m hoher Felsen mit phantastischer Aussicht. Achtung: Im Sommer überlaufen!

HONFLEUR

[167 E2–3] ★ Ein besonders malerisches Küstenstädtchen der Normandie (8100 Ew.). Die Küste heißt hier Côte Fleurie (früher Côte de Grâce). Im 19. Jh. zog Honfleur vor allem Maler an. Heute herrscht im Sommer Highlife. Besonders stimmungsvoll ist die Altstadt mit den bunten Fischerbooten und Yachten im *Vieux Bassin* und der dicht geschlossenen Reihe der hohen, schmalen Häuser. Im *Musée de la Marine* in der alten Kirche St-Étienne sind interessante Sammlungen zur Geschichte der Hafenstadt zu sehen *(April–Sept. tgl. 9–12 und 14–18 Uhr).* Feine Zimmermannsarbeit kann man an der Holzkirche *Ste-Cathérine* (16. Jh.) und dem frei stehenden Glockenturm bewundern. Das *Musée Eugène Boudin, rue de l'Homme de Bois, Sommer tgl. außer Di 10–12 und 14–18 Uhr,* besitzt eine schöne Gemäldesammlung des 1824 in Honfleur geborenen Malers, daneben Werke von Claude Monet, Johann Barthold Jongkind, Gustave Courbet u. a. Ganz außergewöhnlich ist das Museum *Maison Satie,* das dem 1866 in Honfleur geborenen Komponisten Eric Satie gewidmet ist und viele musikalische und andere Überraschungen bietet. *67, boulevard Charles V, Sommer tgl. 10–19, Winter tgl. außer Di 10.30–18 Uhr.* Eine besonders hübsche Bleibe ist das *Castel Albertine, 26 Zi., 19, cours Albert-Manuel, Tel. 02 31 98 85 56, Fax 02 31 98 83 18,* **€–€€**. Seinem Namen alle Ehre macht das Restaurant *L'Assiette Gourmande, 2, quai Passagers, Tel. 02 31 89 24 88, www.honfleurhotels.com,* **€€–€€€**.

Insider Tipp

Hohe Masten vor schmalen Häusern im Yachthafen von Honfleur

ZIEL IN DER UMGEBUNG

Le Havre **[167 E2]**
Verheerend waren die Zerstörungen im Zweiten Weltkrieg. Die neben Marseille bedeutendste Hafenstadt Frankreichs (196 000 Ew.) ist beim Wiederaufbau schachbrettar-

tig, mit sterilen Betonhäusern entlang breiter Straßen, angelegt worden. Keine Stadt also, die man unbedingt gesehen haben muss.

Zwischen Le Havre und Honfleur spannt sich die größte Brücke Frankreichs über die Seine. Sie ist 2141 m lang und 215 m hoch. Für die Benutzung zahlt der Autofahrer eine Gebühr. Ein Hotel in zentraler, ruhiger Lage ist das *Foch, 33 Zi., 4, rue Caligny, Tel. 02 35 42 50 69, Fax 02 35 43 40 17,* **€€**.

LE MANS

[167 E4–5] Die »24 Stunden von Le Mans« sind nicht die einzige Attraktion der bedeutenden Industriestadt (195 000 Ew.). In der schönen *Altstadt* (Insider Tipp) stehen die mächtige Kathedrale *St-Julien*, mit romanischem Schiff und gotischem Chor und Querschiff, und prächtige mittelalterliche Häuser. Das *Musée de l'Automobile et de la Sarthe, Mitte Feb.–Dez. tgl. 10–18/19 Uhr,* liegt 5 km südlich an der Rennstrecke.

NANTES

[167 D 5] ★ Die größte Stadt der Bretagne (550 000 Ew.) gehört heute verwaltungstechnisch zum Pays de la Loire und liegt 50 km vom Meer entfernt an der auch von großen Schiffen befahrbaren Loire. Als wirtschaftliches und kulturelles Zentrum wurde sie nach einer Verwaltungsreform zur Metropole des Loiregebiets, mit dem Seehafen St-Nazaire, in dessen Werft die »Queen Mary II« gebaut wurde, als Vorposten. Beim Bummel im Zentrum nimmt Nantes den Besucher mit der ansprechenden Atmosphäre einer historisch bedeutenden, prosperierenden Stadt ein. Abgerundet wird der Besuch durch Highlights wie die prächtige *Pommeraye-Passage* mit ihren Läden, die Glaswand des *Grenier du siècle* oder eine Fahrt mit der supermodernen *Tramway.*

SEHENSWERTES

Cathédrale St-Pierre-et-St-Paul

Baubeginn war 1434, aber erst 1840–93 wurden die Arbeiten beendet. Imposant das Innere, 102 m lang, 32 m breit und 37,5 m hoch.

Château des Ducs de Bretagne

Flankiert von drei mächtigen Türmen, steht das Schloss südlich der Kathedrale. Bauherr war Herzog Franz II. (ab 1466). In der festungsartigen Anlage wurde 1477 Anne de Bretagne geboren, 1598 unterschrieb Heinrich IV. hier das Edikt von Nantes, das den Protestanten freie Religionsausübung zusicherte. Besichtigt werden kann nur der Hof. Eröffnung des Museums zur Geschichte der Seefahrt und Industrie von Nantes voraussichtlich 2006.

Île Feydeau

Die ehemalige Insel in einem Seitenarm der Loire wurde 1926 und 1938 trockengelegt. Sie liegt ganz zentral neben der Place du Commerce mit dem Office de Tourisme. Hier spaziert man durch die große Vergangenheit von Nantes als Stadt der Seefahrt und des Sklavenhandels: In der *Allée Duguay-Trouin* und der *Allée Turenne* stehen stattliche Reederhäuser aus dem 18. Jh.

Nantes, Südseite der Kathedrale

La Tour LU
In die ehemalige Fabrik der berühmten Butterkekse ist die Staatsbühne von Nantes eingezogen. Den 38 m hohen Turm krönt *Gyrorama*, eine skurrile Maschine, die die Besucher selbst bedienen können. *Mi–Sa 13–19, So 15–19 Uhr*

MUSEEN

Musée des Beaux-Arts
Umfangreiche Gemäldesammlungen alter Meister und französischer Künstler des 19./20. Jhs. *10, rue Georges Clémenceau, tgl. außer Di 10–18, Fr bis 20 Uhr*

Musée d'Histoire Naturelle
Erstklassige Sammlungen zu Naturgeschichte und Zoologie (Vivarium) im ehemaligen Hôtel de la Monnaie. *Rue Voltaire/place Graslin, tgl. außer Di 10–18 Uhr*

Musée Jules-Verne
Der Autor von »Le tour du monde en 80 jours« und anderen utopischen Romanen wurde 1828 in Nantes geboren. Zeugnisse seiner grenzüberschreitenden, imaginären Reiselust sind in dem alten Wohnhaus zusammengetragen. *3, rue de l'Hermitage, Anfahrt über quai de la Fosse, tgl. außer Di und So- vormittags 10–12 und 14–17 Uhr*

Musée Dobrée/ Musée archéologique
Das Palais im romanischen Stil wurde im 19. Jh. von dem Reeder Thomas Dobrée erbaut. Als eifriger Sammler trug er viele Ausstellungsstücke zusammen: Waffen, Gemälde, Möbel, Wandteppiche u. a. Sie finden hier auch eine Dokumentation der »Voyages à la Chine« seines Vaters von 1816 bis 1827. *18, rue Voltaire, Di–Fr 13.30 bis 17.30, Sa/So 14.30–17.30 Uhr*

ESSEN & TRINKEN

La Cigale
Gilt als schönste Brasserie Frankreichs. Ein Fest für Auge und Gaumen! *4, place Graslin, Tel. 02 51 84 94 94, www.lacigale.com, kein Ruhetag, €*

Les Petits Saints
Bei den »kleinen Heiligen« in einem wunderschönen Kloster genießt man Speisen wie fein zubereitete Meeresfrüchte zu mildtätigen Preisen. *1, place St-Vincent, Tel. 02 40 20 24 48, kein Ruhetag, €*

San Fancisco
Am Ufer der Loire gelegen, mit Terrasse. Gute Küche, die vor allem Produkte der Region verwendet. *3,*

Traumziele für Büchernarren

Die Cité du Livre ist eine wahre Fundgrube

Von den sechs europäischen »Bücherstädten« liegen zwei in Frankreich: Bécherel in der Bretagne und Montolieu in Languedoc-Roussillon. In jedem Fall ging es den Initiatoren darum, ihr Städtchen oder Dorf aus einem Dornröschenschlaf zu wecken, der mit dem Rückgang der Einwohnerzahlen einherging. Das Konzept: Büchernarren aus aller Welt sollen auf der Suche nach Erstausgaben und anderen Raritäten wie auch Secondhandliteratur fündig werden. Dafür gibt es in Bécherel elf und in Montolieu 15 Buchläden und Antiquariate, außerdem Veranstaltungen wie die *Fête du Livre* (Bécherel, Osterwochenende) und den *Salon du livre ancienne et de collection* (Montolieu, Pfingstwochenende). Aber auch ohne Bücher wären Bécherel und Montolieu einen Besuch wert.

chemin Bateliers, Tel. 02 40 49 59 42, Aug., So abends und Mo geschl., €€

ÜBERNACHTEN

Beaujoire Hôtel
Moderner Bau, helle, gut eingerichtete Zimmer. *42 Zi., 15, rue Pays-de-la-Loire, Tel. 02 40 93 00 01, Fax 02 40 68 98 32,* €

Grand Hôtel Mercure
Das große Haus mitten in der Stadt bietet jeden Komfort. *134 Zi., 4, rue Coëdic, Tel. 02 51 82 10 00, Fax 02 51 82 10 10,* €€€

AM ABEND

Zu späterer Stunde sind die stimmungsvollen Terrassencafés der Innenstadt und die *Cafés-Concerts* beliebte Treffpunkte, etwa *Les Fesselles, 3, allée Fesselles, Le Pub Univers, 16, rue Jean-Jacques-Rousseau, Café de l'Île, 19, quai de Versailles* oder *Le Tie Break, 1, rue des Petits-Écuries.*

AUSKUNFT

Office de Tourisme
Place du Commerce, Tel. 02 40 20 60 00, Fax 02 40 89 11 99, www.nantes-tourisme.com

ÎLE D'OLÉRON

[170 B1–2] Eine 3 km lange Brücke führt hinüber zur – nach Korsika – größten Insel Frankreichs im Department Charente-Maritime. Die Île d'Oléron (16 000 Ew.) ist 30 km lang und mit ihren dünengesäumten feinen Sandstränden und schönen Wäldern ein Sommerparadies an der Atlantikküste. Übernachten können Sie z. B. im *Hôtel Floratel, 50 Zi., Dolus-d'Oléron, route Boyardville, Tel. 05 46 75 19 95, Fax*

05 46 75 19 96, €€. Auf dem Festland, 11 km vor der Brücke, liegt *Brouage.* Das Meer umspülte früher die Bastionen der einstigen Hafenstadt (500 Ew.). Im Mittelalter wurde reger Handel getrieben. Die Festung verdankt ihr Entstehen der Belagerung von La Rochelle im Jahr 1627, als die Stadt Hauptquartier von Kardinal Richelieu war.

Poitiers

[170 C1] Die alte Hauptstadt des Poitou (83 000 Ew.) liegt auf einem 50 m hohen Felsplateau, das von den Flüssen Clain und Boivre umfasst wird. Mit ihren zahlreichen frühromanischen Kirchen ist sie eine der interessanten Kunststädte Frankreichs. In der Schule hört man zum ersten Mal von der Schlacht bei Tours und Poitiers im Jahr 732, in der Karl Martell mit dem Sieg über die Araber Frankreich vor der islamischen Eroberung bewahrte. Im Zentrum der Altstadt liegen alle Sehenswürdigkeiten, voran die Kathedrale *St-Pierre* (1166–1271). Ihre drei Portale tragen reichen Figurenschmuck. Majestätisch ist das Innere der Kirche, besonders schön sind die 16-strahlige Fensterrose, das geschnitzte Chorgestühl und die Orgelempore.

Nicht minder bedeutend ist das *Baptistère St-Jean,* das als der älteste erhaltene christliche Kultbau Frankreichs gilt. 356–68 auf antiken Fundamenten errichtet, wurde er im 7. und 11. Jh. um Apsis und Vorhalle ergänzt. Im Innern Fresken aus dem 12./13. Jh. Im *Hôtel Europe, 83 Zi., 39, rue Carnot, Tel. 05 49 88 12 00, Fax 05 49 88 97 30,* €€, sind Sie gut untergebracht. Insider Tipp

8 km nördlich von Poitiers liegt ★ *Le Futuroscope,* der »europäische Park des Bilds und der Kommunikation«. So futuristisch wie der Name sind die Attraktio-

Zukunftsvisionen bietet das Futuroscope bei Poitiers

nen: *Kinémax*, eine 360°-Leinwand, *Tapis Magique*, der magische Teppich, *Aquascope* u. a. *April–Anfang Nov. 10–22.30, sonst 10–18 Uhr.* 45 km nordöstlich im hübschen Dorf *Angles sur l'Anglin* liegt der stilvolle Landgasthof *Relais du Lyon d'Or, 12 Zi., Tel. 05 49 48 32 53, Fax 05 49 84 02 28, www.lyondor.com,* €€.

Insider Tipp

RENNES

[166 C4] Wirtschaftlicher und kultureller Mittelpunkt der Bretagne ist Rennes (210 000 Ew.). Große Teile der Altstadt fielen 1720 einem Brand zum Opfer, auch im Zweiten Weltkrieg hat die Stadt schwer gelitten. Rennes macht insgesamt einen eher nüchtern-modernen Eindruck. Nicht so die schöne *Place du Palais:* Dort steht das *Palais de Justice*, 1618–54 erbaut, das nach verheerendem Brand 1994 restauriert wurde. Eine bedeutende Gemäldesammlung ist im *Musée des Beaux-Arts* zu sehen. Daran angeschlossen ist das *Musée de Bretagne, beide tgl. außer Di 10–12 und 14–18 Uhr.* Hotel: *Nemours, 5, rue Nemours, 26 Zi., Tel. 02 99 78 26 26, Fax 02 99 78 25 40,* €–€€

LA ROCHELLE

[170 B1] Eine Alternative zur überlaufenen Côte d'Azur sind La Rochelle (120 000 Ew.) und die vorgelagerte Île de Ré. Die alte Hafenstadt, einst wegen ihrer Dynamik »Genf des Atlantiks« genannt, ist mit ihrem Fischereihafen *(Vieux Port)* und der Marina ein viel besuchtes Seebad. Zur gehobenen Ferienstimmung trägt das schöne Stadtbild bei: von Arkaden gesäumte Straßen, schöne Bürgerhäuser des 18. Jhs., ausgezeichnete Museen wie das *Musée du Nouveau-Monde*, das im prächtigen Rahmen eines alten Palais, des Hôtel de Fleuriau, der Geschichte der einstigen französischen Besitzungen in Amerika gewidmet ist *(Mi–Sa 10.30–12.30 und 13.30–18, So 15–18 Uhr).* Viel Spaß hat man im *Musée des Automates, rue de la Désirée, Sommer tgl. 9.30–19 Uhr.* Im alten Bischofspalast ist das *Musée des Beaux-Arts, 28, rue Gargoulleau*, untergebracht. Es beherbergt eine erlesene Gemäldesammlung *(Mi–Mo 14–17 Uhr).* Fein speisen können Sie im *Richard Coutanceau, plage de la Concurrence, Tel. 05 46 41 48 19, So*

Von der Stadtmauer in St-Malo geht der Blick ungehindert aufs Meer

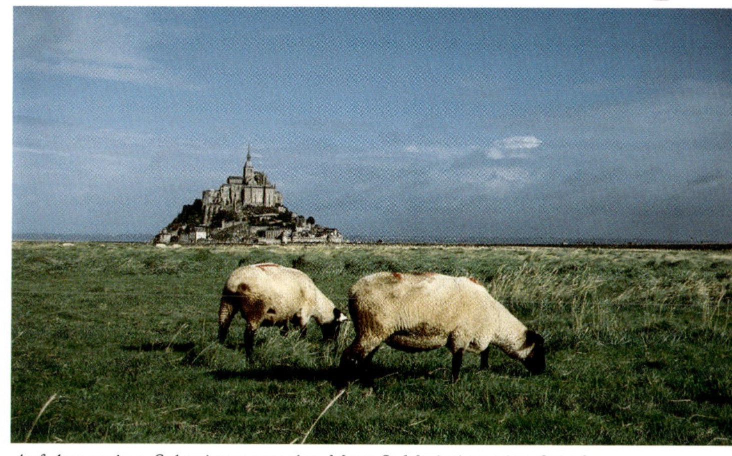

Auf den weiten Salzwiesen um den Mont-St-Michel weiden Schafe

geschl., €€–€€€. Eine gute Unterkunft finden Sie im komfortablen Hotel *Les Brises, 46 Zi., chemin digue Richelieu, Tel. 05 46 43 89 37, Fax 05 46 43 27 97,* €€–€€€. Zu der schönen, auch »Saint-Tropez der Atlantikküste« genannten *Île de Ré* (11 000 Ew.) führt eine 2,9 km lange Brücke (Maut). Feine Sandstrände, ein ausgedehntes Radwegenetz und Pinienwälder machen die Insel zum Ferienparadies.

SAINT-MALO

[166 C4] ★ Die nach dem Zweiten Weltkrieg vollständig und authentisch wieder aufgebaute Hafen- und Korsarenstadt (52 000 Ew.) an der Côte d'Armor (Bretagne) ist die ideale Kulisse für Abenteuerfilme. Beim Rundgang auf den Wällen, vor sich das Meer, kann man sich leicht in die Piratenzeit zurückversetzt fühlen. St-Malo lebte aber auch ganz legal von Seefahrt und Seehandel, seine Reeder gelten als die ersten bretonischen Kapitalisten. Die Museen der Stadt lassen die Vergangenheit wieder aufleben. Im Château liegt das *Musée d'Histoire de la Ville,* das die abenteuerliche Vergangenheit der Seehandels- und Korsarenstadt lebendig werden lässt. Ein großartiges Aquarium ist *Mystères de la Mer, www.aquarium-st-malo.com, Sommer tgl. 9–20, sonst 10–18.30 Uhr.* Im Vorort St-Servan befindet sich das interessante *Musée International du Long Cours Cap-Hornier,* das den Kap-Hoorn-Fahrern gewidmet ist *(beide tgl. 10–12 und 14–18 Uhr, im Winter Mo geschl.).* Empfehlenswertes Hotel im alten Stadtkern: *Cité, 41 Zi., 26, rue Ste-Barbe, Tel. 02 99 40 55 40, Fax 02 99 40 10 04, www.hotelcite.com,* €

ZIEL IN DER UMGEBUNG

Mont-Saint-Michel **[167 D4]**
★ In den Sommermonaten ist die Besichtigung des berühmten Klos-

terbergs (70 Ew., 48 km östlich von St-Malo) wegen der Besuchermassen ziemlich strapaziös. Das »Wunder des Abendlands« verdient im Übrigen seinen Beinamen: Mit der Statue des hl. Michael auf der Turmspitze ragt der Berg 155,5 m aus dem Wattenmeer auf. Baubeginn der Abteikirche war 1020. Schiff und Querschiff sind romanisch, der Chor entstand zwischen 1450 und 1521 im gotischen Stil. Über eine Wendeltreppe kommt man auf die Außenplattform der Apsis, mit weitem Blick nach Osten und Norden. Der *Escalier de Dentelle* führt über einen Strebepfeiler des Chors zu einer Außengalerie in 120 m Höhe über dem Meer. Der Nordflügel der Abtei heißt La Merveille. Hier liegen übereinander gebaut u. a. die 26 m lange *Salle des Chevaliers*, die *Crypte des Gros Piliers*, das *Refektorium* und der 1225–28 erbaute *Kreuzgang* mit 220 Granitsäulen. Im *Musée Maritime, rue Principale, Hauptsaison tgl. 9–18.30 Uhr*, ist faszinierend die bewegte Geschichte des Klosterfelsens dargestellt. Es ist geplant, den Klosterberg wieder zu einer richtigen Insel zu machen *(www.projetmontsaintmichel.fr)*.

SAINTES

[170 B2] Die Römer waren hier, wie unter anderem der gut erhaltene Triumphbogen des Germanicus und das Amphitheater der Hauptstadt (26 000 Ew.) der Landschaft Saintonge an der Atlantikküste bezeugen. Der Triumphbogen stammt aus dem Jahr 19 n. Chr., das Amphitheater aus dem ersten oder zweiten nachchristlichen Jahrhundert. Die im 11. Jh. erbaute Kirche *Saint-Eutrope* hat aus dieser Zeit eine romanische Krypta mit dem Grab des hl. Eutrope, des ersten Bischofs von Saintes. Sehenswert ist auch die *Abbaye aux Dames*, deren 1047 geweihte Kirche ein reich geschmücktes Portal besitzt. Liebhaber von Fayencen sollten ins *Musée Municipal, 4, rue Monconseil*, gehen: Die Spezialsammlung umfasst 600 Exponate. Interessant sind auch die Säle mit schönem Mobiliar des 18 Jhs., das Innere eines Hauses der Landschaft Saintonge und eine feine Instrumentensammlung. *Tgl. außer Mo Führungen: Sommer 14, 15, 16 und 17, Winter 14, 15 und 16 Uhr.* Stärken können Sie sich im *Bistrot Galant, 28, rue St-Michel, Tel. 05 46 93 08 51, So abends und Mo geschl.*, **€**. Ein traditionsreiches, zentral gelegenes Hotel ist das *Messageries, 34 Zi., rue Messageries, Tel. 05 46 93 64 99, Fax 05 46 92 14 34*, **€**.

SAUMUR

[167 E5] ★ Die Ansicht der Stadt (30 000 Ew.) zählt zu den schönsten an der Loire. Auf halber Strecke zwischen Orléans und Nantes gelegen, ist sie bekannt für ihren Anjou-Wein und für ihre 1763 gegründete Kavallerieschule mit den Rittmeistern des »Cadre Noir«. Das stattliche *Château* von Saumur wurde im 14. Jh. auf den Mauern einer Feste erbaut. René d'Anjou (1409–81), der »gute König René«, ließ sein *Castel d'Amour* prächtig im Stil der Hochgotik umgestalten. Anlässlich der Religionskriege wurde es Ende des 16. Jhs. wieder zu einer Festung ausgebaut.

Im ersten Stockwerk des Schlosses von Saumur befindet sich das *Musée d'Arts Décoratifs*, im zweiten Stock das *Musée du Cheval, beide tgl. Juni–Sept. 9.30–18, sonst 9.30–12 und 14–17.30 Uhr.* Im *Loire Hôtel, 40 Zi., rue Vieux-Port, Tel. 02 41 67 22 42, Fax 02 41 67 88 80,* **€€–€€€**, wohnen Sie direkt an der Loire!

Unbedingt einen Abstecher lohnt die 16,5 km südöstlich gelegene *Fontevraud l'Abbaye* (11. Jh.). Sie gilt als größte mittelalterliche Klosteranlage Frankreichs. In der romanischen Abteikirche sind in schönen Grabmälern mit Grabfiguren der englische König Heinrich II., seine Gemahlin Eleonore von Aquitanien und deren Sohn König Richard Löwenherz sowie dessen Schwägerin, Isabelle d'Angoulême, bestattet. Die Abtei bestand ursprünglich aus fünf Klöstern, von denen jedoch nur noch drei erhalten sind. Man besichtigt außer der Abteikirche den Kapitelsaal mit Fresken des 16. Jh., den berühmten Küchenbau, genannt *Tour Évraud,* aus dem 12. Jh. und das romanische Refektorium. *Tgl. Juni–Sept. 9–18.30, sonst 10 bis 17.30 oder 18 Uhr.* Das ehemalige Kloster Saint Lazare, das früher für Kranke und Aussätzige bestimmt war, dient heute als Hostellerie: *Le Prieuré Saint-Lazare, 52 Zi., Tel. 02 41 51 73 16, Fax 02 41 51 75 50,* **€€**

VALENÇAY

[167 E5] »Dieser Platz ist einer der schönsten auf Erden, und kein König besitzt einen Garten, der malerischer sein könnte«, bemerkte George Sand zu dem Schloss des Städtchens Valençay (2700 Ew.). Wieder aufgebaut Mitte des 16. Jhs. von Jacques d'Étampes, sind die wehrhaften Bauelemente der ursprünglichen Anlage rein dekorativer Art, mit Einflüssen der frühen italienischen Renaissance. Zu Beginn des 19. Jhs. befand sich das Schloss im Besitz des berühmten Ministers und Diplomaten Charles-Maurice de Talleyrand. Die zu besichtigenden Säle und Gemächer sind schön im Stil der damaligen Epoche eingerichtet. *Führungen April–Anfang Nov. tgl. 9.30–18 oder 19.30 Uhr*

VANNES

[166 C5] Ein Bummel durch die mittelalterlichen Gassen der Stadt (53 000 Ew.) mit ihren stattlichen Fachwerkhäusern unterbricht auf höchst angenehme Weise einen Badeurlaub an der bretonischen Südküste, am Golfe du Morbihan. Dabei kann man unter anderem das *Musée de La Cohue* im 1. Stock der Markthallen mit dem *Musée des Beaux-Arts,* in dem Gemälde und Möbel ausgestellt sind, und dem *Musée du Golfe du Morbihan* mit Sammlungen zu Fischfang sowie Austern- und Muschelzucht besuchen *(tgl. außer So vormittags und Di Sommer 10–18, sonst 10–12 und 14–18 Uhr).*

Eine Stätte erlesener Gaumengenüsse ist das Restaurant *Régis Mahé-Le Richemont, place de la Gare, Tel. 02 97 42 61 41, So/Mo geschl.,* **€€–€€€**. Nicht ganz so viel Geld geben Sie aus im *Le Pavé des Halles, 17, rue des Halles, Tel. 02 97 54 08 34,* **€–€€**.

Lebenslust und Abenteuer

In Burgund stehen romanische Kirchen und Schlemmertempel. Die karge Bergwelt der Auvergne ist ein Traumziel für Naturfreunde

Vereint sind in der Mitte Frankreichs viel versprechende Regionen und Landschaften: Da ist Burgund, eine Schatzkammer romanischer Kunst, ein Schlaraffenland für geistige und leibliche Genüsse. Da ist die Vielfalt in der Mitte: die großartige Loirestrecke zwischen Orléans und Tours, wo die berühmten Schlösser wie Perlen aufgereiht liegen: Amboise, Azay-le-Rideau, Blois, Chambord, Chenonceau …

Der Teil Frankreichs, der sich südlich ans Loiretal anschließt, ist geografisch gesehen das Herzstück des Landes, prosaisch *Centre* genannt. In der alten Landschaft Berry mit der Hauptstadt Bourges wechseln Felder bis zum Horizont mit grünem Weideland. Auch das ländlich stille Limousin mit der Hauptstadt Limoges ist touristisch wenig erschlossen und darum ein Tipp für Naturfreunde. Vor allem gilt das aber für die sich östlich anschließende Auvergne mit dem Massif Central. Die weiträumige, wilde Berglandschaft ist von ursprünglicher Schönheit, aber nicht abweisend, ganz im Gegenteil: Von den erloschenen Vulkanen der Monts Dômes und der Monts Dore bis zum Massif du Cantal weiter südlich gibt es viel zu entdecken, sei es im Auto, sei es auf Wanderungen. Urwüchsig wie die Natur sind auch die aus Granit erbauten Häuser, Burgen und Kirchen.

Dachziegel des Hôtel-Dieu in Beaune

Weingut in Burgund

In den MARCO POLO Bänden »Loire-Tal« und »Burgund« finden Sie ausführliche Informationen zu diesen Regionen.

AMBOISE

[167 F5] Am linken Ufer der Loire erhebt sich über dem gleichnamigen Städtchen (11 500 Ew.) das *Schloss von Amboise.* Karl VII., der 1470 hier geboren wurde, ließ die Arbeiten fortführen, die sein Vater begonnen hatte. Unter Franz I. wurde Amboise zur glanzvollen Residenz. Der König ließ 1515 nach seinem siegreichen Italienfeldzug Leonardo da Vinci kommen und richtete ihm im angrenzenden *Clos-Lucé* Wohnsitz und Atelier ein. 1519 starb hier der geniale Künstler. Besichtigung von Château und Leonardo-da-Vinci-Museum im Herrenhaus *Manoir du Clos-Lucé, www.vinci-closluce.com, Sommer tgl. 9–19/20 Uhr.* Eine gute Nacht verspricht das charmante, komfortable Hotel *Blason, 28 Zi., 11, place Richelieu, Tel. 02 47 23 22 41, Fax 02 47 57 56 18, www.leblason.fr, €.*

AUTUN

[172 C1] ★ Die mittelalterliche burgundische Kleinstadt (16 500 Ew.) bewahrt zahlreiche Erinnerungen an die Römer, wie die Stadttore, ein Theater und einen Tempel. Im Tympanon des Hauptportals der *Kathedrale St-Lazare* befindet sich ein großes mittelalterliches Kunstwerk, die *Skulpturen* des Meisters Gislebertus (um 1135), eine Darstellung des Jüngsten Gerichts. Wertvolle Skulpturen auch im Kapitelsaal der Kirche und im *Musée Rolin, Sommer tgl. außer Di 9.30–12 und 13.30–18 Uhr.* Stilvoll ist das Hotel *Les Ursulines, 43 Zi., 14, rue Rivault, Tel. 03 85 86 58 58, Fax 03 85 86 23 07, €€–€€€.*

ZIEL IN DER UMGEBUNG

Château Chinon **[172 C1]**
François Mitterrand war von 1959 bis 1981 Bürgermeister des Städtchens (2700 Ew.) am Morvan in Burgund. Nach seiner Wahl zum Präsidenten Frankreichs erhielt er von den Staatsoberhäuptern der von ihm besuchten Länder kostbare Geschenke, die er ab 1986 in einem *Musée Septennat* im ehemaligen Kloster der Klarissen von Château-Chinon sammeln ließ. In rund 17 Räumen sind die Schätze aus aller Welt zu bewundern *(Sommer tgl. 10–19 Uhr). 50 km nordwestlich von Autun*

AUXERRE

[168 C5] Vom ⁂ Ufer der Yonne aus bietet sich die schönste Aussicht auf die Stadt Auxerre (40 000 Ew.) mit der Kathedreale *St-Etienne.* Der Kirchenbau wurde 1215 begonnen, seine Krypta stammt aus dem 9. Jh. In der *Rue de l'Horloge* mit mittelalterlichen Häusern befindet sich ein prächtiger *gotischer Glockenturm.* Unterkunft finden Sie im netten *Hôtel du Cygne, 30 Zi., 14, rue du 24 août, Tel. 03 86 52 26 51, Fax 03 86 51 68 33, €€.*

AVALLON

[168 C5] Das Städtchen (9000 Ew.) im Hügelland des nördlichen Burgund hat sich mit der hoch gelegenen Altstadt seinen reizvoll-mittelalterlichen Charakter bewahrt. Bastionen und Wachtürme erinnern daran, dass die Stadt zur Zeit der Großen Herzöge eine strategische Schlüsselfunktion an der Grenze ihres Reichs hatte. Der *Beurdelaine-Turm* zum Beispiel wurde 1404 von Herzog Johann Ohnefurcht erbaut. Auch die *Tour d'Horloge* (15. Jh.) war Wachturm, allerdings steht sie nicht in der Stadtmauer, sondern über der Grande Rue Aristide Briand. Ein paar Schritte steht die *Église St-Lazare* (12. Jh.) mit zwei beachtenswerten romanischen Portalen. Im *Musée de l'Avallonnais, place de la Collégiale,* sind Fundstücke aus der galloromanischen und Merowinger-Zeit sowie Gemälde, unter anderem von Henri de Toulouse-Lautrec und Georges Rouault, zu besichtigen *(tgl. außer Di 10–12 und 14–18 Uhr).* Nach der Stadtbesichtigung bietet sich eine Fahrt durch die hübsche, grüne *Vallée du Cousin* an. Eine einfache Bleibe ist das *Dak'Hôtel, 26 Zi., route Saulieu, Tel. 03 86 31 63 20, Fax 03 86 34 25 28, €.* Romantisch dagegen präsentiert sich die ehemalige Mühle *Hostellerie Moulin des Ruats, 24 Zi., 6 km im Tal des Cousin, Tel. 03 86 34 97 00, Fax 03 86 31 65 47, www.moulin-des-ruats.com, €€.*

BEAUGENCY

[168 A5] Das Städtchen an der Loire (7100 Ew.) hat viel von seinem mittelalterlichen Charme und den Verschönerungen während der Zeit der Renaissance bewahrt, so das *Hôtel de Ville* (1526), die *Maison des Templiers* mit romanischer Fassade in der Rue du Puits und die Kirche *St-Étienne* (11. Jh.). Die schöne ehemalige Abteikirche *Notre-Dame* aus der ersten Hälfte des 12. Jhs. wurde 1567 restauriert. Neben der Kirche befindet sich das *Château de Dunois.* Ein Turm des Schlosses beherbergt das *Musée Daniel Vannier, tgl. März–Okt. 10–12 und 14–18 Uhr.* Eine charmante Unterkunft ist das *Hôtel de la Sologne, 16 Zi., place de St-Firmin, Tel. 02 38 44 50 27, Fax 02 38 44 90 19, www.hoteldelasologne.com, €–€€.*

MARCO POLO Highlights »Mitte und Massif Central«

★ **Beaune**
Der Glanz der alten Herzogs- und Weinstadt (Seite 80)

★ **Autun**
Die Werke eines genialen Künstlers verzaubern (Seite 78)

★ **Dijon**
Wo die Großen Herzöge glanzvoll Hof hielten (Seite 83)

★ **Azey-le-Rideau**
Besonders beim Son-et-Lumière entfaltet das Château seinen ganzen Zauber (Seite 90)

★ **Fontenay**
Klosteratmosphäre pur bietet die berühmte burgundische Abtei (Seite 84)

★ **Vulcania**
Heiße Quellen und jede Menge Naturerlebnis (Seite 83)

★ **Vézelay**
Allein die Meisterwerke der Romanik sind eine Reise wert (Seite 91)

BEAUNE

[169 D6] ★ In der Wein- und Kunststadt an der Côte-d'Or (21 000 Ew.) ist das berühmte *Hôtel-Dieu* die Hauptattraktion. 1451 erbaut, diente ein Teil der Anlage noch bis 1971 als Hospital. In der *Grande Salle* (Museum) ist der Flügelaltar von Rogier van der Weyden mit der Darstellung des Jüngsten Gerichts (1443–51) zu bewundern. *Tgl. Führungen Ende März–Mitte Nov. 9–18.30 Uhr.* Interessantes *Musée du Vin* im *Hôtel des Ducs de Bourgogne*, dem ehemaligen Palast der Herzöge von Burgund, *tgl. außer Di 9.30–17 Uhr.* Nicht weit vom Palast entfernt steht die *Basilique Collégiale Notre Dame* (12.–15. Jh.), eine »Tochter von Cluny«. Im Chor sind prächtige Wandteppiche mit Szenen aus dem Marienleben zu sehen. Ein schöner Spaziergang führt über Teilstücke der *Remparts des Dames*, des nördlichen Abschnitts der alten Stadtmauer. Erstes Haus am Platz ist *Le Cep, 57 Zi., 27, rue Maufoux, Tel. 03 80 22 35 48, Fax 03 80 22 76 80, www.hotel-cep-beaune.com,* **€€€**; schön übernachten können Sie außerdem im *Belle Époque, 16 Zi., 15–17, rue du Faubourg-Bretonnière, Tel. 03 80 24 66 15, Fax 03 80 24 17 49,* **€€**.

BOURGES

[168 B6] Die Hauptstadt der Landschaft Berry (92 000 Ew.) soll bereits bei der Eroberung Galliens durch Cäsar 40 000 Einwohner gehabt haben. Heute lockt jedes Jahr im April das große Musikfestival *Printemps de Bourges* Zehntausende von Besuchern an. Kunstfreunde besichtigen zu allen Jahreszeiten die *Kathedrale St-Étienne* aus dem 13. Jh., die zu den herausragenden sakralen Bauwerken Frankreichs zählt. Das fünfschiffige Innere ist von beispielhafter Harmonie und besitzt farbenprächtige Fenster (12.–17. Jh.). Ein hervorragendes Bauwerk der Gotik ist auch das *Palais Jacques-Cœur* (1443–51); berühmt sind vor allem die Figuren des Erbauers und seiner Frau in den Fenstern der Hauptfront *(Führungen tgl. 9–13 und 14–17 Uhr).* Zum Spazierengehen animiert der schöne *Jardin des Près-Fichaud.* Zwei angenehme Hotels: *Les Tilleuls, 36 Zi., 7, place Pyrotechnie, Tel. 02 48 20 49 04, Fax 02 48 50 61 73,* **€€**, und *Angleterre, 31 Zi., 1, place Quatre-Piliers, Tel. 02 48 24 68 51, Fax 02 48 65 21 41,* **€€**.

ZIEL IN DER UMGEBUNG

Nohant Vic **[168 A6]** Insider Tipp

In dem kleinen, bescheidenen Schloss 72 km südwestlich von Bourges lebte die Schriftstellerin George Sand (1804–76). Seit ihrem Tod ist nichts verändert worden; hier waren Berühmtheiten der damaligen Zeit wie ihr Freund Frédéric Chopin, aber auch Honoré de Balzac, Franz Liszt und Eugène Delacroix zu Gast. Hübsch ist das kleine, von Chopin entworfene Marionettentheater.

CHENONCEAU

[167 F5] Das bezaubernde Renaissanceschloss (1512–21), das die Brückenbögen seiner Galerie wie selbstverliebt im stillen Wasser des

Ein Bildnis Ludwigs XIV. gibt es auch im Schloss Chenonceau

Cher spiegelt, ist nicht zufällig ein Schloss der Frauen. Der Gemahl von Cathérine Bohiers, seines Zeichens Obersteuereinnehmer, gab nur das Geld, seine Frau bestimmte, wie das Schloss aussehen sollte. Die Nachfolgerin Diana de Poitiers bekam als Favoritin Heinrichs II. Chenonceau 1547 geschenkt, ließ die Brückenbögen über den Cher errichten und die Gärten anlegen. Nach dem Tod des Königs musste sie leider auf Befehl der Witwe Katherina von Medici ihr Heim gegen das schlichtere Château Chaumont eintauschen. Der neuen Hausherrin verdankt die Nachwelt die Galerie über den Fluss. Nach ihr lebte Louise de Lorraine auf Chenonceau, genannt »Reine Blanche«. Die Witwe Heinrichs III. ließ als Zeichen ihrer Trauer die Decken schwarzweiß malen. Schließlich wurde Chenonceau 1863 von einer Madame Pelouze umfassend restauriert. Bei der Führung werden unter anderem das Schlafzimmer der Katherina von Medici, der Salon Ludwigs XIV. und das Zimmer der Diana mit einem Bildnis von Francesco Primaticcio gezeigt, auf dem sie als schöne Jägerin dargestellt ist. *Sommer tgl. 9–19, sonst 9–17.30 oder 17 Uhr, www.chateauchenonceau.com*

Cheverny

[167 F5] Schon von außen macht das Schloss, erbaut zwischen 1604 und 1634, einen majestätischen Eindruck. Doch die wirkliche Überraschung erwartet Sie bei der Innenbesichtigung. Kein anderes Loireschloss ist auch nur annähernd so prachtvoll eingerichtet wie Cheverny, wahrscheinlich, weil es als Stammsitz der Grafen Hurault immer noch in deren Besitz ist. *Sommer tgl. 9.15–18.45 Uhr, www.chateau-cheverny.com*

CHINON

[167 E5] Das Bild der mittelalterlichen Stadt (8700 Ew.) am Fluss Vienne wird vom Château, bestehend aus drei nebeneinander liegenden Burgen, geprägt. Sie zeugen von der dramatischen Geschichte des Orts, als Chinon königliche Residenz und Hauptstadt Frankreichs war. Im Château du Milieu, der mittleren Burg, wurde 1429 Jeanne d'Arc von König Karl VII. empfangen, den sie zum Kampf gegen die Engländer aufforderte. *Sommer tgl. 9–19.30, sonst 9–18.30 Uhr.* Das *Musée du Vieux Chinon, Sommer tgl. 10–12.30 und 14.30–19 Uhr,* liegt in der Maison des États Généraux, wo Karl VII. 1428 die Generalstände der ihm treuen Provinzen versammelte. In dem Haus soll 1199 Richard Löwenherz gestorben sein. Neben den mittelalterlichen Sammlungen besitzt das Museum ein Porträt des Humanisten François Rabelais, Schöpfer von »Gargantua und Pantagruel«, von Eugène Delacroix (Rabelais wurde um das Jahr 1494 in dem Dorf La Dévinière, 8 km westlich von Chinon, geboren).

CLERMONT-FERRAND

[172 B2] Der erste Eindruck ist wenig günstig: Trotz der überaus schönen Lage an den 1000 m ansteigenden Monts Dômes beherrscht die Industrie das Bild der Stadt (137 000 Ew.). In der auf einem Hügel gelegenen Innenstadt trifft man indes auf das alte Clermont-Ferrand, das mit malerischen Straßen *(Rue des Gras, Rue Pascal)* und schönen alten Häusern aufwartet. Die zentral gelegene gotische Kathedrale *Notre-Dame*, die aus schwarzem Vulkangestein erbaut wurde, und die romanische Basilika *Notre-Dame-du-Port* sind von beeindruckender Schönheit. Die gute Küche der Region probieren können Sie im Restaurant *Gerard Anglard, 17, rue Lamartine, Tel. 04 73 93 52 25, Sa mittags geschl., €–€€;* übernachten können Sie zum Beispiel im *Holiday Inn Garden Court, 94 Zi., 59, boulevard François Mitterrand, Tel.*

Von der anderen Seite des Flusses gesehen: Chinon mit Château

04 73 17 48 48, Fax 04 73 35 5847, www.holiday-inn.fr, €€€.

ZIELE IN DER UMGEBUNG

Mont-Dore **[172 B3]**
Schon die Römer kurierten ihre Zipperlein in den heißen Quellen des Bade- und Wintersportorts (2400 Ew.) im *Parc Naturel des Volcans d'Auvergne.* Der Ort am Ufer der jungen Dordogne und unterhalb des Puy de Sancy (1886 m) war von 1890 bis 1994 Heilbad. Faszinierende Einblicke ins heiße Erdinnere gibt der 2002 im Vulkangebiet eröffnete europäische Vulkanpark ★ *Vulcania, www.vulcania.com.* Die futuristisch gestylten Bauten der Anlage sind in der *Hauptsaison tgl. außer Mo/Di 9–19, sonst 9–18 Uhr geöffnet. 15 km westlich von Clermont-Ferrand*

Riom **[172 B2]**
15 km nördlich von Clermont-Ferrand liegt die aus dem Lavagestein von Volvic erbaute Stadt (18 500 Ew.). Einst Hauptstadt der Auvergne, zählt Riom noch mehr als 100 denkmalgeschützte Häuser und gleicht damit einem Freilichtmuseum. In der *Kirche Notre-Dame-du-Marthuret* ist eine sehr schöne »Madonna mit dem Vogel« (»Vierge à l'Oiseau«) aus dem 14. Jh. zu sehen. Über das Leben in der Auvergne informiert eingehend das *Musée d'Auvergne, rue Delille, tgl. außer Di 10–12 und 14–17.30 oder 18 Uhr.* Das *Musée Mandet, rue de l'Hôtel de Ville,* präsentiert in gut bestückten Sammlungen internationale Malerei verschiedener Schulen, Kunsthandwerk und mittelalterliche Objekte *(geöffnet wie oben).*

CLUNY

[172 C1] »Wunder des Abendlands« – so wurde die 910 gegründete Benediktinerabtei genannt, ehe sie in der Revolution zerstört wurde. Von dem einstigen Zentrum der Christenheit, der mächtigen *Benediktinerabtei St-Pierre-et-St-Paul,* sind nur einer der fünf Glockentürme, *der Clocher de l'Eau Bénite,* samt südlichem Arm des Querschiffs (32 m hoch), der *Mehlspeicher* der Mönche und die *Chapelle de Bourbon* erhalten. Die 1088 von dem Abt Hugo begonnene Kirche war neben dem Petersdom die größte des Abendlands. In seiner Blütezeit unterstanden Cluny 3000 »Töchter« und Niederlassungen in ganz Europa. Nach einer Zeit des Niedergangs wurde das Kloster in der Französischen Revolution geschlossen und die Abteikirche demoliert. Das *Musée d'Art et d'Archéologie* im ehemaligen Abtspalais von Jean de Bourbon enthält Funde aus der Abteiruine und kostbare alte Drucke. *Sommer tgl. 9–19, sonst 9.30–12 und 14–18 Uhr*

DIJON

[169 D6] ★ Die ehemalige Hauptstadt des Herzogtums Burgund (150 000 Ew.) ist eine der attraktivsten Provinzstädte Frankreichs. Altersschiefe Fachwerkhäuser stehen neben eleganten Renaissancegebäuden, enge Gassen öffnen sich zu hellen Plätzen: Es ist ein Vergnügen, in Dijon spazieren zu gehen, besonders am Wochenende, wenn der starke Autoverkehr nachlässt. Aus der Zeit, als die burgundischen Herzöge ihren Hof zu einem der glanzvollsten in Europa machten, sind einmalige Kunstschätze erhalten. Teile des alten Herzogspalasts sind im *Palais des Ducs* an der zentralen *Place de la Libération* bewahrt. Im Ostflügel liegt u. a. das ausgezeichnete *Musée des Beaux-Arts, tgl. außer Di 9.30–18 Uhr*, mit Skulpturensammlungen, dem wunderbaren Grabmal Philipps des Kühnen (gest. 1404) in der Salle des Gardes und mit einer großen Gemäldegalerie.

Im Garten der *Chartreuse de Champmol* am Stadtrand, einst Begräbnisstätte der Herzöge, heute psychiatrische Klinik, steht der berühmte *Mosesbrunnen* (1404) von Claus Sluter. Feinschmeckeradressen sind z. B. *Le Pré au Clercs (J.-P. Billoux), 13, place de la Libération, Tel. 03 80 38 05 05, So abends und Mo geschl.,* **€€–€€€**, und *Thibert, 10, place Wilson, Tel. 03 80 67 74 64,* **€€–€€€**. Gut übernachten können Sie im *Libertel Philippe Le Bon, 29 Zi., 18, rue Ste-Anne, Tel. 03 80 30 73 52, Fax 03 80 30 95 51,* **€€**, oder im Hotel *Jacquemart, 30 Zi., 32, rue Verrerie, Tel. 03 80 60 09 60, Fax 03 80 60 09 69,* **€–€€**.

ZIEL IN DER UMGEBUNG

Fontenay **[168 C5]**

★ Die am besten erhaltene, 1118 von Bernhard von Clairvaux gegründete burgundische Abtei liegt in einem stillen Tal, 75 km nordwestlich von Dijon. Fontenay überstand im Gegensatz zu anderen Klöstern, etwa Cluny, die Zerstörungen während der Französischen Revolution fast unbeschädigt, da man es in eine Papierfabrik umgewandelt hatte. Die vollständig restaurierte Abtei, heute in Privatbesitz, besticht durch ihre Geschlossenheit. Man hat Fontenay als »totale Architektur« und »Protest gegen die Verweltlichung« bezeichnet. *Juli/Aug. tgl. 10–12 und 14–17.30, sonst 10–12 und 14–17 Uhr, stündlich Führungen*

GIEN

[168 B5] Seit langer Zeit wird die kleine Stadt an der Loire (15 300 Ew.) »Hauptstadt der Jagd« genannt. Warum, erfährt man im *Musée International de la Chasse à Tir et de la Fauconnerie, Sommer 9–18 Uhr.* Es ist im Château (Ende 15. Jh.) untergebracht, das über Seine und Altstadt thront. Da auch die Fayencen von Gien bekannt sind, versäumen Sie nicht den Besuch des *Musée de la Faïencerie, place de la Victoire, Mo–Sa 9–12.30 und 13.30 bis 18.30, So ab 10 Uhr.* Sehr schön, mit Blick auf die Loire, wohnen Sie im *Rivage, 16 Zi., 1, quai Nice, Tel. 02 38 37 79 00, Fax 02 38 38 10 21,* **€€**.

LIMOGES

[172 A2] Die schön im Hügelland des Limousin gelegene, freundliche Stadt (175 000 Ew.) ist weltbekannt für ihre mittelalterlichen Emaillearbeiten. Seit dem 19. Jh. befinden sich hier zahlreiche Porzellanmanufakturen. Es gibt zwei interessante Museen: das *Musée National Adrien-Dubouché, place Winston Churchill, Sommer tgl. 10–17.45 Uhr*, mit rund 10 000 Keramiken aus nah und fern sowie

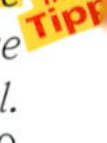

das *Musée Municipal de l' Évêché* neben der Kathedrale mit rund 300 Emaillearbeiten vom 12. Jh. bis zur Gegenwart, *tgl. außer Di 10–11.45 und 14–18 Uhr.* Der Bau der Kathedrale *St-Etienne* wurde 1273 begonnen, aber erst im 19. Jh. vollendet. Im Fachwerkrestaurant *L'Amphitryon, 26, rue Boucherie, Tel. 05 55 33 36 39,* **€–€€**, speisen Sie von feinem Limoges-Porzellan. Schlafen können Sie komfortabel im *Interhotel St-Martial, 30 Zi., 21, rue A.-Barbès, Tel. 05 55 77 75 29, Fax 05 55 79 27 60,* **€–€€**.

LOCHES

[167 F5–6] Fast so intakt wie im Mittelalter präsentiert sich die eindrucksvoll befestigte Stadt (6500 Ew.) im Tal des Indre. Im 15. Jh. residierten hier die französischen Könige. Das beherrschend über dem Ort thronende *Château* mit einem alles überragenden klotzigen Bergfried war einst eine der größten Festen Frankreichs. Allein seine Mauern sind fast 2 km lang. Zu besichtigen sind Logis Royal und Donjon. 1429 bewog hier Jeanne d'Arc Karl VII., sich zum König weihen zu lassen. Die schöne Favoritin des Königs, Agnès Sorel, gestorben 1450, lebte im Schloss und ist im Untergeschoss des frei stehenden Turms (13. Jh.) beigesetzt. Zwei Museen sind im Schloss untergebracht: das *Musée du Terroir* und das *Musée Lansyer,* letzteres mit Werken des Malers Emmanuel Lansyer (19. Jh.) und internationaler Künstler. *Tgl. 9.30–18, Juli/Aug. bis 19 Uhr.* Schön wohnen Sie im traditionsreichen Hotel *George Sand, 20 Zi., 39, rue Quintefol, Tel. 02 47 59 39 74, Fax 02 47 91 55 75,* **€–€€**.

MÂCON

[173 D2] Die bedeutende Weinstadt (36 000 Ew.) ist Zentrum Südburgunds und des gleichnamigen Gewächses, von dem es heißt, dass es ebenso kraftvoll sei wie die feinsten Burgunder weiter nördlich. Südländisch anmutende Häuser reihen sich am Saôneufer aneinander, im Übrigen bietet Mâcon nur wenige Sehenswürdigkeiten wie das *Musée des Ursulines* in einem ehemaligen Kloster *(allée de Matisse, tgl. außer So vormittags und Mo 10–12 und 14–18 Uhr).* An der Place des Herbes steht die reich verzierte *Maison de Bois* (15. Jh.). Zu empfehlen ist das *Hôtel de Bour-*

Gedränge in der City von Mâcon

gogne, 50 Zi., 6, rue Victor-Hugo, Tel. 03 85 38 36 57, Fax 03 85 38 65 92, **€–€€**.

Montespan-Talleyrand, 45 Zi., place Thermes, Tel. 04 70 67 00 24, Fax 04 70 67 12 00, **€€**.

MOULINS

[172 B1] Die ehemalige Hauptstadt (18 000 Ew.) der Herzöge von Bourbon besitzt mit der Kathedrale *Notre-Dame*, genauer deren prächtigen Chorfenstern vom 15. und 16. Jh. und dem Triptychon des »Meisters von Moulins« (15. Jh.), bedeutende Kunstschätze. Der schöne Renaissancebau des *Pavillon d'Anne de Beaujeu* gehört zum *Musée d'Art et d'Archéologie, tgl. außer Di 10–12 und 14–18 Uhr.* Zentral gelegen und komfortabel ist das Hotel *Paris-Jacquemart, 27 Zi., 21, rue de Paris, Tel. 04 70 44 00 58, Fax 04 70 34 05 39, www.hoteldeparis-moulins.com,* **€€–€€€**. 50 km nordwestlich liegt eines der schönsten Waldgebiete Frankreichs, die *Fôret de Tronçais* (Insider Tipp) mit berühmten alten Eichen.

ZIEL IN DER UMGEBUNG

Bourbon-L'Archambault [172 C1] Schon die Römer schätzten die Thermalquellen des schön gelegenen, kleinen Heilbads 20 km östlich von Moulin. Dies war die Hochburg der Bourbonen, eines der mächtigen Herrscherhäuser Europas, aus dem zahlreiche französische Könige hervorgingen. Das *Schloss* der Herzöge von Bourbon über dem Ort ist eine malerische Ruine mit wehrhaften Türmen, darunter der mächtige *Quiquengrogne* (14. Jh.); in der Nachbarschaft Häuser des 15./16. Jhs. Fürstlich untergebracht sind Sie im *Grand Hotel*

NEVERS

[172 B1] Als alte Herzogstadt (41 000 Ew.) und Herstellungsort berühmter Fayencen seit 1575 bietet Nevers eine reizvolle Altstadt. Der ehemalige Sitz der Herzöge von Nevers besticht durch seine Eleganz. Die *Cathédrale St-Cyr-et-Ste-Juliette* wurde 1331 geweiht, besonders schön sind die unter dem Westchor liegende romanische Krypta und die Apsis. Die im Krieg zerstörten Glasfenster wurden durch Arbeiten moderner Künstler ersetzt. Im Kloster *St-Gildard,* am nordwestlichen Stadtrand, suchte das Hirtenmädchen Bernadette Soubirous Zuflucht, als es, durch seine Visionen berühmt geworden, in Lourdes keine Ruhe mehr fand. In den Fayencegeschäften der Stadt kann man schöne Stücke erstehen und gelegentlich einen Blick in die Werkstatt tun. Im *Musée Municipal, 16, rue St-Genest,* sind eine große Fayence- und eine Gemäldesammlung mit Werken französischer Künstler untergebracht *(Sommer tgl. außer Di 10–18.30 Uhr).* Angenehme Atmosphäre bietet die *Villa du Parc, 28 Zi., 16, rue de Lourdes, Tel. 03 86 61 09 48, Fax 03 86 57 85 17,* **€–€€**.

ORLÉANS

[168 A5] Die durch Jeanne d'Arc berühmt gewordene, alte Stadt (260 000 Ew.) ist nicht nur Ausgangspunkt der Fahrt zu den

Loireschlössern und ein wichtiger Verkehrsknotenpunkt, sondern auch eine aktive und attraktive Stadt; mit einer Wachstumsrate um 10 Prozent nimmt sie in Frankreich einen Spitzenplatz ein. Nach den Zerstörungen im Zweiten Weltkrieg ist der Wiederaufbau des Zentrums abgeschlossen und bietet ein harmonisches Bild der historischen Stadt. Hier steht auf der zentralen *Place du Martroi* das Reiterstandbild der Jungfrau von Orléans, die 1429 die Stadt von den Engländern befreite. Östlich davon ragt die gotische Kathedrale auf. Nach der Zerstörung durch die Calvinisten 1528 wurde sie 1601 bis 1829 vorbildlich wieder aufgebaut. In der *Maison de Jeanne d'Arc, 3, place de Gaulle, tgl. außer Mo 10–12.15 und 13.30–18 Uhr*, ist das Leben der Jungfrau von Orléans anhand von Dokumenten dargestellt. Gut untergebracht sind Sie im *Jackotel, 42 Zi., 18, place Cloître-St-Aignan, Tel. 02 38 54 48 48, Fax 02 38 77 17 59,* €€, und im *Hôtel d'Orléans, 18 Zi., 6, rue A.-Crespin, Tel. 02 38 53 35 34, Fax 02 38 53 68 20,* €€.

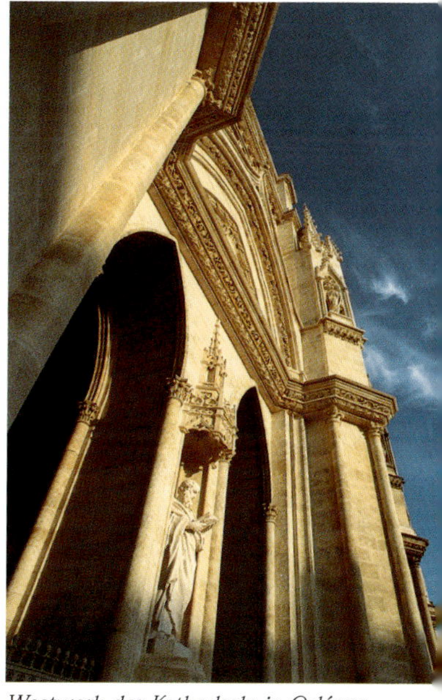

Westwerk der Kathedrale in Orléans

ZIELE IN DER UMGEBUNG

Blois **[168 A5]**

Blickfang der reizenden, 60 km südwestlich von Orléans gelegenen Stadt (49 000 Ew.), einer der besonders ansprechenden an der Loire, ist der zentrale, imposante Schlossberg. Das Château wurde zur Residenz, als die Könige im 16. Jh. Amboise verließen. Von Franz I. stammt der Nordwestflügel (1515–24) mit dem berühmten achteckigen Treppenturm. Die machtbesessene Katharina von Medici lebte lange Zeit in den Gemächern; 1588 ließ Heinrich II. im Schloss den Herzog von Guise ermorden. *(Sommer tgl. 9–19.30 Uhr).*

Empfehlenswerte Hoteladressen sind *Anne de Bretagne, 28 Zi., 31, avenue J.-Laigret, Tel. 02 54 78 05 38, Fax 02 54 74 37 79,* €€, und, mit schönem Loireblick, Insider Tipp *Auberge Ligérienne, 7 Zi., 2, place de la Grève, Tel. 02 54 78 07 86, Fax 02 54 56 87 33, www.coteloire.com,* €€.

Chambord **[168 A5]**

Größer und eigenartiger ist kein Loireschloss: 440 Räume umfasst Chambord, bei einer Länge von 156 m und einer Breite von 117 m. Franz I. begann 1519 mit dem Bau, bei seinem Tod, 15 Jahre später, war er noch nicht fertig. Seine

Schmuckstück an der Autobahn

Der schönste Rastplatz Frankreichs?

Die Reise auf der staufreien A 39 nach Süden ist schon an sich ein Vergnügen. Wer hier Richtung Lyon und Provence rollt, kann selbst zu Ferienstoßzeiten die Fahrt genießen. Wenn aber ein Tankstopp angezeigt ist, gibt es keinen besseren Haltepunkt als die *Aire du Jura,* rund 60 km südlich von Dôle. Diese Raststätte ist ein Ereignis! Zum Einen wegen der atemberaubend futuristischen Architektur des *Pavillon des Cercles,* die einem Ufo ähnelt (aber einem gut 200 Jahre alten Entwurf des Architekten Claude Nicolas Ledoux entsprang, dem Schöpfer der nahen Salinenstadt Arc-et-Senans), zum Anderen wegen der Nutzung als Museumsbau mit Multimediaraum, der die Schönheiten des Jura präsentiert. Und nicht zuletzt wegen der Serviceeinrichtungen, natürlich mit gutem Restaurant, aber auch einem Abenteuerspielplatz, der jedes Kind glücklich machen kann.

Nachfolger Heinrich II. und Ludwig XIV. brachten das Werk zu Ende. Man nimmt an, dass von Leonardo da Vinci, der auf Einladung Franz' I. 1516 in Amboise lebte und dort drei Jahre später starb, möglicherweise die ersten Entwürfe stammen. Von da Vinci soll auch die geniale doppelte Große Treppe *(Le Grand Escalier)* stammen, die so gebaut ist, dass sich zwei Personen beim Hinauf- und Hinabgehen nicht begegnen. An der Kassettendecke sieht man in jedem Karree einen Salamander, das Emblem Franz' I. Auf den Dachterrassen der großen Rundtürme pflegte sich der Hof zu versammeln, um Militärparaden, Turniere und Jagdgesellschaften anzuschauen. Im 18. Jh. wohnte König Stanislaus von Polen im Schloss; seit 1932 ist es im Besitz des französischen Staats. *April–Okt. tgl. 9.30–18.45, sonst 9–17.15 Uhr, 50 km südwestlich von Orléans*

LE PUY-EN-VELAY

[172 C3] Inmitten der bizarren Vulkanlandschaft am Ostrand der Auvergne liegt die Hauptstadt (20 500 Ew.) des Velay. Sie ist seit dem Mittelalter berühmt für die Wallfahrten zur *Vierge Noire d'Auvergne*, der Schwarzen Muttergottes, in der Kathedrale *Notre-Dame.* Es handelt sich bei der Statue jedoch um eine Kopie (19. Jh.) des Originals, das Ludwig IX. im 13. Jh. von einem Kreuzzug mitbrachte. Um die Kathedrale gruppieren sich die *Maison du Prieur*, ein Kreuzgang und die *Chapelle des Pénitents.* Vom *Rocher Corneille* nördlich der Kathedrale, mit der aus 213 erbeuteten Kanonen gegossenen Madonnenstatue, bietet sich ein beeindruckender Rundblick. Der spitze, 85 m hohe Lavakegel *Aiguilhe* im Norden der Stadt wird von der *Chapelle St-Michel* gekrönt.

ZIEL IN DER UMGEBUNG

La Chaise-Dieu **[172 C3]**
Die etwa 60 km nordwestlich von Le Puy-en-Velay auf 1000 m Höhe gelegene Benediktinerabtei erlebte ihre Blütezeit vom 11. bis 15. Jh. In der Abteikirche sind 14 kostbare flämische Wandteppiche und ein aus Eiche geschnitztes Chorgestühl zu sehen; das berühmte Fresko *Danse Macabre*, Totentanz, von 1470 befindet sich außen an den Mönchszellen.

Insider Tipp

SEMUR-EN-AUXOIS

[168 C6] Unter den kleinen burgundischen Städten hat sich Semur-en-Auxois seinen mittelalterlichen Charakter besonders schön bewahren können. Die Häuser der Altstadt drängen sich – geschützt von einer hohen, turmbewehrten Mauer – auf einem Hügel, um den sich in einer Schleife der Armançon windet. Die engen Gassen laufen auf die Kirche *Notre-Dame* zu. Sie gilt als ein Musterbeispiel der Gotik in Burgund. Mit ihrem Bau wurde 1060 unter Herzog Robert I. begonnen. Schön ist ein Spaziergang auf der mit Linden bepflanzten Promenade der Stadtmauer. Modern und komfortabel ist die *Hostellerie d'Aussois, 43 Zi., route Saulieu, Tel. 03 80 97 28 28, Fax 03 80 97 34 56,* **€€**.

TOURNUS

[173 D1] Berühmt ist die kleine Stadt (6200 Ew.) in Südburgund für ihre *Abbaye St-Philibert*, die als besonders schönes Beispiel der romanischen Kunst gilt. Der Bau wurde im 10. Jh. nach Zerstörung einer ersten Kirche durch ungarische Horden begonnen, Mitte des 12. Jhs. war er vollendet. Das Kircheninnere mit seinen mächtigen romanischen Gewölben und schmucklosen Säulen ist von unübertroffener Reinheit des Stils. Kirche und dreischiffige Krypta (geweiht 979) vereinen alle Elemente der karolingischen Bautradition: in der Anlage der Kapellen, dem Tonnengewölbe der Wandelhalle und dem Narthex. Vom alten Kloster ist der Nordflügel erhalten; hier ist ein Zentrum für romanische Kunst untergebracht. Der Kapitelsaal wurde 1237 nach einem Brand wieder aufgebaut. Der Klosterkeller und das 33 m lange Refektorium stammen aus dem 12. Jh. Das Restaurant mit seiner Zwei-Sterne-Küche, das *Greuze, 1, rue Albert-Thibaudet, Tel. 03 85 51 13 52,* **€€€**, und das *Hôtel de Greuze, 21 Zi., 5–6, place de l'Abbaye, Tel. 03 85 51 77 77, Fax 03 85 51 77 23, www.relaischateau.com,* **€€€**, sind sehr zu empfehlen.

TOURS

[167 E5] Die kosmopolitisch anmutende Stadt (300 000 Ew.), sozusagen ein Klein-Paris an der Loire, ist ein idealer Ausgangspunkt für Fahrten zu den Schlössern, lohnt aber mehr als nur eine Stippvisite. Die Stadt hat ihren alten Häuserbestand um die *Place Plumereau* (Fußgängerzone) sorgfältig restauriert. Zu Fuß zu erreichen sind das *Palais de l'Ancien Archevêché* (Erzbischöflicher Palast) mit dem *Musée des Beaux-Arts, tgl.*

außer Di 9–12.45 und 14–18 Uhr, die Kathedrale *St-Gatien,* an der alle Stile der Gotik zu studieren sind, und an der malerischen *Place Foire-le-Roi* das *Musée Archéologique* in einem Renaissancebau, dem ehemaligen Hôtel Babou de la Bourdaisière (16. Jh.). Das *Hôtel du Musée, 20 Zi., 2, place François-Sicard, Tel. 02 47 66 63 81, Fax 02 47 20 10 42,* **€€**, und das *Hôtel du Cygne, 18 Zi., 6, rue Cygne, Tel. 02 47 66 66 41, Fax 02 47 66 05 13,* **€€**, sind besonders empfehlenswerte Unterkünfte.

ZIELE IN DER UMGEBUNG

Azay-le-Rideau **[167 E5]**

★ Von Tours sind es 28 km zum südwestlich gelegenen Städtchen *Azay-le-Rideau* am Fluss Indre. Azay-le-Rideau heißt auch das berühmte Schloss, ein Juwel der Renaissance. Honoré de Balzac nannte es treffend »diamant au milles facettes«. Erbaut wurde es 1518–29 für den Schatzmeister Gilles Berthelot und seine Gemahlin als Sommerresidenz. Deshalb sollte man das wunderschön eingerichtete Schloss nicht nur besichtigen, sondern auch an einem lauen Sommerabend zauberhaft beleuchtet Insider Tipp beim beliebten Spektakel *Son-et-Lumière* erleben *(an Sommerwochenenden ab 22 Uhr).* Schlossbesichtigung *Sommer tgl. 9.30–19, sonst 9.30–12.30 und 14–17.30, Uhr, www.monum.fr*

Langeais **[167 D5]**

25 km westlich von Tours liegt das trutzige Schloss. Es wurde 1465 von dem Finanzminister Ludwigs XI. erbaut. 1491 fand hier die Hochzeit von Karl VIII. und Herzogin Anne de Bretagne statt, womit die Bretagne endgültig zu Frankreich kam. Vor allem wegen des komplett im mittelalterlichen Stil eingerichteten Innern lohnt ein Besuch. *Sommer tgl. 9.30–20, sonst bis 18 Uhr*

Die Loire, hier ein Abschnitt bei Tours, ist Frankreichs längster Fluss

VENDÔME

[167 F5] In einer Schleife durchzieht der Fluss Loir (nicht die Loire) die alten Viertel des heiteren Städtchens Vendôme (30 000 Ew.). Beim Bummel durch die Gassen mit ihren Fachwerkhäusern stößt man immer wieder auf einen Wasserarm. An die alte, stattliche *Église de la Trinité* (12.–15. Jh.) mit einem frei stehenden, 80 m hohen Glockenturm ist eine Benediktinerabtei gebaut worden. Der Kapitelsaal ist mit schönen Wandmalereien ausgeschmückt. In einem Nebengebäude hat man das interessante *Musée de Vendôme, tgl. 10–12 und 14–18 Uhr,* mit gotischen Statuen, einer Gemäldesammlung und anderem, untergebracht. Das *Schloss der Grafen von Vendôme,* auf einem Hügel südlich der Stadt, ist überwiegend Ruine. Am besten erhalten blieb die im 15. Jh. wieder aufgebaute *Tour de Poitiers.* Innerhalb der Umfassungsmauer wurde ein schöner Garten angelegt. Die *Auberge de la Madeleine, 8 Zi., place Madeleine, Tel. 02 54 77 20 79, Fax 02 54 80 00 02,* €, ist wegen ihrer Küche und der Zimmer gleichermaßen zu empfehlen.

VÉZELAY

[168 C5] ★ Herausragende Sehenswürdigkeit des prächtig auf der Höhe gelegenen, tausendjährigen Wallfahrtsorts (1000 Ew.) ist die *Basilika Ste-Madeleine.* Bereits 860 wurde das Benediktinerinnenkloster von Vézelay gegründet, die Basilika 1096 begonnen. Aber erst nach umfassender Restaurierung ab 1840 durch den berühmten Architekten Eugène-Emanuel Viollet-le-Duc erhielt sie ihren alten Glanz zurück. Das Tympanon am Vorhallenportal ist ein Hauptwerk der romanischen Bildhauerkunst. Im Zentrum thront Christus, der den Aposteln seinen Segen spendet. Die kleinen Figuren stellen acht Völker dar, denen die Apostel das Christentum verkünden.

Eine renommierte Hoteladresse ist *L'Esperance (Marc Meneau) in Saint-Pére-sous-Vézelay, Tel. 03 86 33 39 10, Fax 03 86 33 26 15, www.relaischateaux.fr,* €€€.

VICHY

[172 B2] Das bedeutendste Heilbad Frankreichs am Nordrand der Auvergne (26 500 Ew.) vereint den Charme der Belle Époque mit den supermodernen Einrichtungen eines großen Sportzentrums. Während der deutschen Besatzung Frankreichs war der Kurort 1940–44 Hauptstadt des den Nazis hörigen »Vichy-Regimes« unter Marschall Philippe Pétain. Mondäne Luxushotels, der *Parc des Sources* mit Wandelhalle und Promenadenwegen, Grand Casino und Théâtre bilden den Mittelpunkt der Stadt. Das *Grand Etablissement Thermal* ist die größte Anlage ihrer Art in Europa. Die *Parcs d'Allier* im Westen und Süden laden zum Spazierengehen ein.

Ein gepflegtes und modernes Haus der Hotelkette Novotel ist das bei den Thermen gelegene *Thermalia, 128 Zi., 1, avenue Thermale, Tel. 04 70 30 52 52, Fax 04 70 31 08 67,* €€€.

Vielerorts noch Geheimtipp

Das purpurne Périgord, die historische Landschaft Quercy und das Baskenland

Zwei große Regionen nehmen dieses Gebiet ein: Aquitaine und Midi-Pyrénées. Sie vereinen sehr unterschiedliche, wenn auch von der südlichen Sonne und einem milden Klima verwöhnte Landstriche, wie das schöne Périgord, die der Toskana ähnelnden Hügellandschaften der Gascogne und die zu den Pyrenäen ansteigenden Höhen des Béarn um Pau.

Von südlichem Klima und südlicher Lebensart geprägt sind auch das Bordelais, die Weinregion um Bordeaux, die Atlantikküste zwischen der Mündung der Gironde und der spanischen Grenze – ausführlich informiert der MARCO POLO Band »Französische Atlantikküste« – und das grüne Périgord-Dordogne. Als Feriengebiet haben der Südwesten und der Süden alle Vorzüge einer mit Maßen erschlossenen Region, obwohl weder die Flusslandschaft der Dordogne mit ihren Burgen, alten Dörfern, Grotten und Wallfahrtsorten noch die Badeorte an der südlichen Atlantikküste als Geheimtipp gelten können. Aber schon das *Périgord pourpre*, das purpurne Périgord mit seinen Bastiden und Burgen, das Quercy mit den befestigten Städtchen auf Kalkplateaus oder das Baskenland mit seinen traditionsverbundenen Menschen sind Regionen, die noch entdeckt werden wollen. Bis ins 14. Jh. war Okzitanien, der Süden, kulturell eigenständig und politisch unabhängig. Nach grausamen Religionskriegen und dem Sieg über die Katharer fiel er an die französische Krone. Bis heute aber verteidigen die Menschen des Midi leidenschaftlich ihre kulturellen Eigenheiten.

Dune du Pyla bei Arcachon

Gute Surfspots gibt es viele

ALBI

[171 E4] Die stolze Geburtsstadt von Henri de Toulouse-Lautrec (65 000 Ew.) hat wegen ihrer hellen Ziegelhäuser aus dem Mittelalter eine besondere, südliche Atmo-

Baskische Hügellandschaft zu Füßen der Pyrenäen

sphäre. Beherrschend erhebt sich die Insider Tipp festungsartige Kathedrale *Ste-Cécile* mit dem erzbischöflichen Palais über dem Tarn. Die von außen abweisende Kathedrale mit ihrem 78 m hohen Turm ist innen umso üppiger mit Flamboyant-Ornamenten von italienischen Künstlern ausgeschmückt. Realistisch schildert das Fresko »Jüngstes Gericht« (15. Jh.) alle Höllenqualen. Im erzbischöflichen Palast (13./14. Jh.) befindet sich das *Musée Toulouse-Lautrec, Mai–Sept. tgl. 9–18, sonst tgl. außer Di 10–12 und 14–18 Uhr,* mit Gemälden, Zeichnungen und Druckgrafiken des Malers. Sein Geburtshaus, *l'Hôtel du Bosc*, liegt in der Altstadt.

AUCH

[170 C5] Die einstige Hauptstadt (21 800 Ew.) der Grafschaft Armagnac ist ein lebhaftes, prächtig auf einem Plateau über dem linken Ufer des Gers gelegenes Städtchen. Wer gut zu Fuß ist, kann die hoch gelegene Altstadt vom Boulevard Sadi-Carnot am Flussufer auch über die 232 Stufen der *Escalier Monumental* (»Große Treppe«) erklimmen. Sie führt zur gotischen Kathedrale *Ste-Marie* (1489–1597), die als eine der schönsten Kirchen Südfrankreichs gilt. Beeindruckend sind die Innenmaße: 106 m lang, 24 m breit und 27 m hoch. Im Chor bewundert man die 18 prachtvollen Glasfenster des Gascogners Arnaud de Moles, ein Meisterwerk der Glasmalerei des 16. Jhs., und fein skulptiertes Chorgestühl aus Eiche.

In der *Rue Dessoles,* die von der Place de la République abzweigt, stehen schöne alte Häuser aus dem 18. Jh. Ein traditionsreiches Haus mit schönen Zimmern ist das *Hôtel de France, 29 Zi., place Libération, Tel. 05 62 61 71 71, Fax 05 62 61 71 81,* **€€**.

BASKENLAND

[170 A–B5] Das hügelige Hinterland von Bayonne bis zur spanischen Grenze ist die Heimat der Basken. Die weißen Häuser mit dunkelroten Fensterläden und Holzbalkonen in den Dörfern prägen die Landschaft. Baskische Traditionen, von der Sprache bis zum Pelotaspiel, sind in dieser touristisch noch ursprünglichen Region lebendig. Eine Rundfahrt durchs Baskenland führt über das auch als Urlaubsort beliebte Dorf *Ascain* am Fuß des 900 m hohen *La Rhune.* Dort hinauf fährt vom Pass Col de St-Agnac eine Zahnradbahn. Der Blick vom Gipfel schweift über die Kette der Pyrenäen und das Hügelland bis weit aufs Meer. Nächstes Ziel ist das schöne, typisch baskische Dorf *Ainhoa* mit einer reich ausgeschmückten Kirche und der Feinschmeckeradresse *Ithurria, Tel. 05 59 29 81 28,* €€€. Beim Kurort *Cambo-les-Bains* steht die *Villa Arnaga*, 1903–06 von dem Dichter und Dramatiker Edmond Rostand erbaut und eingerichtet *(Besichtigung Mai –Sept.).*

Insider Tipp

BAYONNE

[170 A5] Die betriebsame Hauptstadt des Baskenlands (40 000 Ew.) wurde vom Festungsbaumeister Sébastien le Prestre de Vauban mit im-

MARCO POLO Highlights »Der Südwesten«

★ **Bordeaux**
Wein hin oder her, Bordeaux weiß auch sonst zu begeistern (Seite 97)

★ **Les Eyzies-de-Tayac**
Nirgendwo sonst ist man den Altvorderen intensiver auf der Spur (Seite 107)

★ **Moissac**
Schönes Beispiel romanischer Kunst (Seite 108)

★ **Brantôme**
Feinschmeckerziel und Ruheinsel (Seite 101)

★ **Cordes-sur-Ciel**
Eine der feinsten Bastiden des Südwestens (Seite 105)

★ **Rocamadour**
Großartig, wie sich die Kirchenbauten übereinander türmen (Seite 110)

★ **Beynac**
Die Schlossherren hatten eine tolle Aussicht und wenig Komfort (Seite 106)

★ **Lascaux II**
Die Kunstwerke der Steinzeitkünstler in alter Frische (Seite 108)

★ **Toulouse**
Die Stadt hat viele Trümpfe, nicht nur Airbus, Cité de l'Espace und Aérospatial (Seite 113)

posanten Wällen befestigt. Heute bilden sie schöne Promenaden. Die Flüsse Adour und Nive schneiden die Stadt in drei Teile; das alte Viertel um die Kathedrale *Ste-Marie*, mit malerischen Gassen, ist teilweise Fußgängerzone und wird Grand Bayonne genannt. Die gotische Kathedrale wurde 1213–1544 erbaut, die beiden 70 m hohen Türme und die Fassade stammen jedoch aus dem 19. Jh. Von der Sakristei betritt man einen Kreuzgang aus dem 13. Jh. Das trutzige *Vieux Château* nahe der Kathedrale wurde auf römischen Mauern erbaut. Sehenswert sind das reich bestückte *Musée Basque, tgl. außer Mo Sommer 10–18.30, sonst 10.30 bis 12.30 und 14–18 Uhr*, und das *Musée Bonnat, rue Jacques-Lafitte, Sommer tgl. außer Di 10–18.30 Uhr*, mit guter Gemäldesammlung (Leonardo da Vinci, Rembrandt, Peter Paul Rubens, Francisco Goya). Eine Spezialität der Region ist der Schinken von Bayonne. Erstes Haus am Platz ist *Le Grand Hôtel, 54 Zi., 21, rue Thiers, Tel. 05 59 59 62 00, Fax 05 59 59 62 01, www.legrandhotel.com*, **€€€**. Komfort und guten Service bietet auch das Hotel *Aster, 66 Zi., Carrefour Maignon, route Cambo, Tel. 05 59 42 24 24, Fax 05 59 42 24 26*, **€–€€**.

BERGERAC

[170 C3] Der Name der Stadt (26 000 Ew.) an der Dordogne steht für ein bekanntes Weinbaugebiet und eine literarische Berühmtheit, Cyrano de Bergerac, eigentlich Savinien de Cyrano (1619–55), Schriftsteller und geborener Pariser, der mit dem Eintritt in die Gesellschaft der Jünger der Gascogne den Namen Bergerac annahm (aber nie die Stadt besuchte). Unsterblich machte ihn Edmond Rostand 1897 mit seinem Drama »Cyrano de Bergerac«. Freunde des blauen Dunsts besuchen das *Musée du Tabac* in der *Maison Peyrarède, rue de l'Ancien-Pont, Di–Fr 10–12 und 14–18, Sa bis 17, So 14.30–18 Uhr*. Ein gutes Hotel ist *Le Bordeaux, 40 Zi., 38, place Gambetta, Tel. 05 53 57 12 83, Fax 05 53 57 72 14*, **€€**.

ZIELE IN DER UMGEBUNG

Château de Monbazillac **[170 C3]**
Das romantische Schloss liegt 7 km südlich von Bergerac, auf der Höhe der Weinberge. Hier wächst die Traube für den berühmten, süßen Weißwein, den Monbazillac, der so köstlich zur Stopfleber von Ente oder Gans schmeckt. *Besichtigung Juni–Aug. 10–19 Uhr, www.chateau-monbazillac.com*

Château Montaigne **[170 C3]**
Etwa 40 km westlich von Bergerac ist der Turm zu besichtigen *(Mo/Di 10–12 und 14–18.30, Juli/Aug. 10–18.30 Uhr)*, in dem Michel de Montaigne seine berühmten Essais schrieb. Das Schloss selbst wurde nach einem Brand im 19. Jh. wieder aufgebaut.

Tremolat **[170 C3]**
Entlang der Dordogne gelangen Sie über Lalinde in den kleinen Ort 30 km östlich von Bergerac in einer spektakulären Flussschleife, dem *Cingle de Trémolat*. Erstklassig isst und schläft man im *Vieux Logis, 18 Zi., Tel. 05 53 22 80 06, Fax 05 53 22 84 89, www.relaischateaux.fr*, **€€€**.

BIARRITZ

[170 A5] Aristokratisch geht es in dem berühmten Seebad (28 000 Ew.) heute nicht mehr zu. Unverändert attraktiv wie zur Zeit der Kaiserin Eugénie sind die herrliche Lage und die weltläufige Atmosphäre. Nach den endlosen Sandstränden der Côte d'Argent beginnt hier die in Felsenbuchten gegliederte baskische Küste. An die Zeit, als Europas Hochadel nach Biarritz kam, wo die schöne Eugénie, Gemahlin Napoleons III., Mitte des 19. Jhs. Hof hielt, erinnert noch der riesige Komplex des *Palais* am Strand, heute eines der schönsten Strandhotels der Welt *(1, avenue de l'Impératrice, 134 Zi., Tel. 05 59 41 64 00, Fax 05 59 41 67 99, €€€)*. Die schöne Esplanade mit dem *Rocher de la Vierge* zieht sich als Uferpromenade unterhalb der Hotels und Appartementhäuser zum malerischen *Port des Pêcheurs* hin, wo man in Freiluftrestaurants frische Meerestiere genießen kann. Süßes naschen können Sie im nostalgischen Ambiente des *Salon de Thé Miremont, place Clémenceau.* Die Küche der Region in Vollendung bietet *Les Platanes, 32, avenue Beau Soleil, Tel. 05 59 23 13 68, €€–€€€.* Eine schlossartige Villa mit Dependancen ist das reizende *Château du Clair de Lune, 17 Zi., 48, avenue Alan-Seeger, Tel. 05 59 41 53 20, Fax 05 59 41 53 29, €€–€€€.*

Insider Tipp

BORDEAUX

[170 B3] ★ Die Hauptstadt des Departments Gironde (215 000 Ew.) wirkt doppelt beeindruckend: durch ihre Lage am Ufer der breiten, schiffbaren Garonne und durch das von majestätischen Prachtbauten des 18. Jhs. geprägte Stadtbild. Auf den ersten Blick eher kühl und stolz, erweist sich Bordeaux bei näherer Bekanntschaft als eine recht einnehmende Stadt. Neben den Stadtpalästen aus dem 18. Jhs. sind die engen Gassen des sorgfältig renovierten *Vieux-Bor-*

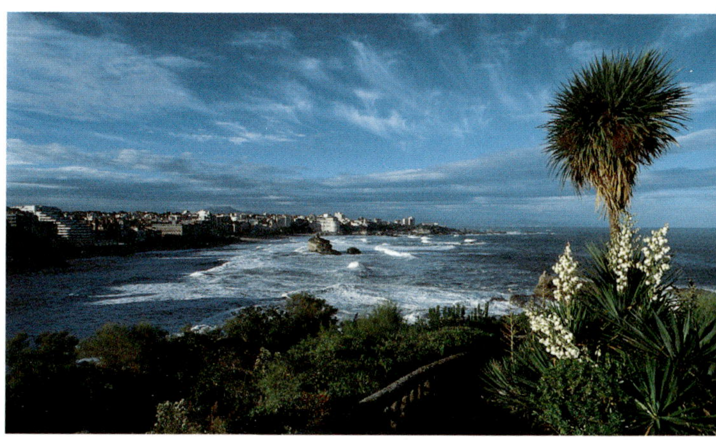

Biarritz am Atlantik ist eines der berühmtesten Seebäder überhaupt

Brunnen an der Esplanade de Quinconces in Bordeaux

deaux mit kleinen Läden und netten Lokalen, ausgezeichneten Museen und feinen Restaurants zu entdecken. Mit dem Besuch der *Maison du Vin* kann man sich auf eine Rundfahrt ins Bordelais vorbereiten, zu den *Châteaux* mit den großen Namen, die seit dem 12. Jh. bis heute einige der besten Weine der Welt hervorbringen. Bordeaux ist seit Jahrhunderten ein Zentrum des Weinhandels und Export- und Fischereihafen; daneben hat es sich zu einem der großen europäischen Forschungszentren entwickelt.

SEHENSWERTES

Eleganter Mittelpunkt der Stadt ist das Dreieck, das die Straßen *Cours Clémenceau, Allées de Tourny* und *Cours de l'Intendance* bilden. An der Spitze des Dreiecks, auf der *Place de la Comédie,* steht das *Grand Théâtre* von 1773–80, das als der schönste Bau seiner Art in Frankreich gilt. Der *Cours du Chapeau-Rouge* führt zur Hafenfront an der Garonne mit prächtigen Häusern aus dem 18. Jh. Eindrucksvoll ist auch die Architektur der *Esplanade des Quinconces* von 1828, mit einer Fläche von 126 000 m^2 Europas größter Platz. Hinter der schönen *Place de la Bourse* erstreckt sich die Altstadt mit engen Gassen, kleinen Läden und gemütlichen Lokalen. Die *Kathedrale St-André* (12.–16. Jh.) besitzt in die Porte Royale eingearbeitete gotische Skulpturen, die denen von Reims und Amiens gleichgesetzt werden.

MUSEEN

Musée d'Aquitaine
Die ausgezeichneten Sammlungen bringen Ihnen Geschichte, Handel und Landwirtschaft von Aquitanien und Bordeaux nahe. *20, cours Pasteur, tgl. außer Mo 11–18 Uhr*

Musée d'Art Contemporain
Unkonventionelles Zentrum mit Sammlung zeitgenössischer Kunst. *7, rue Ferrière, tgl. außer Mo 11–18 (Mi–20) Uhr*

Musée des Beaux-Arts
Besonders hervorzuheben sind die Gemäldesammlungen der venezianischen Schule, die Sammlungen holländischer Meister und Beispiele der französischen Malerei des 19. Jhs. *20, cours d'Albret, tgl. außer Di 11–18 Uhr*

Musée des Chartrons
Alles, was im Weinhandel von Bedeutung war, von der Verpackung

bis zu Dokumenten, ist hier in einem alten Bürgerhaus ausgestellt. *41, rue Borie, Mo–Fr 14–18 Uhr*

ESSEN & TRINKEN

Insider Tipp

Chez Paulette

In dem gemütlichen Feinschmeckerbistro kommt das beste der Küche des Südwestens auf den Tisch: Ente, Lamm, Steinpilze mit Knoblauch und Nussöl zubereitet. *24, rue Saint-Rémi, Tel. 05 56 79 07 85, kein Ruhetag,* €–€€

La Tupina

Dass der Feinschmecker im Bordelais die Qual der Wahl hat, wird hier bestätigt. Ambiente und Qualität der Küche können begeistern. *6–8, rue de la Porte-de-la-Monnaie, Tel. 05 56 91 56 37, kein Ruhetag,* €€–€€€

EINKAUFEN

Einen Besuch wert sind der *Marché Biologique* auf der *Place St-Pierre, Do bis 15 Uhr,* und der *Marché des Capucins,* der »Bauch von Bordeaux«, *zwischen Gare St-Jean und Place de la Victoire (tgl.)*. Zahlreiche Kunsthandwerker haben ihre Läden in der Altstadt.

ÜBERNACHTEN

Majestic

Zentral gelegenes, elegantes Hotel in einem Haus des 19. Jhs. *50 Zi., 2, rue de Condé, Tel. 05 56 52 60 44, Fax 05 56 79 26 70, www.hotel-majestic.com,* €€

Le Notre Dame

Im authentischen Chartons-Viertel bei der Cité Mondial gelegen, gute Parkmöglichkeit. Komfortabel und guter Service. *21 Zi., 36–38, rue Notre Dame, Tel. 05 56 52 88 24, Fax 05 56 79 12 67, www.hotelnotredame.free.fr,* €

Trianon

Nettes, ebenfalls zentral gelegenes Hotel garni mit gutbürgerlichem Komfort in einem renovierten ehemaligen Bürgerhaus. *18 Zi., 5, rue*

Teile der Altstadt von Bordeaux sind den Fußgängern vorbehalten

Temple, Tel. 05 56 48 28 35, Fax 05 56 51 17 81, **€€**

AM ABEND

Neben vier großen Theatern hat Bordeaux eine Reihe von Kleinkunsttheatern – *L'Onyx, 13, rue Fernand-Philippart*, ist das älteste der Provinz – sowie Cafés mit Varietévorstellungen und Jazzclubs. Konzerte geben das städtische Orchester und das *Bordeaux Aquitaine National Orchester.*

AUSKUNFT

Office de Tourisme

12, cours du 30-Juillet, Tel. 05 56 00 66 00, Fax 05 56 00 66 01, www.bordeaux-tourisme.com

ZIELE IN DER UMGEBUNG

Arcachon **[170 B3]**

Das charmante Seebad (18 000 Ew.) am gleichnamigen Bassin 56 km westlich von Bordeaux ist im Sommer fröhlicher Auftakt der Kette von Badeorten am 240 km langen Sandstrand der Côte d'Argent. Schon in der Belle Époque war Arcachon »in«. Davon zeugen die hübsch verschnörkelten Villen, vor allem in der *Ville d'Hiver*, der Winterstadt. Kasino, Restaurants aller Preislagen, eine große Marina, Strandpromenade – es fehlt an nichts. Berühmt ist die Austernzucht in der Bucht. Bei *Pyla-Plage*, einem Teil von Arcachon, befindet sich die mit 117 m höchste Düne Europas, die *Dune du Pyla*. Gegenüber von Arcachon liegt der Badeort *Cap Ferret* mit einem 52 m hohen Leuchtturm. Für ein Diner in elegantem Rahmen geht man ins *Patio, 10, boulevard Plage, Tel. 05 56 83 02 72, Di mittags und Mo geschl.,* **€€**. Gut untergebracht sind Sie im *Les Mimosas, 21 Zi., 77 bis, avenue de la République, Tel. 05 56 83 45 86, Fax 05 56 22 53 40,* **€–€€**.

Château Roquetaillade **[170 B3]**

Die mittelalterliche Burg im Weinbaugebiet 50 km südlich von Bordeaux ist ein Leckerbissen für Romantiker: Erbaut 1306 von Kardinal Gaillard de la Mothe, einem Neffen von Papst Klemens V., droht sie mit dicken Mauern und sechs Türmen. Eugène Emmanuel Viollet-

Von der Dune du Pyla kann man das Bassin d'Arcachon überblicken

Château Ducru-Beaucaillou, bekanntes Weingut im Haut-Médoc

le-Duc, Meister in der Aufbereitung mittelalterlicher Architektur, hat die Schlossburg auch innen zeitgemäß mit Wandmalereien, Möbeln und speziellen Einrichtungen zum repräsentativen Denkmal einer Epoche gestaltet. Schöner Park, Verkauf von schlosseigenem Wein. *Führungen tgl. Sommer 10.30–19 Uhr, Frühjahr/Herbst nachmittags*

Château de Villandraut [170 B3]
10 km südwestlich von Château Roquetaillade gelegen, ist dies ein weiteres Prachtstück einer gotischen Burg. Hier fungierte Papst Klemens V. gar als Bauherr und häufiger Gast während seines Avignoner Exils. Die gesamte Anlage, mit dicken Mauern und von einem 6 m tiefen Graben geschützten Türmen, ist auf Verteidigung eingestellt. *Tgl. Juli–Anfang Sept. 10–19 Uhr, www.casteland.com*

Insider Tipp **Labrède** [170 B3]
Dorf 15 km südlich von Bordeaux mit dem sehr sehenswerten *Wasserschloss de La Brède,* Geburts- und Wohnort des Marquis de Montesqieu (1689). *Tgl. außer Di Juli bis Sept. 14–18, sonst 14–17.30 Uhr*

Médoc [170 B2–3]
Nördlich von Bordeaux erstrecken sich die Weinfelder von Haut-Médoc und Médoc bis zur Mündung der Gironde. Hier erzeugen 134 Châteaux Rotweine, von denen viele nach wie vor zu den besten der Welt gehören, voran Margaux, St-Julien und Pauillac mit den Weingütern Latour, Mouton-Rothschild und Lafite.

BRANTÔME

[170 C2] ★ Vom Flüsschen Dronne umspültes, viel besuchtes Inselstädtchen (2000 Ew.) mit Klostergebäuden des 17./18. Jhs. sowie romanischem Glockenturm und *Jardin des Moines*, einem schönen öffentlichen Park am Fluss. Die stattliche Abtei wurde 769 von Karl dem Großen gegründet, die heutigen Gebäude stammen aber aus dem 18. Jh. Hier war der durch seine Chroniken, voran »Les Vies des Dames Galantes«, zu literarischem Ruhm gelangte Pierre de Bourdeille – oder Brantôme – Ende des 16. Jhs. Abt. Der schöne romanische Glockenturm steht abseits der Kirche auf einem 12 m hohen Felsen. Der *Parcours Troglodytique* führt zu Höhlen, die einst von Einsiedlern, später von Mönchen bewohnt waren. Brantôme ist auch als Feinschmeckerziel bekannt – mit dem Hotelrestaurant *Frères Charbonnel, 59, rue Gambetta, Chabrol, 21 Zi., Tel. 05 53 05 70 75, Fax 05 53 05 71 85, €€*, und der wunderschönen *Moulin de l'Abbaye, 1, route de Bourdeilles, Tel. 05 53 05 80 22, auch 19 Zi., Fax 05 53 05 75 27, www.relais chateaux.fr/moulin, €€€*.

Cahors

[171 D3] Die Hauptstadt des Departments Lot (20 000 Ew.) mit ihrer anregend südlichen Atmosphäre liegt in einer Schleife des gleichnamigen Flusses. In der Altstadt, mit engen Gassen und stattlichen mittelalterlichen Häusern, befindet sich die Kathedrale *St-Étienne*, eine der ganz alten Kuppelkirchen Frankreichs. Berühmt war bereits im Mittelalter der Wein von Cahors.

SEHENSWERTES

Altstadt

In den engen Gassen um die Kathedrale glaubt man sich ins Mittelalter versetzt. Stattliche Häuser mit gotischen und Renaissancefassaden bezeugen den einstigen Reichtum der Handelsstadt. Nur wenige Schritte vom Ufer des Lot entfernt, am Quai Champollion, steht die *Maison de Roaldès*; hier hatte Heinrich IV. bei der Belagerung der Stadt 1580 sein Quartier *(Sommer tgl. 10–12 und 14–18 Uhr)*. Bei der Kathedrale liegt der Markt mit stimmungsvoller Markthalle *(tgl. geöffnet)*.

Cathédrale St-Étienne

Mit dem Bau wurde im 11. Jh. begonnen. Am schönen Nordportal ein großes *Tympanon* von 1135, das die Auferstehung zeigt. Im Innern wurden Ende des 19. Jhs. in der ersten Kuppel Fresken freigelegt. Rechts vom Chor führt eine Tür in den Kreuzgang von 1509 (Renaissance), von dort weiter in die Kapelle *St-Gausbert*, den ehemaligen Kapitelsaal. *Am Marktplatz in der Altstadt*

Pont Valentré

Das Wahrzeichen der Stadt ist mit seinen drei 40 m hoch über den Fluss aufragenden mittelalterlichen Türmen ein seltenes Beispiel wehrhaften Brückenbaus aus dem 14. Jh. Die beste Ansicht auf die Brücke bietet sich Ihnen flussaufwärts vom rechten Ufer des Lot. Insider Tipp

ESSEN & TRINKEN

Le Balandre

Edelrestaurant des Bahnhofshotels Terminus. Gerichte von überdurchschnittlicher Qualität mit Spezialitäten der Region wie *confit de canard* und *magret de canard*, jeweils mit besonderen Beilagen serviert. *5, avenue Ch. de Freycinet, Tel. 05 65 53 32 00, €€*

Pont-Valentré in Cahors

ÜBERNACHTEN

France
Komfortabel und modern, mit gutem Service, zwischen Bahnhof und Pont Valentré. *79 Zi., 252, avenue Jean-Jaurès, Tel. 05 65 35 16 76, Fax 05 65 22 01 08,* €–€€

Terminus
Traditionsreiches Hotel am Bahnhof, gut eingerichtete Zimmer, freundlicher Service. *29 Zi., 5, avenue Ch. de Freycinet, Tel. 05 65 53 32 00, Fax 05 65 53 32 26,* €–€€

AUSKUNFT

Office de Tourisme
Place François Mitterrand, Tel. 05 65 53 20 65, Fax 05 65 53 20 74, www.quercy.net

ZIELE IN DER UMGEBUNG

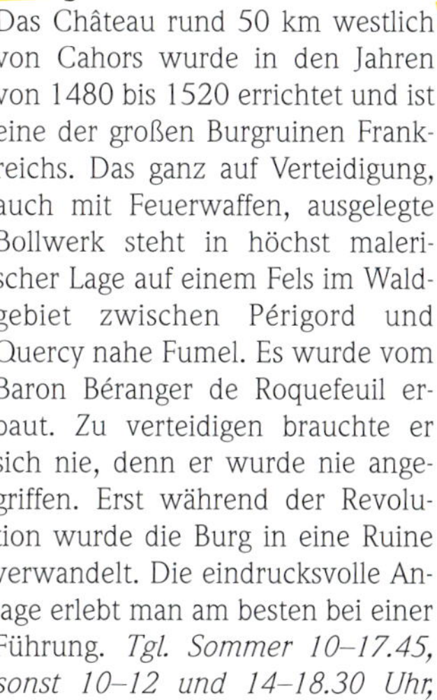

Bonaguil [171 D3] Insider Tipp
Das Château rund 50 km westlich von Cahors wurde in den Jahren von 1480 bis 1520 errichtet und ist eine der großen Burgruinen Frankreichs. Das ganz auf Verteidigung, auch mit Feuerwaffen, ausgelegte Bollwerk steht in höchst malerischer Lage auf einem Fels im Waldgebiet zwischen Périgord und Quercy nahe Fumel. Es wurde vom Baron Béranger de Roquefeuil erbaut. Zu verteidigen brauchte er sich nie, denn er wurde nie angegriffen. Erst während der Revolution wurde die Burg in eine Ruine verwandelt. Die eindrucksvolle Anlage erlebt man am besten bei einer Führung. *Tgl. Sommer 10–17.45, sonst 10–12 und 14–18.30 Uhr, Jan. geschl.*

Castelnau-Bretenoux [171 D3]
Am Zusammenfluss von Cère und Dordogne 60 km nordöstlich von Cahors gelegene mittelalterliche Burg, die vom 11. bis zum 13. Jh. in Dreiecksform, mit großen Rundtürmen, erbaut wurde. Sie gehörte einst den mächtigen Baronen von Castelnaud. In der Burg konnten 1500 Mann und 100 Pferde stationiert werden. Der letzte Besitzer von Castelnaud-Bretenoux, der Opernsänger Jean Mouliérat, erwarb die Burg 1896, setzte sein Vermögen für die Restaurierung ein und schenkte sie 1932 dem Staat. Zahlreiche Säle sind von ihm mit wertvollen alten Möbeln und Wandteppichen aus Aubusson und Beauvais eingerichtet worden. *Tgl. Sommer 9.30–18.30, April–Juni und Sept. 9–12 und 14–18, Winter 10–12 und 14–17 Uhr*

Cuzals **[171 D3]**
Ochsengespanne rumpeln durch die Dorfstraße, auf dem Platz poltert die Dreschmaschine, die Mühle mahlt, und schließlich kommt frisches Brot aus dem Ofen: Wir sind im *Freilichtmuseum von Quercy*, einem Ort, der den Altvorderen Tränen der Wehmut in die Augen treiben könnte und uns zeigt, wie das Landvolk vor 100 und mehr Jahren lebte und arbeitete. *Musée de Plein Air du Quercy, 40 km östlich von Cahors, tgl. Sommer 10–19, sonst 14–18 Uhr*

Grotte du Pech-Merle **[171 D3]**
Zurzeit ist dies die wahrscheinlich schönste dem Publikum zugängliche prähistorische Höhle Frankreichs mit interessanten Felsmalereien von Bisons und Mammuts in der *Chapelle des Mammouths*, als 7 m langer und 3 m hoher Fries, mit dem Kopf eines Bären, der Silhouette von zwei Pferden u. a. Ihr Alter wird auf 10 000–20 000 Jahre geschätzt. Zurzeit sind 1200 m Säle und Galerien zugänglich. Das angeschlossene *Musée Amédée-Lemozi* zeigt sehr schön den heutigen Stand der Höhlenforschung. *33 km östlich von Cahors bei Cabrerets, Pfingsten–Okt. tgl. 9.30–12 und 13.30–17 Uhr*

Lot-Tal **[171 D3]**
In engen Schleifen schlängelt sich der Lot westlich von Cahors Richtung Puy-l'Évêque durch Weinfelder, vorbei an alten Dörfern, Städtchen und Schlössern. Erste Station ist *Mercuès*, einst Sitz der Bischöfe von Cahors, heute Vier-Sterne-Hotel *(Château de Mercuès, 24 Zi., Tel. 05 65 20 00 01, Fax 05 65 20 05 72, €€€)*, hoch gelegen, mit prächtiger Aussicht. 3 km vor Luzech liegt das Schloss von *Caix*, Sommersitz der Königin von Dänemark, wo man den Wein des Prinzgemahls kaufen kann. *Luzech* (1500 Ew.) ist ein hübsches Städtchen mit hoch gelegenem Donjon und archäologischem Museum. Bei *Grézels* liegt das *Château de La Coste (Sommer tgl. 14–19 Uhr)*. Das malerische Städtchen *Puy-l'Évêque* (2200 Ew.) hoch über dem Lot besitzt eine alte Kirche, die früher Teil der Stadtverteidigung war. Nicht weniger schön ist das Lot-Tal östlich von Cahors.

Saint-Cirq-Lapopie **[171 D3]**
Das auf steil zum Lot abfallendem Fels gebaute mittelalterliche Dorf 34 km östlich von Cahors (190 Ew.), gerühmt wegen seiner Schönheit, wurde von Malern und Schriftstellern geliebt, allen voran André Breton (1896–1966), Vater des literarischen Surrealismus, der hier an der Place du Carol wohnte. Sie restaurierten fleißig, ihnen verdankt der Ort vor allem sein authentisches Aussehen. Heute haben oft Kunsthandwerker in den restaurierten Häusern ihre Werkstätten. Die Kirche stammt aus dem 16. Jh. Im unterhalb gelegenen kleinen *Château de la Gardette* gibt es ein *Museum, April–Nov. tgl. außer Di 10–12 und 14–18 (Sommer bis 19) Uhr*, mit afrikanischer Kunstsammlung und Werken des Malers Joseph Rignault. Besonders schön ist eine *Flussfahrt auf dem Lot.* Insider Tipp

Mitten im Ort liegt die rustikale *Auberge du Sombral, die auch 8 Zi. hat, Tel. 05 65 31 26 08, Fax 05 65 30 26 37, €€*. Gut untergebracht sind Sie auch im *La Pélissaria, 10 Zi., Tel. 05 65 31 25 14, Fax 05 65 30 25 52, €€.*

CONQUES

[171 E3] Das alte Auvergne-Städtchen (300 Ew.) in äußerst malerischer Lage an der Flanke eines Bergs südlich von Aurillac war einst Sitz einer berühmten Benediktinerabtei. Die Kirche *Ste-Foy* (1035–60) besitzt ein Meisterwerk der Romanik, das *Tympanon* am Hauptportal (um 1140). Vom Kloster selbst ist eine Galerie erhalten. Der Kirchenschatz *(trésor)* in einem Saal, Zugang durch das ehemalige Refektorium, gilt als einer der bedeutendsten Frankreichs: Goldschmiedekunst des 9. bis 15. Jhs., besonders die Reliquienstatue La Majesté d'Or de Ste-Foy (Ende des 9. Jhs., der Kopf stammt aus dem 5. Jh.) u. a. Ein sehr schönes altes Hotel ist das *Ste-Foy, 17 Zi., Tel. 05 65 69 84 03, Fax 05 65 72 81 04, www.hotelsaintefoy.fr,* €€–€€€.

CORDES-SUR-CIEL

[171 D4] ★ Das einsam nordwestlich von Albi im Department Tarn gelegene Bergstädtchen kann als eine der eindrucksvollen Bastiden des Midi gelten. Stattlich die Bürgerhäuser aus dem 14. Jh., *Maison du Grand Veneur, Maison du Grand Fauconnier* und andere. Dank zahlreicher Künstler und Kunsthandwerker, die sich hier niedergelassen haben, ist die alte Bastide vorbildlich restauriert und lebt vom Tourismus. In der *Maison du Grand Fauconnier* ist das *Musée Yves-Brayer* untergebracht, eines Malers, der in Cordes gelebt hat. Im Stadttor *Portail Peint* befindet sich das *Musée Charles-Portal* mit archäologischen Sammlungen. Im alten Kloster, mit schönen Zimmern, liegt die *Hostellerie du Vieux Cordes, 21 Zi., rue St-Michel, Tel. 05 63 53 79 20, Fax 05 63 56 02 47,* €€.

DAX

[170 B4] Das lebhafte Städtchen (19 500 Ew.) im Hinterland der Côte d'Argent ist ein beliebter Kurort mit schon in römischer Zeit genutzten Thermalquellen. Der *Fontaine Chaude* in einem arkadengesäumten Becken am Ende der *Place Thiers* entströmen täglich rund 2,5 Mio. l mit einer Temperatur von 64 Grad. Die Kureinrichtungen liegen westlich des Platzes am Fluss *Adour.* Die Kathedrale *Notre-Dame* wurde Mitte des 17./Anfang des 18. Jhs. wieder aufgebaut. Im *Musée de Borda, rue Cazade,* kulturhistorische Sammlungen, *tgl. außer Di und So 14.30–18.30 Uhr.* Ein großes, modernes Hotel mit jedem Komfort ist das *Regina, 109 Zi., boulevard Sports, Tel. 05 58 90 50 00, Fax 05 58 74 88 31,* €–€€. Das *Grand Hôtel Mercure Splendid, 155 Zi., 2, cours Verdun, Tel. 05 58 56 70 70, Fax 05 58 74 96 31,* €–€€, mit Thermalanlagen, ist die erste Wahl für eine Kur.

DOMME

[171 D3] »Akropolis des Périgord« wird die Bastide (980 Ew.) wegen ihrer tollen Lage hoch auf dem Fels über der Dordogne auch genannt. Von hier oben hat man einen besonders schönen Abschnitt des Tals mit den Schleifen des Flusses, mit Feldern, Schlössern und

Dörfern im Blick. Domme wurde 1283 von Philipp dem Kühnen gegründet und besitzt noch bedeutende Teile seiner Befestigungen: die *Porte del Bos, Porte de la Combe* und *Porte des Tours.* Oben an der *Place de la Halle* ist eine *Grotte* von 450 m Länge mit Stalagmiten und Stalaktiten zu besichtigen, *tgl. April–Sept. 9.30–18 (Sommer bis 19) Uhr.* Eine feine Küche und die schöne Lage sind die Trümpfe des komfortablen Hotels *L'Esplanade, 20 Zi., Tel. 05 53 28 31 41, Fax 05 53 28 49 92, €€.*

ZIELE IN DER UMGEBUNG

Beynac **[171 D3]**
★ In dem viel besuchten, schönen Ort 13 km westlich von Domme an der Dordogne liegt 150 m hoch auf dem Felsenufer das eindrucksvolle *Château,* eine prächtige mittelalterliche Burganlage (12.–16. Jh.), *Sommer tgl. 10–12 und 14–18.30 Uhr.* Im Mittelalter war Beynac eine der vier Baronien des Périgord. Umfassende Renovierungen durch die derzeitigen (privaten) Besitzer haben dem Schloss seinen ursprünglichen, mittelalterlichen Charakter wiedergegeben.

Castelnaud **[171 D3]**
Wie ein Adlerhorst liegt die Burg 15 km westlich von Domme (12. Jh.) vis-a-vis Beynac. Mit Museum zur Kriegskunst des Mittelalters: Waffen, Rüstungen, Dokumente. Prächtige Aussicht. Unterhalb der Burg Kanuverleih. *Tgl. Juli/Aug. 9–20, Mai/Juni und Sept. 10 bis 19, sonst 14–17 Uhr* (Insider Tipp)

La Roque-Gageac **[171 D3]**
Zwischen Domme und Beynac beschreibt die Dordogne einen weiten Bogen. Unterhalb des hohen Uferfelsens, und teilweise übereinander, drängen sich die Häuser von La Roque-Gageac, 3,5 km nordwestlich von Domme (400 Ew.) – ein höchst malerisches Bild. Zu einem der Häuser, dem *Manoir de Tarde,* führt ein Gässchen. Das *Château de la*

Der kleine Ort La Roque-Gageac am steilen Ufer der Dordogne

Malartrie am Ortsrand, erbaut im mittelalterlichen Stil, stammt vom Beginn des 20. Jhs. Ein gutes Restaurant ist die *Plume d'Oie, Tel. 05 53 29 57 05, €–€€*. Gut untergebracht sind Sie im familiären Hotel *La Belle Étoile, 17 Zi., Tel. 05 53 29 51 44, Fax 05 53 29 45 63, €–€€*.

LES EYZIES-DE-TAYAC

[171 D3] ★ Der Ort (900 Ew.) an der *Vézère*, einem Nebenfluss der Dordogne, gilt als »Hauptstadt der Prähistorie«. Hier wurde der *Cromagnon-Mensch* gefunden, hier liegen im Umkreis von 10 km zahlreiche Grotten, in denen ab 1863 entscheidende Entdeckungen stattfanden. Das *Musée National de Préhistoire, tgl. außer Di 9.30–12 und 14–18 Uhr* in einem alten Schloss in Les Eyzies besitzt hochinteressante Sammlungen zum Thema. Einige weitere Grotten und Plätze der Prähistorie in der nahen Umgebung: *Grotte du Grand Roc*, mit prächtigen Formationen von Stalaktiten und Stalagmiten in Korallenform, *tgl. Sommer 9–19, sonst 10–17 Uhr. La Roque-St-Christoph*, eine 900 m lange, von der Steinzeit bis ins Mittelalter bewohnte Felswand in fünf Etagen, mit Grotten, Galerien, Wohnungen, *tgl. Sommer 10–18.30, sonst 11–17 Uhr. Le Moustier*, das Dorf, das einer Epoche den Namen gab, mit der berühmten prähistorischen Grotte *Abri Préhistorique* und dem prähistorischen Park *Préhistoparc:* (Insider Tipp) In einem kleinen Seitental der Vézère südlich von *La Roque-St-Christoph* wurden knapp zwei Dutzend Szenen des Alltags in der Steinzeit nachgestellt: Mammutjagd, Fischfang, Felsmalerei etc. *März–Mitte Nov. tgl. 9.30–18.30 Uhr*

FIGEAC

[171 D3] Die kleine Stadt am Fluss Célé (9500 Ew.) im östlichen Périgord war eine bedeutende Station der Pilger auf dem Jakobsweg. In der pittoresken *Altstadt* stehen zahlreiche stattliche Häuser aus dem Mittelalter wie das *Hôtel de la Monnaie* (13. Jh.), mit Touristenbüro, das *Château de Balène* (14. Jh.), *Hôtel d'Auglanat* (15. Jh.). In der *Rue Gambetta* zwei schöne Fachwerkhäuser und das alte Hospital der Templer sowie die *Commanderie des Templiers, Nr. 41; Sommer tgl. 10–12.30 und 14.30–19.30 Uhr.* Eindrucksvoll auch die Architektur der *Place des Écritures*, (Insider Tipp) deren Boden ein Werk des Künstlers Joseph Kossuth aus schwarzem afrikanischem Granit bedeckt. Im *Musée Champollion* interessante ägyptische Sammlungen, *tgl. außer Mo Sommer 10–12 und 14.30–18.30, sonst 14–18 Uhr.* Ein angenehmes Hotel ist *La Courte Paille, 20 Zi., Tel. 05 65 34 21 83, Fax 05 65 14 01 87, €–€€*.

FOIX

[171 D6] Die frühere Hauptstadt (10 000 Ew.) der mächtigen Grafen des *Pays de Foix* (mit Béarn), die bis 1607 unabhängig von der französischen Krone waren, ist heute eine beschauliche Kleinstadt. Im Juli werden die alten Zeiten mit mittelalterlichen Spielen wieder lebendig. Dazu gibt die auf einem Felsen über der Stadt erbaute Burg der Grafen mit ihren bis 42 m hohen Türmen den entsprechenden Rahmen ab *(Sommer tgl. 9.45–18.30 Uhr)*. Im *Château* befindet sich auch das interessante *Musée Départemental de l'Ariège*. Stilvoll wohnen Sie in der Altstadt im *Lons, 38 Zi., 6, place G. Duthil, Tel. 05 34 09 28 00, Fax 05 61 02 68 18,* **€€**.

LASCAUX

[171 D3] 1940 wurden die weltberühmten Grotten mit ihren großartigen prähistorischen Felszeichnungen entdeckt. Sie mussten 1963 fürs Publikum geschlossen werden, um die Zersetzung der Bilder zu verhindern. 1983 wurde eine detailgetreue Kopie, die künstlichen *Höhlen von ★ Lascaux II*, eröffnet. Sie zeigen die meisten der mehr als 1500 Felsmalereien der Originalhöhle, die im Magdalénien, zwischen 17 000 und 15 000 v. Chr., von altsteinzeitlichen Künstlern geschaffen wurden. *Juli/Aug. tgl. außer Mo 9–20, sonst 10–12.30 und 13–18 Uhr.* Im Sommer sollte man Insider Tipp die Karten früh kaufen (ab 9 Uhr in Montignac beim Office de Tourisme unter den Arkaden), da die Besucherzahl dann auf täglich 2000 begrenzt ist.

LOURDES

[170 C5] Mit jährlich rund 3 Mio. Pilgern steht der Wallfahrtsort am Rand der Pyrenäen (15 200 Ew.) weltweit an der Spitze. Berühmt machte ihn das Hirtenmädchen Bernadette Soubirous durch ihre Marienerscheinungen (1858) in der *Grotte Massabielle*, wo heute eine wundertätige Quelle sprudelt. Man

Viele Kerzen brennen in Lourdes

besichtigt außer der Grotte die neugotische *Basilique Supérieure*, die *Basilique du Rosaire*, die *Basilique Souterraine St-Pie-X* und den *Pavillon Notre-Dame* mit dem *Musée Bernadette* und *Musée d'Art Sacré du Gemmail (Sommer tgl. 6–19, sonst 8–18 Uhr)*. Davon abgesehen lohnt besonders das *Château* mit dem *Musée Pyrénéen, tgl. 9–12 und 13.30–18.30 Uhr*, den Besuch. Ein traditionsreiches Haus ist das gepflegte *Grand Hôtel de la Grotte, 76 Zi., 66, rue de la Grotte, Tel. 05 62 94 58 87, Fax 05 62 94 20 50,* **€€–€€€**.

MOISSAC

[171 D4] ★ Das bescheidene Städtchen (12 300 Ew.) am Tarn besitzt das schönste Kloster des Südwestens, eine ehemalige Benediktinerabtei. Das romanische Portal (1110–15) der Kirche mit seinem Skulpturenschmuck gilt als das beste Beispiel romanischer Kunst in Südfrankreich. Im Tympanon ist die Apokalypse dargestellt. Der großartige Kreuzgang wurde im 13. Jh. restauriert, aber die Kapitelle stammen vom Ende des 11. Jhs. Feine Küche und schöne Zimmer bietet das an der Tarnbrücke gelegene Hotel *Pont Napoléon, 12 Zi., 2, allées Montebello, Tel. 05 63 04 01 55, Fax 05 63 04 34 44,* **€€**.

MONPAZIER

[170 C3] Die am besten erhaltene Bastide (510 Ew.) des Périgord wurde 1284 vom englischen König Eduard I. gegründet, der gleichzeitig Herzog von Aquitanien war. Von den ursprünglich sechs wehrhaften Toren sind noch drei erhalten. Die Straßen sind rechtwinklig angelegt, in der Mitte liegt der große quadratische Marktplatz, eingerahmt von schönen Arkadenhäusern in einheitlicher Höhe, mit der alten Markthalle. Die Fassade der angrenzenden *Église St-Dominique* wurde oft umgestaltet, Portal und Fensterrose stammen von 1550. Gut essen können Sie im netten *Privilège du Périgord, 60, rue Notre-Dame, Tel. 05 53 22 43 98, Mo geschl.,* **€**. Ein ruhiges, gepflegtes Hotel ist das *Edward Ier, 13 Zi., 5, rue St-Pierre, Tel. 05 53 22 44 00, Fax 05 53 22 57 99,* **€€**.

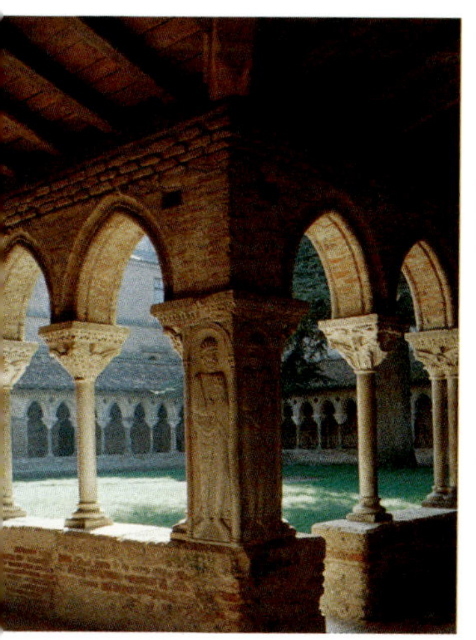

Kreuzgang im Kloster von Moissac

MONTAUBAN

[171 D4] Die Hauptstadt (52 000 Ew.) des Departments Tarn-et-Garonne liegt malerisch am Fluss Tarn. Von der *Tarnbrücke* (14. Jh.) bietet sich ein schöner Blick auf die ehemalige Bastide mit ihren hellen Ziegeldächern. Das *Musée Ingres* ist im ehemaligen Bischofssitz untergebracht. Im Mittelpunkt stehen die Werke des 1780 in Montauban geborenen Malers, darunter etwa 4000 Zeichnungen. Außerdem Sammlungen zur Volkskunst und religiösen Kunst sowie Malerei des 14.–18. Jhs. In der *Kathedrale,* 1692–1739 erbaut, das berühmte Bild »Vœu de Louis XIII« von Jean-Auguste-Dominique Ingres. Mitten in der Altstadt liegt das schöne, stilvolle Hotel *Mercure, 62 Zi., 12, rue Notre-Dame, Tel. 05 63 63 17 23, Fax 05 63 66 43 66,* **€€–€€€**.

PAU

[170 B5] Die alte Hauptstadt des Béarn (79 000 Ew.) ist der lebhafte, zukunftsorientierte Hauptort des Departments Pyrénées-Atlantiques. In dem mehrmals umgebauten Stadtschloss, *Sommer tgl. 9.30 bis 12.15 und 13.30–17.45 Uhr,* wurde 1553 Heinrich III. von Navarra, der spätere König Heinrich IV. (ab 1589) geboren. In dem reich ausgestatteten *Musée National* des Schlosses mit seinen zahlreichen

Sälen und Gemächern steht im angeblichen Geburtszimmer des großen Königs die berühmte, reich verzierte *Berceau d'écaille de tortue* (Schildpattwiege). Das *Musée des Beaux-Arts, tgl. 10–12 und 14–18 Uhr,* zeigt eine umfangreiche Gemäldesammlung verschiedener europäischer Schulen. Hinterher kann man schön im angrenzenden *Parc Beaumont,* angelegt im englischen Stil, spazieren gehen. Vom *Boulevard des Pyrénées* bietet sich bei klarem Wetter ein großartiges Panorama der schneebedeckten Pyrenäen. Rustikal und originell ist das Restaurant *La Table d'Hôte, 1, rue Hédas, Tel. 05 59 27 56 06, Sommer kein Ruhetag, sonst Mo abends geschl.,* **€**. Komfortabel übernachten können Sie im Hotel *Montileul, 10 Zi., 47, avenue Jean Mermoz, Tel. 05 59 32 93 53, Fax 05 59 62 37 46,* **€–€€**.

PÉRIGUEUX

[170 C2–3] Die Hauptstadt des Périgord ist, einmal abgesehen von den modernen Vororten, eine sympathische, anheimelnde Stadt (65 000 Ew.). Die schönen, sorgfältig restaurierten Häuser der Altstadt drängen sich um die Kathedrale *St-Front,* die mit ihren fünf Kuppeln einen überaus exotischen Eindruck macht. Die im 19. Jh. vorgenommene Restaurierung veränderte den ursprünglich 1125–50 errichteten Bau radikal. Am Cours de Tourny liegt das stattliche *Musée du Périgord,* das ausgezeichnete archäologische und kulturgeschichtliche Sammlungen besitzt *(Mo und Mi–Fr 10–17, Sa/So 13–18 Uhr).* Westlich der großen Place Francheville kommt man in die *Cité,* das ehemals römische Vésone. In einer Grünanlage bei der *Kirche St-Étienne* liegen die Reste einer römischen Arena. Von einem Tempel jenseits der römischen Stadtmauer ist nur die *Cella* oder *Tour de Vésone* erhalten. Das Restaurant *Aux Berges de l'Isle, 2, rue P. Magne, Tel. 05 53 09 51 50, Sa mittags und So geschl.,* **€€**, lohnt den Besuch. Übernachten können Sie z. B. im Hotel *Régina, 41 Zi., 14, rue Denis-Papin, Tel. 05 53 08 40 44, Fax 05 53 54 72 44,* **€–€€**.

ROCAMADOUR

[171 D3] ★ Eines der großen Ziele in Frankreich ist diese *Cité Religieuse* in der steinig-kargen *Causse de Gramat* im Périgord – im Mittelalter ein bedeutender Wallfahrtsort, zu dem selbst Könige pilgerten, um die Reliquie des hl. Amadour zu verehren, eines wundertätigen Eremiten. Die Bauten klammern sich an 150 m hohen Fels: die *Basilique St-Sauveur, Chapelle St-Michel, Chapelle Notre-Dame.* Darunter liegt das mittelalterliche Dorf mit seiner »Hauptstraße«, in der sich Hotels, Restaurants, Souvenirläden und Boutiquen bunt aneinander reihen.

SAINT-BERTRAND-DE-COMMINGES

[170 C4] Das malerisch auf einem Hügel über der Garonne am Pyrenäenrand gelegene Dorf (200 Ew.) steht auf geschichtsträchtigem Boden: Hier gründete Pompejus 72 v. Chr. *Lugdunum Convenarum,* das im 1. Jh. bis 60 000 Einwohner gezählt haben soll. Die Wandalen zerstörten die Stadt 408, und erst um 1120 ließ hier der Bischof von Comminges eine Kathedrale bauen, um die eine kleine Stadt entstand. Aus römischer Zeit wurden Reste eines Forums, eines Theaters und eines Tempels freigelegt. Die stattliche *Cathédrale Notre-Dame* besitzt ein reich skulptiertes romanisches Portal und eine prächtige Innenausstattung (Kanzel, Lettner, Chorgestühl). Im angrenzenden *Kloster* mit romanischem Kreuzgang beachte man – rechts vom Eingang – besonders die Säulen mit den vier Evangelisten. Ein Zimmer bekommen Sie vielleicht im kleinen Hotel *L'Oppidum, 15 Zi., rue de la Poste, Tel. 05 61 88 33 50, Fax 05 61 95 94 04, €–€€.*

SAINT-ÉMILION

[170 C3] Das berühmte, wunderschöne Weinstädtchen (2300 Ew.) östlich von Bordeaux liegt auf zwei Hügeln, umgeben von Weinbergen, auf denen namhafte *crus* wachsen. Bereits im Mittelalter entstand die *jurade*, bestehend aus Ratsherren der Stadt, die die Qualität des Weins zu kontrollieren hatte. Jedes Frühjahr formieren sich die *jurats* in ihren roten Roben zu einer prächtigen Prozession zur Kirche. Die in den Felsen, d. h. in vorhandene Grotten und Steinbrüche, gebaute *Église Monolithe* (9.–12. Jh.) ist die bedeutendste Kirche dieses Typs in Frankreich. Bewundernswert ist dabei die akkurate Steinmetzarbeit. Neben der Kirche liegt auf der einen Seite das *Cloître de la Collégiale*, auf der anderen die kleine, feine *Chapelle de la Trinité* (13. Jh.). Vom Turm des *Château du Roi* bietet sich ein schöner Blick über Stadt und Umgebung. Eine gute Küche führt *Le Tertre, rue Tertre de la Tente, Tel. 05 57 74 46 33, Di geschl., €€.* Unter den Hotels das beste ist die *Hostellerie de Plaisance, 18 Zi., place Clocher, Tel. 05 57 55 07 55, Fax 05 57 74 41 11, www.hostellerie-plaisance.com, €€,* gefolgt vom *Logis des Remparts, 17 Zi., rue*

Insider Tipp

Häuser in Saint-Émilion baden im warmen Licht der Abendsonne

Guadet, Tel. 05 57 24 70 43, Fax 05 57 74 47 44, **€€**.

SAINT-JEAN-DE-LUZ

[170 A5] Der charmante, baskisch-heitere Badeort (13 000 Ew.) ist an dieser Küste die Alternative zum mondäneren, aber auch lauteren Biarritz. An der durch lange Molen vor der Dünung des offenen Meers geschützten Bucht zieht sich ein kilometerlanger Sandstrand mit Promenade, Kasino, Hotels, Villen und Appartementhäusern hin. Die Altstadt ist rein baskisch, ebenso der große, bunte Fischerhafen daneben. In der *Église St-Jean-Baptiste*, mit dreigeschossiger Galerie, bemalter Holzdecke und vergoldetem Altaraufsatz, fand 1660 die prunkvolle Trauung des jungen Ludwig XIV. mit der spanischen Infantin Maria Theresia statt. Zwei Häuser, die *Maison de l'Infante* und *Maison Louis XIV* am Hafen, dienten den Königskindern als Quartier. Besonders sympathisch sind Bedienung und Küche von *La Taverne Basque, 5, rue de la République, Tel. 05 59 26 01 26, außer Juli/Aug. Mo/Di geschl.,* **€–€€**. Ruhig wohnen Sie im *Agur, 19 Zi., 96, rue Gambetta, Tel. 05 59 51 91 11, Fax 05 59 51 91 21,* **€–€€**, oder im *La Devinière, 8 Zi., 5, rue Loquin, Tel. 05 59 26 05 51, Fax 05 59 51 26 38,* **€€€**.

SARLAT-LA-CANÉDA

[172 D3] Das alte Sarlat, der historische Kern der Stadt (9700 Ew.) im Périgord Noir, wirkt fast wie ein Freilichtmuseum der Architektur: stattliche, teils reich geschmückte Häuser aus Gotik und Renaissance stehen in engen Gassen, die durch Torbögen führen, wo sie sich zu kleinen Plätzen öffnen. Als Zentrum der Region ist Sarlat aber ein höchst lebendiges Gebilde. Abgesehen von den Touristenscharen, die sich im Sommer in den Gassen drängen, herrscht hier dank der Märkte und Geschäfte immer reges Leben. An Markttagen, die jeden Samstag stattfinden, bieten die regionalen Erzeuger ihre Produkte an. Die Stadtbesichtigung – etwa am späten Abend, wenn die alten Gassen vom weichen Licht der Gaslaternen erleuchtet werden – beginnt am besten bei der Kathedrale *St-Sacerdos* (16./17. Jh.). Das schöne Eckhaus am Platz ist das Geburtshaus von Étienne de La Boëtie (1530–63), dem Schriftsteller und Freund von Michel Eyquem de Montaigne. Hinter der Kathedrale befindet sich in einem kleinen Garten der konische Bau *Lanterne des Morts* vom Ende 12. Jhs., vermutlich eine Begräbniskapelle. Nördlich der Kathedrale können Sie weitere interessante Häuser betrachten, alle aus dem 15./16. Jh.: *Hôtel de Malleville, Hôtel de Grézel, Hôtel de Vassall* u. a. Wie die Häuser innen aussahen, zeigt sehr schön das *Musée des Mirepoisse, rue Fénelon, tgl. 10–19 Uhr.* Viele gemütliche Restaurants liegen in der Altstadt, zum Beispiel *Le Relais de La Poste, impasse de La Vieille Poste, Tel. 05 53 59 63 13, Mi geschl.,* **€**, oder *Rossignol, 15, rue Fénelon, Tel. 05 53 31 02 30, Do geschl.,* **€–€€**. Ein gutes Hotel ist *La Madeleine, 19 Zi., 1, place Petite-Rigaudie, Tel. 05 53 59 10 41, Fax 05 53 31 03 62,* **€€**.

TOULOUSE

[171 D5] ★ *Ville Rose* wird die mit 390 000 Einwohnern viertgrößte Stadt Frankreichs wegen der Farbe ihrer aus rosafarbenen Ziegeln erbauten Häuser genannt. Toulouse ist eine überaus sympathische Stadt, die durch ihre südliche Atmosphäre und das lässig-großstädtische Treiben einnimmt. Abgesehen von dem stellenweise intensiven Autoverkehr ist die Innenstadt mit ihren Bürgerhäusern, den italienisch anmutenden Stadtpalais der frühen Handelsbourgeoisie und der zentralen *Place du Capitole* ein Paradies für Spaziergänger. Bereits im 12. Jh. erhielten die Bürger von den Grafen weitgehende Autonomie und regierten ihre Stadt, ähnlich einer italienischen Stadtrepublik, mit Hilfe der gewählten *capitouls*, der Ratsherrn; Im Jahr 1444 wurde hier das erste Parlament außerhalb von Paris gewählt. Die 1229 gegründete Universität ist die zweitgrößte Frankreichs, was Toulouse zu einer ausgesprochen jungen Stadt macht. Vor allem aber hat sich Toulouse als eines der wichtigen technologischen Zentren Frankreichs einen Namen gemacht. Die »Europäische Hauptstadt der Luft- und Raumfahrt« ist Sitz der Firma Aérospatial, deren Name mit dem Airbus und der Euro-Rakete »Ariane«, aber auch mit Waffen wie der Exocet-Rakete verbunden ist. Auch »Caravelle« und »Concorde« wurden in Toulouse aus der Taufe gehoben. Vor der Stadt haben sich Forschungs- und Produktionsstätten zukunftsträchtiger Industrien der Sparten Mikroelektronik, Robotertechnik und Biotechnologie niedergelassen.

SEHENSWERTES

Altstadt
Von der Place du Capitole, dem Rathausplatz im Zentrum der Stadt, führen die Fußgängerstraßen *Rue St-Rome* und *Rue des Changes* zur Place Esquirol. Sie sind gesäumt von Häusern aus dem Mittelalter und der Renaissance, den *Hôtels,* Stadtpalästen der reichen Bürger, wie dem *Hôtel du Capitoul Pierre Comère* und dem *Hôtel de Brucelles*. Südlich davon, in der *Rue du Languedoc*, liegen das *Hôtel du Vieux-Raisin* und das *Hôtel de la Belle Paule* mit prächtigen Innenhöfen.

Capitole
Das 1753 erbaute Rathaus *(Capitole)* nimmt mit 128 m Länge eine Seite der zentralen Place du Capitole ein. Unter Arkaden liegen hier Geschäfte, Cafés und Restaurants, unter dem Platz befindet sich eine große Tiefgarage. Hinter dem Rathaus steht ein Donjon (Wehrturm) von 1529 mit der Touristeninformation.

Cathédrale Saint-Étienne
Die Bauzeit der Kathedrale zog sich vom 11. Jh. bis ins 17. Jh. hin, was die überraschende Vielfalt der Stile erklärt. Das dreischiffige Innere ist im Stil der nordfranzösischen Gotik errichtet.

Cité de l'Espace
Faszinierend werden in dieser »Stadt des Weltraums« alle Aspekte der Raumfahrt anschaulich gemacht: unter der dreidimensionalen Kuppel des Planetariums, in der internationalen Raumstation, im astronomischen Garten. *Anfahrt*

Autobahnring Est, Abfahrt 17, www.cite-espace.com, Di–Fr 9–19, Sa/So bis 18 Uhr

Église des Jacobins
Kirche und Kloster der Dominikaner gelten als das am besten erhaltene Klosterensemble in Frankreich. Das zweischiffige Innere der Kirche wird von sieben herrlichen Gewölbepfeilern getragen. Der schöne Kreuzgang und das Refektorium wurden wie die Kirche 1974 beispielhaft restauriert. Der achteckige, 45 m hohe Glockenturm, der zwischen 1301 und 1304 entstand, ist der schönste seiner Art in Toulouse. *Rue Lakanal*

Hôtel d'Assézat
Das vornehme Stadtpalais, Ecke Rue de Metz, zwischen Place Esquirol und Pont Neuf gelegen, wurde 1555–58 für den Pastellhändler Pierre d'Assézat erbaut. Heute ist es unter anderem Sitz der 1323 von Troubadouren gegründeten *Académie des Jeux Floraux*, die als älteste literarische Institution Europas gilt.

Saint-Sernin
Frankreichs größte romanische Kirche war eine bedeutende Wallfahrtskirche an der Pilgerstraße nach Santiago de Compostela. Das Tympanon der Porte Miégeville zeigt die Himmelfahrt Christi. *Place St-Sernin*

MUSEUM

Musée des Augustins
Das schönste Museum von Toulouse mit vorzüglichen Sammlungen romanischer und mittelalterlicher Skulpturen im ehemaligen Kloster der Augustiner. *21, rue de Metz, www.augustins.org, Sommer tgl. außer Di 10–18, Mi bis 21 oder 22, sonst 10–17 Uhr*

ESSEN & TRINKEN

Bistrot le Van Gogh
Die berühmte Adresse ist ein beliebter Treffpunkt von Künstlern

Die Place du Capitole bietet schöne Plätze zum Ausruhen

und Studenten gleichermaßen. *21, place St-Georges, Tel. 05 61 21 03 15, Mo abends und So abends geschl.,* €

Bouchon Lyonnais
Gute Hausmannskost und regionale Küche werden hier preiswert geboten. *13, rue de l'Industrie, Tel. 05 61 62 97 43, Sa mittags und So geschl.,* €–€€

Les Jardins de l'Opéra
Das stilvolle Feinschmeckerrestaurant ist beliebt bei den Einheimischen. *1, place du Capitole, Tel. 05 61 23 07 76, So/Mo geschl.,* €€€

EINKAUFEN

Seit den Tagen der Grafen von Toulouse blüht hier der Handel. Die besten Geschäfte liegen in den Straßen *Rue d'Alsace-Lorraine, Rue Croix-Baragnon* und *Rue St-Antoine-du-Toulouse.* Das *Forum des Antiquaires, 18, rue de la Pomme,* umfasst 18 Antiquitätengeschäfte.

ÜBERNACHTEN

Le Capitole
Sympathisch, modern und ruhig, nahe der Place du Capitole. *33 Zi., 10, rue Rivals, Tel. 05 61 23 21 28, Fax 05 61 23 67 48, www.capitol-hotel.com,* €–€€

Grand Hôtel de l'Opéra
Zentral gelegen gegenüber dem Capitol, doch ruhig, mit charmanten, stilvollen Zimmern. *50 Zi., 1, place du Capitole, Tel. 05 61 21 82 66, Fax 05 61 23 41 04, www.grand-hotel-opera.com,* €€€

Hôtel du Grand Balcon
Aus dem Fenster seines Zimmers Nr. 32 blickte Antoine de Saint-Exupéry auf die Place du Capitole, wenn er hier zwischen seinen Flügen übernachtete. In der Eingangshalle sind Fotos und Dokumente aus jener Epoche, als das Hotel eine ganze Fliegergeneration beherbergte, ausgestellt. *54 Zi., 8, rue Romiguières, Tel. 05 61 21 48 08, Fax 05 61 21 59 98,* €€

AM ABEND

Nachtschwärmer können sich auch zu später Stunde in Toulouse sicher fühlen, selbst allein. An Bars, Jazzclubs und Diskotheken herrscht kein Mangel. Hier einige ausgewählte Adressen: *Chez Geneviève, 1 bis, rue Tripière,* ist seit Generationen der Jazzclub der Stadt. Eine Institution ist *Le Factory, 23, place Bachelier.* Insider Tipp

AUSKUNFT

Office de Tourisme
Donjon du Capitole, 31 000 Toulouse, Tel. 05 61 11 02 22, Fax 05 61 22 03 63, www.Mairie-Toulouse.fr

ZIEL IN DER UMGEBUNG

Castelnaudary **[171 D5]**
Besonders die alten Viertel der Stadt (11 000 Ew.) 59 km südöstlich von Toulouse, rechtfertigen einen Besuch. Hier stehen interessante Häuser aus dem 16. und 18. Jh. Die Kirche *St-Michel* (13./14. Jh.) hat einen schönen Chor. Restaurant: *Le Tirou, 90, avenue M. de Langle, Tel. 04 68 94 15 95, So abends und Mo geschl.,* €–€€

Im Land des Lichts

Ein Teil Frankreichs, der alle Gegensätze zusammenfasst

Nur in der Nebensaison ist es ein Vergnügen, auf der Autoroute du Soleil der Sonne entgegenzufahren. Endlose Autoschlangen und Staus sind die Regel im sommerlichen Rhônetal. Schade um dieses schöne Tal mit seinen sehenswerten Städten. Aber man kommt auch anders in die Provence und an die Côte d'Azur: auf der Route Napoléon. Eilig darf man es natürlich nicht haben, aber der Weg, den Napoleon 1815 nahm, um in Paris die Macht zurückzuerobern, ist den Umweg wert. Am Weg liegen der Mont Blanc, die Bergwelt von Savoyen, der Teil der französischen Alpen, der im Wintersport Topadressen bereithält und die Bergfans begeistert. Besonders die unberührte Natur des Parc National du Mercantour entlang der italienischen Grenze ist mit ihrer reichen Pflanzen- und Tierwelt ein großartiges Revier für Bergtouren.

Farben, Gerüche und Atmosphäre des Südens erlebt man nirgendwo intensiver als in der Provence und im Languedoc-Roussillon. Von der unteren Rhône, den Karsthängen der Haute-Provence bis zur Côte d'Azur und den Ausläufern der Pyrenäen badet das Land in Licht und Hitze. Die klassische Provence liegt im relativ kleinen Dreieck Avignon–Aix-en-Provence–Arles, wo die Griechen und Römer siedelten. Die Orte an der Küste, von Nizza über Cannes bis St-Tropez, sind auch schon längst nicht mehr nur für die Schönen und Reichen reserviert. Im Sommer werden hier alle Besucherrekorde geschlagen. Kaum weniger begehrt sind die Strände des Languedoc-Roussillon von La Grande-Motte bis zur spanischen Grenze. In der Haute-Provence wie im Hinterland des Languedoc-Roussillon warten großartige Naturziele wie der Grand Canyon du Verdon, die Gorges du Tarn, die Corniche des Cévennes; und auf irgendeinem Dorfplatz im Süden den Männern beim Boulespiel zuzusehen ist ein authentisches, zeitloses Vergnügen. In den MARCO POLO Bänden »Provence«, »Languedoc-Roussillon« und »Côte d'Azur« finden Sie ausführliche Informationen zu diesen Regionen.

Monte Carlo: Hier gehts ins Kasino

Im Grand Canyon du Verdon

AIGUES-MORTES

[172 C5] Weder die Landschaft noch der Ort (6000 Ew.) im Department Gard wirken besonders gastlich. Aber die Anlage der im 13. Jh. von Ludwig dem Heiligen als Hafen für seine Kreuzzüge gegründeten Stadt ist einmalig. Sie wird von einer 1600 m langen Verteidigungsmauer umschlossen; in der *Tour de Constance*, dem mächtigsten Turm der Stadtmauer, waren früher Hugenotten eingekerkert, viele von ihnen den größten Teil ihres Lebens, wie Anne Gausset, die 45 Jahre gefangen war, oder Marie Durand (37 Jahre). Klein, aber fein ist das Hotelrestaurant *Les Arcades, 9 Zi., 23, boulevard Gambetta, Tel. 04 66 53 81 13, Fax 04 66 53 75 46,* **€€–€€€**. 6 km südwestlich liegt der Badeort *Le Grau-du-Roi,* daneben der *Port-Camargue,* der größte Yachthafen Europas, mit mehr als 4300 Liegeplätzen.

AIX-EN-PROVENCE

[173 D5] ★ Heiter und elegant wirkt die heimliche Hauptstadt der Provence (135 000 Ew.) mit ihren Platanen, Barockpalästen, Brunnen und idyllischen Altstadtgassen. Im Sommer kommen Besucher aus aller Welt zu den internationalen Musikfestspielen. Die platanenbeschattete Prachtstraße *Cours Mirabeau* ist das Zentrum der Stadt. Sehenswert sind, außer der mächtigen Kathedrale *St-Sauveur,* die alle Baustile von der Romanik bis zur Renaissance vereint, der *Pavillon de Vendôme* (1667) und die zahlreichen

Markttag in Aix-en-Provence

Stadtpaläste. Für Museumsbesuche: *Musée Granet, place St-Jean-de-Malte, tgl. außer Di 10–12 und 14–18 Uhr; Atelier Paul-Cézanne, 9, avenue Paul-Cézanne, tgl. Sommer 10–18.30, sonst 10–12 und 14.30–18 Uhr.* Die *Fondation Vasarely, 1, avenue Marcel Pagnol, Sommer tgl. außer Di 10–13 und 14–19, Sa/So 10–19 Uhr,* ist in dem riesigen futuristischen Bau untergebracht, den der Op-Art-Künstler Victor Vasarely selbst entworfen hat. Gaumenfreuden garantieren die Restaurants *Le Clos de la Violette, 10, avenue Violette, Tel. 04 42 23 30 71, Mi mittags und Sa/So geschl.,* **€€€**, und *Chez Maxim, 12, place Ramus, Tel. 04 42 26 28 51, keine Ruhetag,* **€**. Gute Hotels sind das *Hôtel des Augustins, 29 Zi., 3, rue de la Masse, Tel. 04 42 27 28 59, Fax 04 42 26*

74 87, €€€, und die schöne *Villa Gallici, 14 Zi., 18 bis, avenue de la Violette, Tel. 04 42 23 29 23, Fax 04 42 96 30 45,* €€€.

ANTIBES

[173 F5] Zusammen mit Juan-les-Pins bildet die auf und an einer Halbinsel gelegene Stadt (72 500 Ew.) ein einziges Seebad. *Juan-les-Pins* ist Treffpunkt junger Leute (Jazz- und Chansonfestival). Im Château Grimaldi von Antibes befindet sich das *Musée Picasso* mit Werken zeitgenössischer Kunst und mit Arbeiten Pablo Picassos aus den Jahren 1946–47, *Sommer tgl. außer Mo 10–18 Uhr.* Interessant ist auch das *Musée Archéologique, Sommer tgl. außer Mo 10–18 Uhr,* mit Funden aus dem antiken Antibes (Antipolis) und dem Meer. Auf der Halbinsel Cap d'Antibes liegen zwischen Pinien luxuriöse Villen und Paläste, darunter das *Hôtel du Cap,* in dem seit eh und je die Stars absteigen. Erschwinglicher ist die Nacht im flotten, strandnahen *Bleu Marine,* Insider Tipp *18 Zi., chemin Quatre Chemins, Tel. 04 93 95 90 26, Fax 04 93 74 84 84,* €€.

ARLES

[172 C5] Die heitere Stadt an der Rhône (55 000 Ew.) hat zahlreiche Bauten aus der Zeit bewahrt, als sie Hauptstadt des römischen Gallien war. Das Amphitheater, in dem heute Stierkämpfe und Folkloreveranstaltungen stattfinden, fasste 20 000 Zuschauer. Ein bedeutendes romanisches Bauwerk ist die *Église St-Trophime,* besonders schön ist der Kreuzgang. Wechseln-

MARCO POLO Highlights »Der Südosten«

★ **Aix-en-Provence**
Das große Musikfestival ist ein Highlight des Sommers (Seite 118)

★ **Avignon**
Trotz des päpstlichen Erbes geht Avignon durchaus mit der Zeit (Seite 120)

★ **Les Baux**
Der »Adlerhorst« ist ein zauberhafter Platz (Seite 120)

★ **Corniche des Cévennes**
Auf der Höhenstraße haben Sie lauter Aha-Erlebnisse (Seite 124)

★ **Gorges du Tarn**
Wo das Schluchtenwunder am schönsten ist (Seite 124)

★ **Carcassonne**
Sozusagen das Idealbild einer mittelalterlichen Festungsstadt (Seite 123)

★ **Montpellier**
Antigone, ein Stadtteil der Superlative (Seite 133)

★ **Nîmes**
In keiner Stadt Frankreichs gibt es mehr römische Bauten als hier (Seite 134)

de Ausstellungen finden im ehemaligen *Kloster St-Trophime* statt *(alle im Sommer tgl. 9–18.30 Uhr)*. Das *Museon Arlaten, rue de la République*, führt in die provenzalische Welt von gestern, in einen Adelspalast mit 33 Zimmern; *tgl. außer Mo Sommer 9.30–13 und 14 bis 18.30, sonst 9.30–12.30 und 14 bis 17 Uhr.* Das *Musée d'Arles antique* ist der heidnischen Kunst gewidmet, *tgl. Sommer 9–19.30, sonst 10–17 Uhr. Les Alyscamps* (Elysische Felder) heißt ein Friedhof aus dem 3. Jh., von dem im Wesentlichen nur die *Allée des Tombeaux* mit schmucklosen Steinsärgen erhalten ist. Zentrale, komfortable Hotels sind *D'Arlatan, 45 Zi., 26, rue du Sauvage, Tel. 04 90 93 56 66, Fax 04 90 49 68 45, www.hotel-arlatan.fr,* **€€–€€€**, und *St-Trophime, 22 Zi., 16, rue Calade, Tel. 04 90 96 88 38, Fax 04 90 96 92 19,* **€–€€**.

ZIEL IN DER UMGEBUNG

Les Baux **[173 D5]**
★ Ruinen einer Burg 19 km östlich von Arles auf einem hohen Felsplateau, darunter die Häuser des Dorfs mit Bistros, Andenkenläden, Cafés – der ehemalige Liebeshof der Troubadoure wird im Sommer heftig von Besucherströmen heimgesucht. Kommt man jedoch außerhalb der Saison, entfaltet der Platz seinen Zauber: Was nach der Eroberung der Provence durch Frankreich 1481 und der Zerstörung des protestantischen Orts 1632 durch Ludwig XIII. von Les Baux übrig blieb, ist so etwas wie das Sinnbild der Provence. Versäumen Sie nicht, das nahe, nordwestlich gelegene *Val d'Enfer* (Insider Tipp) zu besuchen, eine phantastische Felslandschaft mit Grotten und der *Cathédrale d'Images* in ehemaligen Steinbrüchen. 9 km südwestlich von Les Baux steht die *Mühle von Alphonse Daudet* mit einem kleinen Museum *(Sommer tgl. 9–12 und 14–18 Uhr)*.

AVIGNON

[173 D5] ★ Wahrzeichen der schönen Rhônestadt (86 000 Ew.) ist der mächtige Papstpalast über dem Flussufer (1334–62), von dem der

Blick auf Les Baux, im Hintergrund auf der Anhöhe die Reste der Burg

Zwei Türme überragen das Eingangsportal des Papstpalasts in Avignon

zur Hälfte zerstörte Pont d'Avignon oder Pont St-Bénézet in den Strom führt. In Avignon lebten zwischen 1316 und 1377 sieben Päpste im Exil. Die hohen Stadtmauern mit acht Toren stammen von 1350–68. Höhepunkt der Sommersaison ist das seit 1947 stattfindende Internationale Theaterfestival mit Aufführungen im Hof des Papstpalasts und in der Stadt.

SEHENSWERTES

Palais des Papes (Papstpalast)

Der festungsartige Palast, Residenz von vier Päpsten, wurde von Benedikt XII. (1334–42) und Klemens VI. sowie Innozenz VI. (1342–62) erbaut. Zuerst besucht man den *Palais-Vieux*. In zwei Kapellen sind schöne Fresken von Matteo Giovanetti da Viterbo erhalten, ebenso in der *Chambre du Pape* und der *Chambre du Cerf* im Engelsturm. Im *Palais-Neuf* liegt der große Audienzsaal (52 m lang) mit Fresken von Giovanetti. Bedeutend ist die Gemäldesammlung des *Museums,* die insbesondere Werke der italienischen Schulen (Gotik, Frührenaissance) beherbergt. *Place du Palais, tgl. Sommer 9–19, Winter 9.30 bis 17.45 Uhr, Museum tgl. außer Di Sommer 9–20, sonst 9.30–17.45 oder 18.30 Uhr*

Pont d'Avignon (Pont St-Bénézet)

Die Brücke stammt von 1177–85 und wurde 1668 zur Hälfte zerstört. Durch das alte Kinderlied »Sur le pont d'Avignon l'on y danse, l'on y danse…« berühmt geworden, verband sie die Stadt mit Villeneuve-lès-Avignon.

MUSEUM

Musée Calvet

Die wertvolle Kunstsammlung, die in diesem Museum gezeigt wird, ist ein Geschenk des Doktors Calvet an die Stadt; sie ist im Hôtel de Villeneuve-Martignan untergebracht. Wegen Renovierungsarbeiten erst teilweise zu besichtigen. *65, rue Joseph-Vernet, tgl. außer Di 10–13 und 14–18 Uhr*

ESSEN & TRINKEN

Christian Étienne
Der Meisterkoch begeistert die Feinschmecker mit kunstvoll und originell zubereiteten Produkten der Region wie *terrine de légumes en gelée sur faiselle aux herbes* oder *filet de rougets au coulis d'olives noires.* Im Ambiente eines historischen Gemäuers. *10, rue Mons, Tel. 04 90 86 16 50, Juli kein Ruhetag, sonst So/Mo geschl.,* €€€

L'Isle Sonnante
Klein, aber fein, das heißt, hier vereint sich raffinierte Einfachheit der Küche mit persönlichem Service. *7, rue Racine, Tel. 04 90 82 56 01, Aug. So/Mo geschl.,* €€

ÜBERNACHTEN

Mercure Cité des Papes
Nahe dem Papstpalast in einem modernen Gebäude liegt dieses Hotel. Die Zimmer sind groß und komfortabel und mit Klimaanlage ausgestattet. *90 Zi., 1, rue Jean-Vilar, Tel. 04 90 80 93 00, Fax 04 90 80 93 01, www.mercure.com,* €€–€€€

Mignon
Klein, gemütlich und mit gutem Komfort präsentiert sich das Hotel Mignon, das sich ebenfalls in der Nähe des Papstpalasts befindet. *16 Zi., 12, rue Joseph-Vernet, Tel. 04 90 82 17 30, Fax 04 90 85 78 46, www.hotel.mignon.com,* €

AUSKUNFT

Office de Tourisme
41, cours Jean-Jaurès, Tel. 04 32 74 32 74, Fax 04 90 82 95 03, www.ot-avignon.fr

ZIEL IN DER UMGEBUNG

Pont du Gard **[172 C5]**
Der bedeutendste römische Aquädukt, 25 km westlich von Avignon, wurde 19 v. Chr. für die Wasserversorgung von Nîmes gebaut. Das Meisterwerk ist 275 m lang und bei Niedrigwasser 49 m hoch. *Wegen des Besucherandrangs im Sommer sollte man frühmorgens oder abends kommen.* Insider Tipp

CANNES

[173 F5] Der Ruf der Stadt an der Côte d'Azur (67 000 Ew.) als Tummelplatz der Berühmten und Reichen ist immer noch gültig – auch außerhalb der Filmfestspiele. Zum Sehen und Gesehenwerden begibt man sich auf *La Croisette,* die von Palmen und Hotelpalästen gesäumte Prachtstraße am Meer. Malerisch ist das alte Cannes am Hang des Suquet. Auf der Höhe mit weitem Blick über Stadt und Hafen steht die *Église Notre-Dame de l'Espérance* im regionalen gotischen Stil. Nicht versäumen sollten Sie einen Ausflug zu den *Îles de Lérins,* von denen die beiden größten, die *Île Sainte-Marguerite* und die *Île Saint Honorat,* bewohnt sind. *Überfahrt 15 bzw. 30 Min. ab Vieux Port, Gare Maritime*

In Cannes promeniert man auf dem Boulevard de la Croisette

Carcassonne

[172 A6] ★ Die von hohen, turmbewehrten Festungsmauern umgebene Cité von Carcassonne (44 000 Ew.) ist einmalig in Europa. Die Befestigungsanlage entstand im 12./13. Jh., teilweise noch mit Überresten aus galloromanischer Zeit (5. Jh.). Die äußeren Wälle sind mit 14 Türmen bestückt, die inneren mit 24. In der Cité leben heute 139 Einwohner. Aus dem 12. Jh. stammt vor allem das *Château Comtal*, mit archäologischem Museum, *tgl. Sommer 9.30–19.30, sonst 9.30–18 Uhr.* Mitte des 13. Jhs. wurde der äußere Mauerring gebaut, Ende des 13. Jhs. die Porte Narbonnaise, Haupteingang der Cité, die Tour du Trésau und die Südspitze der inneren Befestigung mit ihren Türmen. Mit dem Bau der kraftvollen romanischen *Kirche St-Nazaire* wurde 1206 begonnen. Im Innern, mit schönem gotischen Querschiff und Chor (1270–1320), befinden sich zahlreiche mittelalterliche Grabmonumente und Statuen. In rustikalem Rahmen und gut speisen können Sie in der *Auberge de Dame Carcas, 3, place du Château, Tel. 04 68 71 23 23, Di mittags und Mo geschl., €.* Klein und adrett ist das *Hôtel du Vieux Pont, 12 Zi., rue Trisalle, Tel. 04 68 25 24 99, Fax 04 68 47 62 71, €–€€*, gepflegt-rustikal die *Brasserie Chez Saski, place de l'Église, Tel. 04 68 71 98 71, kein Ruhetag, €–€€.*

Chamonix

[173 E2] Der berühmte Wintersportort (9800 Ew.) am Fuß des Mont-Blanc ist die Hauptstadt des französischen Alpinismus, aber als Ort nur von durchschnittlicher Schönheit. Von der *Aiguille du Midi* (3842 m, Kabinenseilbahn) bietet sich ein prachtvolles Panorama von Mont-Blanc, Mont-Maudit und Grandes Jorasses. Mit der

Zahnradbahn fährt man zum *Montenvers* (1913 m), dort Aussicht auf die *Mer de Glaces*, einen Eisstrom von 7 km Länge. Eine gute Adresse ist das *L'Arve, 40 Zi., 60, impasse Anémones, Tel. 04 50 53 02 31, Fax 04 50 53 56 92, €€*. Mit schönem Blick auf die Berge können Sie wohnen im *Sapinière Montana, 30 Zi., 102, rue Mummery, Tel. 04 50 53 07 63, Fax 04 50 53 10 14, €€€*.

FLORAC

[172 C4] Das friedliche Städtchen (2000 Ew.) liegt günstig im Herzen der Cevennen, wenn die Freiheit der Höhen zu Ausflügen und Wanderungen lockt. Als Verwaltungssitz des Parc National des Cévennes ist man, was alle dafür notwendigen Informationen betrifft, an der Quelle. Man bekommt sie im *Château*, einem Bau des 16. Jhs. mit zwei strammen Rundtürmen. *Tgl. Sommer 9–19, sonst 9–12.30 und 14 bis 18.30 Uhr.* Hotelrestaurant: *La Lozerette, 5,5 km nordöstlich in Cocurès, 21 Zi., Tel. 04 66 45 06 04, Fax 04 66 45 12 93, €€*

ZIELE IN DER UMGEBUNG

Corniche des Cévennes **[172 C4]**
★ Ludwig XIV. ließ die Höhenstraße zu Beginn des 18. Jhs. in den Felsen schlagen, um seinen Truppen den Zugang ins gebirgige Gebiet der aufständischen Camisarden zu ermöglichen. Heute ist dies eine der schönsten Panoramastraßen Frankreichs, zwischen Florac und St-Jean-du-Gard (rund 53 km). In St-Laurent-de-Trèves wurden fast 200 Mio. Jahre alte Reste von Dinosauriern entdeckt. Spektakulär ist der Blick über die *causses* genannten Kalkhochflächen.

Gorges du Tarn **[172 B5]**
★ 400 bis 500 m hat sich der Tarn zwischen St-Énimie und Les Vignes in den Fels gegraben und bildet an dieser Stelle den wohl schönsten Canyon Frankreichs. Zu den Höhepunkten an der 83 km langen Strecke zwischen Florac und Millau gehören *Belvédère de Castel-bouc, Cirque de Plougnadoires, Le Point Sublime, Le Pas de Souci.* Als Standquartier für Ausflüge in den Canyon und die Umgebung zu empfehlen ist der Ort *La Malène* und hier das *Hôtel Manoir de Montesquiou, 12 Zi., Tel. 04 66 48 51 12, Fax 04 66 48 50 47, www.manoir-montesqieu.com, €€–€€€*.

GORDES

[173 D5] Eine höchst malerische Lage auf dem Berg und das Renaissanceschloss mit dem Kunstmuseum *Pol Mara, tgl. 10–12 und 14–18 Uhr*, haben das Dorf (2000 Ew.) in der Provence zu einem touristischen Magneten werden lassen. Typisch provenzalisch ist das elegante Hotel *La Bastide de Gordes, 35 Zi., Tel. 04 90 72 12 12, Fax 04 90 72 05 20, €€€*, in einem Haus aus dem 16. Jh.

Etwa 4 km südwestlich liegt das eigenartige *Village des Bories.* Seine Ursprünge liegen in der Bronzezeit. *Bories* sind ein- oder zweistöckige, bienenkorbförmige Steinhütten. Noch bis ins 18. Jh. hinein wurden diese ständig bewohnten Behausungen nach alter Überlieferung gebaut und als Schutzhütten, Vorrats-

Kunstmaler in Gordes

räume, Werkstätten oder Weinkeller genutzt. *Sommer tgl. 9 Uhr bis Sonnenuntergang*

GRASSE

[173 E–F5] Auf hohen Kalkfelsen gelegen, bietet Grasse (44 000 Ew.) alle Vorzüge eines Luftkurorts. Treppen und Gässchen ziehen sich bergan zur Altstadt mit ihren schönen Bürgerhäusern. Berühmt ist Grasse wegen der Blütenessenzen, mit denen die Fabriken der Stadt die Parfümhersteller beliefern. Das *Musée International de la Parfumerie, 8, place du Cours,* bietet alle Informationen zum Thema und außerdem einen Garten der Düfte, *Juni–Sept. tgl. 10–18.30, sonst tgl. außer Di 10–12.30 und 14 bis 17.30 Uhr.* Die *Villa Fragonard* ist als Museum für den in Grasse geborenen Maler Jean-Honoré Fragonard eingerichtet, *Öffnungszeiten wie oben.* Speisen können Sie im Restaurant *Pierre Balthus, 15, rue Fontette, Tel. 04 93 36 32 90,* **€**, übernachten in den Hotels *Panorama, 36 Zi., 2, place Cours, Tel. 04 93 36 80 80, Fax 04 93 36 92 04,* **€–€€**, oder *Hôtel du Patti, 73 Zi., place Patti, Tel. 04 93 36 01 00, Fax 04 93 36 36 40,* **€€**.

GRENOBLE

[173 D3] Vor der imposanten Kulisse bis zu 3000 m hoher Berge breitet sich das Häusermeer der alten Hauptstadt der Dauphiné (153 000 Ew.) in einer Talwindung der Isère aus. Grenoble ist eine Stadt in vollem Aufschwung, das verleiht ihr eine großstädtische Note. 1968 wurden hier die Olympischen Winterspiele ausgetragen. Für 1992 wurde dafür das nur 70 km entfernte Albertville ausgewählt. In Frankreich gilt Grenoble als *ville pilote*, als Avantgardestadt: dynamisch, jung, ein Zentrum der Elektrotechnik, naturwissenschaftlicher Institute und der Kernforschung. Nahebei ist das Super-Skigebiet Val d'Isère, Courchevel, Tignes, Alpe-d'Huez. Mit der Kabinenbahn fährt man zum *Fort de la Bastille*, von dem sich ein atemberaubendes Panorama bietet. Im alten Viertel liegen Kathedrale und Palais de Justice, früher das Ständehaus der Dauphiné. Ausgezeichnet ist die Gemäldesammlung im *Musée de Grenoble, tgl. außer Di 11–18.30 Uhr.* In einem Kloster des 17. Jhs. ist das *Musée Dauphinois* untergebracht, das der Kultur und Geschichte der Region gewidmet ist, *tgl. außer Di 10–18 Uhr.* Das *Geburtshaus von Stendhal* kann in *20, Grande Rue, tgl. 10–12 und 14–18 Uhr, außer 10. Juni–10. Juli,* besichtigt werden. Die *Maison Stendhal, 1, rue Hector-Berlioz, ist* *tgl. außer Mo 14–18 Uhr geöffnet.* Ein gutes Hotel ist *Rive Droite, 56 Zi., 20, quai France, Tel. 04 76 43 92 92, Fax 04 76 87 04 04, €€.*

LOURMARIN

[173 D5] Als Standort für Ausflüge ins Wald- und Felsrevier des Lubéron ist das schöne Dorf ideal. Hier lebte Camus (das Haus ist nur von außen zu besichtigen); auf dem Friedhof befindet sich sein schlichtes Grab. Das *Renaissanceschloss* beim Ort, *tgl. 9.30–11.30 und 15–18 Uhr,* hat Innenräume mit provenzalischen Möbeln und großen Kaminen. Speisen und übernachten können Sie im *Le Moulin de Lourmarin, 20 Zi., rue Temple, Tel. 04 90 68 06 69, Fax 04 90 68 31 76, €€€.*

LYON

[173 D2] An der Rhônemetropole Lyon (445 000 Ew.) vorbeizufahren wird durch die *Autoroute du Soleil* relativ leicht gemacht. Dabei hat die drittgrößte Stadt Frankreichs einiges zu bieten. Seitdem man von der »Weltmetropole der Gastronomie« spricht, hat der Name Lyon neuen Glanz bekommen. Jüngstes Beispiel: die »Lichtarchtektur« von Alain Gaillot, mit der abends Gebäude, Brücken und Quais der Rhône und Saône verzaubert werden. Man sollte darüber nicht vergessen, dass Lyon bereits vor der Zeitenwende die Hauptstadt aller von Cäsar unterworfenen gallischen Stämme war und im 16. Jh., dank der Seidenweberei und der Buchdruckerei, als Banken- und Messeplatz zu florieren begann. Davon zeugen die schönen Renaissancepalais im stillen *Vieux Quartier* und Plätze wie die zentrale *Place Bellecour* auf der etwa 5 km langen Halbinsel zwischen Rhône und Saône. Bei einem Stadtbummel wird man sich vor allem hier umsehen und den Puls der Stadt in einem der Freiluftcafés auf der zentralen Place des Terreaux fühlen..

SEHENSWERTES

Basilique Notre-Dame de Fourvière

Auf den Granithügel 175 m über dem Saône-Ufer, den alten Standort der römischen Stadt, kann man mit Standseilbahnen fahren. Er wird beherrscht von der in einem bizarren Stilmischmasch erbauten Basilika (1896 geweiht).

Lyon, schmale Gasse in der Altstadt

Vieux Lyon (Altstadt)
Auf dem rechten Saône-Ufer drängen sich in dem gepflegten Viertel bei der Kathedrale St-Jean schöne Renaissancehäuser mit florentinisch inspirierten Fassaden; es gibt Boutiquen, Teesalons und Cafés.

MUSEEN

Musée des Beaux-Arts
Das Haus gehört mit seinen bedeutenden Sammlungen antiker Kunstgegenstände, Skulpturen und einer Gemäldesammlung zu den hervorragenden Kunstmuseen in Frankreich. *20, place des Terreaux, tgl. außer Di 10.30–18 Uhr*

Musée Lumière
1895 fand die erste Kinovorführung der Geschichte statt, dank der Erfindung des Cinematographen Nr. 1 der Brüder Lumière. Er ist in ihrer Villa zu sehen, ebenso wie die ersten Farbfotos und andere Erfindungen. *Ville d'invention du Cinematograph, 25, rue du Premier Film, www.institut-lumiere.org, tgl. außer Mo 11–18.30 Uhr*

Musée des Tissus
Hier dreht sich alles um Stoffe – um jene aus fernen Zeiten und Ländern bis hin zu den Produkten der Lyoner Seidenweberei. *34, rue de la Charité, www.musee-des-tissus.com, tgl. außer Mo 10–17.30 Uhr*

ESSEN & TRINKEN

Le Bistro de Lyon
Lyoner Hausmannskost bekommt man hier im Rahmen eines Belle-Époque-Dekors aufgetischt. *64, rue Mercière, Tel. 04 78 38 47 47, Mo abends und So geschl.,* €

Le Splendid
Sternekoch Georges Blanc (Vonnas) hat sich in Lyon etabliert – bei zivilen Preisen und höchster Qualität. *3, place Jules Ferry, Tel. 04 37 24 85 85, So geschl.,* €€

ÜBERNACHTEN

Artistes
Komfortables Hotel direkt im Zentrum. *45 Zi., 8, rue Gaspard-André, Tel. 04 78 42 04 88, Fax 04 78 42 93 76,* €€

Globe et Cécil
Traditionsreiches Haus mittlerer Größe im Zentrum Lyons. *60 Zi., 21, rue Gasparin, Tel. 04 78 42 58 95, Fax 04 72 41 99 06,* €€€

Au Patio Morand
Sehr gutes Preis-Leistungs-Verhältnis, gepflegt, komfortabel, zentrale Lage. *31 Zi., 99, rue de Crequi, Tel. 04 78 52 62 62, Fax 04 78 24 87 88, www.hotel-morand.fr,* €€

AM ABEND

Das Angebot ist vielfältig und von hohem Niveau. So gibt es neben zahlreichen Nachtclubs und -bars die populären *Cafés-Théâtres* wie *Espace Gerson, 1, place Gerson,* oder *Le Complexe du Rire, 7, rue des Capucins,* Jazzclubs wie *Hot Club, 26, rue Lanterne,* und Tanzlokale wie *Années Folles, 13, quai Romain-Rolland.*

AUSKUNFT

Office de Tourisme
Place Bellecour, Tel. 04 72 77 69 69, Fax 04 78 42 04 32, www.lyon-france.com

ZIELE IN DER UMGEBUNG

Bourg-en-Bresse **[173 D2]**
Die alte Hauptstadt (40 600 Ew.) der gastronomisch so ergiebigen Landschaft Bresse rund 60 km nördlich von Lyon hat nicht nur Leckerbissen für Feinschmecker, sondern auch für Kunstinteressierte zu bieten: In *Kloster und Kirche von Brou, tgl. Sommer 9–18, sonst 9–12 und 14–17 Uhr,* rund 1 km vom Stadtzentrum entfernt, sind Kunstschätze wie die prächtigen Hochgräber der Marguerite d'Autriche, ihres Gemahls Philibert und der Marguerite de Bourbon sowie Sammlungen von Skulpturen, Gemälden und anderer Kirchenkunst zu sehen. Stilvoll und sehr komfortabel übernachten Sie im Hotel *Prieuré, 14 Zi., 49, boulevard Brou, Tel. 04 74 22 44 60, Fax 04 77 22 71 07, €€–€€€.*

Vienne **[173 D3]**
Die alte, etwa 35 km südlich von Lyon gelegene Stadt (29 000 Ew.) lohnt zumindest einen Zwischenaufenthalt. Sie hat sich Erinnerungen aus der Zeit bewahrt, als sie zweite Hauptstadt Südgalliens war, wie den *Tempel des Augustus und der Livia* (25 v. Chr.), die *Portiques des Thermes Romains* und Fundstücke, die im *Musée Lapidaire, Sommer tgl. außer Di 9.30–13 und 14–18 Uhr,* ausgestellt sind. Das Museum befindet sich in der ehemaligen Kirche St-Pierre, einer der frühmittelalterlichen Kirchen Frankreichs. Ein Luxushotel und Feinschmeckerrestaurant gleichermaßen ist *La Pyramide, 20 Zi., 14, boulevard Fernand-Point, Tel. 04 74 53 01 96, Fax 04 74 85 69 73, www.lapyramide.com, €€€*

MARSEILLE

[173 D5] Die zweitgrößte Stadt (800 000 Ew.) mit ihren endlosen Vorstädten und dem bedeutendsten Hafen Frankreichs ist eine Stadt der Widersprüche. Sie fasziniert in gleichem Maße wie sie abstößt. Unvergleichlich ist die mediterrane Großstadtatmosphäre um den alten Hafen, den *Vieux Port,* mit seinem Markt- und Yachtengewimmel. Marseille musste aber auch, als Schmelztiegel aller Mittelmeervölker, mit dem Ruf leben, Zentrum krimineller Aktivitäten zu sein. Der Zukunft zugewandt ist das Projekt *Euromediterranée,* mit dem in den kommenden Jahrzehnten das alte Zentrum der Stadt von La Joliette bei dem bereits renovierten Viertel der Docks bis zur Gare St-Charles umfassend modernisiert wird.

SEHENSWERTES

Canebière
Der berühmte Straßenzug, einst die Prachtstraße Marseilles, rund 1 km lang, hat nach Jahren des Niedergangs durch umfassendes Make-up wieder etwas vom alten Glanz zurückgewonnen.

Château d'If
Vom *Vieux Port* fahren Ausflugsboote zur früheren Gefängnisinsel. Berühmtester Insasse: Edmond Dantès, der »Graf von Monte Christo«.

Notre-Dame-de-la-Garde
In 162 m Höhe auf einem Hügel steht die 1853–64 erbaute Basilika mit dem 46 m hohen Glockenturm. Im Innern befinden sich schöne Mosaiken und Weihege-

schenke. Vor allem wegen der großartigen Aussicht lohnt sich der Aufstieg.

Promenade La Corniche

Die lange Uferstraße führt ostwärts vom Parc du Pharo beim *Vieux Port* über die Promenade de la Plage bis zur Plage du Prado.

Vieux Port

Nur noch kleinere Schiffe, vor allem Segelyachten, aber auch Motor- und Fischerboote, liegen im alten Hafen. Am *quai des Belges* herrscht reges Markttreiben. Hier finden Sie auch zahlreiche gute Bouillabaisse-Restaurants.

MUSEEN

Marseille hat eine Reihe interessanter Museen, wie das *Musée d'Histoire de Marseille, Centre Commercial de la Bourse, tgl. außer So 12–19 Uhr*; das *Musée de la Marine* mit interessanten Sammlungen zur Seefahrtsgeschichte im *Palais de la Bourse, tgl. außer Di 10–12 und 14–18.30 Uhr*; das *Musée des Docks romains*, mit vielen Fundstücken, unter anderem dem Bug der *Galère de César, place Vivaux, tgl. außer Mo Sommer 11–18, sonst 11–17 Uhr; Musée des Beaux-Arts*, Sammlung alter Meister, Daumier-Sammlung, *Palais Longchamp, tgl. außer Mo Sommer 11–18, sonst 11–17 Uhr.*

ESSEN & TRINKEN

Péron

Schöne Aussicht auf Château d'If, dazu eine gute Küche. *119, corniche John-F-Kennedy, Tel. 04 91 52 43 70, kein Ruhetag,* €€–€€€

EINKAUFEN

Hauptgeschäftsstraße ist die Canebière. Preiswert sind besonders die Geschäfte in den ersten rechten Seitenstraßen vom *Vieux Port* aus gesehen. Besonders reizvoll sind auch

Im Vieux Port von Marseilles sind freie Liegeplätze rar

die vielen Märkte, z. B. der Fischmarkt *(Quai des Belges)* und der Blumenmarkt auf der Canebière.

ÜBERNACHTEN

Alizé
Komfortables Hotel, zentral am *Vieux Port:* Zimmer mit Aussicht! *39 Zi., 35, quai des Belges, Tel. 04 91 33 66 97, Fax 04 91 54 80 06, www.alize-hotel.com,* €€

Insider Tipp

New Hôtel Bompard
Oberhalb der Corniche Kennedy, ruhig, komfortabel, mit Pool. *46 Zi., 2, rue Flots Bleus, Tel. 04 91 99 22 22, Fax 04 91 31 02 14, www.new-hotel.com,* €€–€€€

Le Richelieu
Buchen Sie ein Zimmer mit Meeresblick! *21 Zi., 52, corniche John-F.-Kennedy, Tel. 04 91 31 01 92, Fax 04 91 59 38 09,* €

AM ABEND

Das Nachtleben ist vielseitig und reicht über Jazzlokale, Diskotheken und Chansonlokale bis zu Opernabenden, Aufführungen des berühmten Balletts von Roland Petit und Symphoniekonzerten. Nächtliche Stadtbummel sind indes nicht zu empfehlen.

AUSKUNFT

Office de Tourisme
4, La Canebière, 13001 Marseille, Tel. 04 91 13 89 00, Fax 04 91 13 89 20, www.marseille-tourisme.com

ZIELE IN DER UMGEBUNG

Bandol **[173 D6]**
40 km südöstlich von Marseille und an einer schönen Bucht gelegen ist dieser kleine Badeort mit einigen Sandstränden und Felsenbuchten.

Calanques **[173 D6]**
Zwischen schroffen Kalkfelsen sind auf einer Länge von rund 20 km schmale Buchten höchst malerisch in die Küste eingebettet. Sie gelangen am besten von Cassis aus mit dem Boot in diese bizarre Landschaft.

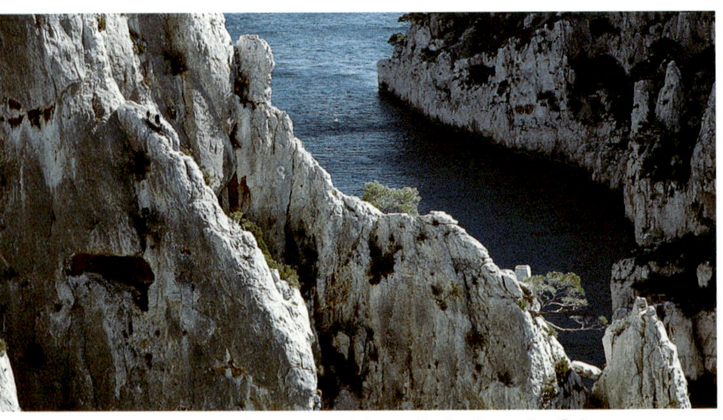

Am besten mit dem Boot zu erreichen: die Buchten der Calanques

Cassis [173 D6]
Das Hafenstädtchen 22 km südöstlich von Marseille hat sich trotz sommerlicher Hochsaison seinen Charme als Badeort bewahrt. Dazu gehören immer noch die Fischer.

Corniche des Crêtes [173 D6]
Zwischen Cassis und La Ciotat schraubt sich die Höhenstraße zum Pas de la Colle; tolle Aussicht vom *Mont de la Saoupe.*

Toulon [173 E6]
Wegen seiner geschützten Lage wurde die Stadt (168 000 Ew.) 55 km östlich von Marseille zum wichtigsten französischen Kriegshafen am Mittelmeer. Sie ist sicher kein Ferienort, aber lohnend sind sowohl die Hafenrundfahrt als auch Bootsfahrten hinaus auf die Reede.

MONACO

[173 F5] Auf 1,9 km² eng bebauter Küste leben die 30 000 Einwohner des Zwergfürstentums Monaco *(Principauté de Monaco).* 1308 von dem Genueser Francesco Grimaldi erworben, fiel Monaco von 1524 bis 1641 an Spanien, 1793 bis 1814 an Frankreich, von 1815 bis 1860 stand es unter dem Protektorat Sardiniens. Seit 1861 ist Monaco völkerrechtlich eng mit Frankreich verbunden. Rund 5000 Einwohner, die die monegassische Staatsbürgerschaft besitzen, zahlen keine Steuern, sofern sie schon vor 1957 im Fürstentum ansässig waren. Ein Paradies für reiche Steuerflüchtlinge ist Monaco also nicht mehr. Die Aristokratie Europas gab sich von 1861 bis zum Ersten Weltkrieg hier ein Stelldichein. Heute herrscht eher Massentourismus: 3 Mio. Menschen besuchen das Fürstentum pro Jahr.

SEHENSWERTES

Fürstenpalais (Le Palais Princier)
Der einstige Stammsitz der Grimaldi, mit Teilen aus dem 13. Jh., ist heute auch Sitz der Regierung. Fototermin der Touristen: der *Wachwechsel* um 11.55 Uhr. Wenn der Fürst nicht zu Hause ist, ist der Palast zu besichtigen *(meist Juni bis Sept. 9.30–18, Okt. 10–17 Uhr). Place du Palais, www.palais.mc*

Jardin Exotique
Einer der besonders schönen botanischen Gärten Europas mit einer immensen Fülle tropischer und subtropischer Pflanzen. Man besichtige dort auch die interessanten Grotten des Observatoriums *(30 Minuten).* Das *Musée d'Anthropologie Préhistorique* liegt im oberen Teil des Gartens. *Sommer tgl. 9–19 Uhr*

Kasino
Auch ohne Spiellust ist das Grand Casino von Monte Carlo die Hauptattraktion des Fürstentums. 1878 von Charles Granier, dem Architekten der Pariser Oper, entworfen, prunkt der Bau im Stil der Belle Époque. Das kann man auch innen ohne pekuniären Einsatz in Augenschein nehmen und sich daran erinnern, wie hier Aristokratie, Geldadel und Glücksritter die Spieltische umlagerten. Wieder draußen, begeistern schöne Gartenanlagen samt Aussichtsterrasse. *Place du Casino, Salons Européens tgl. ab 12, Salons Privés ab 16 (Sa/So ab 15) Uhr*

MUSEEN

Musée Océanographique
Das Museum besitzt ein berühmtes Aquarium mit mehreren Becken; angegliedert ist das Forschungszentrum von Jacques Cousteau. *Avenue St-Martin, tgl. April–Juni und Sept. 9–19, Juli/Aug. 9.30 bis 19.30 Uhr*

Musée National (Automates et Poupées d'Autrefois)
Das erstaunliche Puppen- und Automatenmuseum ist in einer Belle-Époque-Villa in Monte Carlo untergebracht und besitzt mehr als 400 teils sehr faszinierende Puppen des 18. Jhs. *Avenue Princesse-Grace, www.monte-carlo.mc/musee-national, tgl. Ostern–Sept. 10 bis 18.30, sonst 10–12.15 und 14.30–18.30 Uhr*

Musée des Souvenirs napoléonien
Das Museum im Fürstenpalais vereint rund 1000 Dokumente, Objekte und persönliche Habseligkeiten des großen Korsen, hinzu kommt eine Sammlung von Büsten und Porträts und eine Übersicht über die Geschichte von Monaco. *Place du Palais, tgl. außer Mo Juni bis Sept. 9.30–18, sonst 10.30 bis 12.30 und 14–16.30 Uhr, Mitte Nov.–Mitte Dez. geschl.*

ESSEN & TRINKEN

Café Viennois/Lobby Bar
In fröhlich-zwanglosem Ambiente genießt man mit Meeresblick leichte Gerichte statt opulenter Menüs. *Monte Carlo Grand Hôtel, 12, avenue Spélugues, Tel. 00377/93 50 65 00, kein Ruhetag,* €€

Sans Souci
Volkstümlich, immer gut besucht. Im Sans Souci wird gute italienische Küche in lockerem Ambiente angeboten. *42, boulevard Italie, Tel. 00377/93 50 14 24, So geschl.,* €–€€

ÜBERNACHTEN

Hôtel de France
Hier wohnen Sie intim, komfortabel und in ruhiger Lage. *26 Zi., 6, rue de la Turbie, Tel. 00377/93 30 24 64, Fax 92 16 13 34,* €€

Méridien Beach Plaza
Modernes Großhotel, schöne Zimmer, großes Sportangebot im »Sea Club«. *338 Zi., 22, avenue Princesse-Grace, Tel. 00377/93 30 98 80, Fax 93 50 23 14, www.lemeridien-montecarlo.com,* €€€

Monte-Carlo-Beach-Hôtel
Alles vom Feinsten: luxuriöse Zimmer mit Loggia und Meeresblick, Schwimmbad, Badekabinen und -zelte, Terrasse über dem Meer, Restaurant. *47 Zi., avenue Princesse-Grace, Tel. 00377/93 28 66 66, Fax 93 78 14 18, www.montecarloresort.com,* €€€

AUSKUNFT

Office du Tourisme et des Congrès
2 a, boulevard des Moulins, Tel. 00377/92 16 61 16, Fax 92 16 60 00, www.monaco-congres.com

ZIELE IN DER UMGEBUNG

Èze **[173 F5]**
Das malerisch gelegene Bergdorf ist die Hauptattraktion der

Moyenne Corniche. Die Aussicht von hier oben über die Côte d'Azur ist einfach umwerfend. Deshalb kommen die Ausflügler in Scharen. Schon Friedrich Nietzsche wandelte hier, ein Fußweg erinnert an den Philosophen. Es gibt mehrere exquisite Restaurants und Nobelherbergen.

Grande Corniche [173 F5]
In schwindelnder Höhe windet sich die von Napoleon I. angelegte Straße über dem Meer hin. Sie verbindet Nizza mit Menton, wobei sie auch La Turbie oberhalb von Monaco berührt. Schöne Aussichtspunkte sind oberhalb von Monte Carlo Beach *Le Vistaero*, die Terrasse von *La Turbie*, der 512 m hohe *Col d'Èze* und der *Belvédère d'Èze* über dem Bergdorf. Die *Moyenne Corniche* (N 7) war vor dem Bau der Autobahn die Hauptverkehrsader. Mit ihren Tunnels und Galerien ist sie ebenfalls ein Erlebnis.

MONTPELLIER

[172 C5] ★ Die dynamische, wirtschaftliche und administrative Zentrumsstadt des Languedoc (290 000 Ew.) hat mit dem supermodernen Stadtviertel Antigone Maßstäbe gesetzt. In der Altstadt sind dagegen schöne Adels- und Kaufmannspaläste des 17./18. Jhs. zu bewundern. Im selben Zeitraum entstand die *Promenade du Peyrou*, eine terrassierte Parkanlage, von der sich ein prächtiges Panorama über das Meer und die Cevennen bietet. Im Sommer finden hier kulturelle Veranstaltungen und Aufführungen klassischer Musik statt. Einen Besuch lohnt auch der *Jardin des Plantes*, der erste botanischer Garten Frankreichs, 1593 angelegt, mit exotischen Pflanzen. Das *Musée Fabre, boulevard Bonne-Nouvelle, tgl. außer Mo 9–17.30 Uhr*, besitzt eine bedeutende Gemäldesammlung.

Wunderbare Aussicht bietet das hoch gelegene Dörfchen Èze

NARBONNE

[172 B6] Die Landschaft um die ehemalige Hafenstadt (46 000 Ew.) ist flach. Der Hafen versandete, das Meer ist heute 12 km entfernt. Beim Bummel durch die engen Gassen der Altstadt stößt man auf die *Kathedrale St-Just*, deren Chor von 1272–1332 mit 41 m Höhe zu den herausragenden in Frankreich zählt. Schmuckstück des Kirchenschatzes ist die prächtige flämische *Tapisserie de la Création* (15. Jh.), gewirkt in Seide und Gold. Der Bischofspalast *(Palais des Archevêques)* ist ein interessantes Ensemble verschiedener Epochen, vom 12. bis zum 17. Jh.

Das Amphitheater in Nîmes stammt aus dem 1. Jh. n. Chr. und bot einst über 20 000 Zuschauern Platz

NÎMES

[172 C5] ★ Nirgendwo in Frankreich gibt es so viele antike Bauwerke wie in dieser schönen und lebhaften Stadt (150 000 Ew.). Neben dem sehr gut erhaltenen *Amphitheater* ist vor allem die *Maison Carrée* zu nennen, ein Podiumstempel von 20–12 v. Chr. mit hohen korinthischen Säulen, in dem heute Ausstellungen stattfinden. Andere antike Bauten sind das römische Stadttor *Porte d'Auguste*, der *Dianatempel* im schönen *Jardin de la Fontaine* (Insider Tipp) und die 30 m hohe römische *Tour Magne* auf dem Mont Cavalier. In eindrucksvollem Kontrast dazu stehen das moderne Lesezentrum *Carré d'Art* von Norman Foster und architektonische Paradebeispiele wie der Büroappartementkomplex *Le Colisee* von Kisho Kurokawa oder *Nemansus* von Jean Nouvel. Im *Musée Archéologique, Sommer tgl. außer Mo 10–18 Uhr, boulevard Amiral-Courbet*, sind viele antike Funde ausgestellt. Ruhig und zentral liegt das sympathische *Kyriad Nîmes Centre La Plazza, 28 Zi., 10, rue Roussy, Tel. 04 66 76 16 20, Fax 04 66 67 65 99, €€.*

ZIEL IN DER UMGEBUNG

Beaucaire **[172 C5]**
Ein schönes provenzalisches Städtchen (13 700 Ew.), 24 km östlich von Nîmes: Hellrote Ziegeldächer, enge Straßen und schöne alte Häuser. Vom *Château Royal* (11 Jh.) sind zwei Türme, Mauern und eine schöne romanische Kapelle erhalten. Im Schloss zeigt das *Musée Auguste-Jacquet* eine interessante

lokalhistorische Sammlung; *tgl. außer Di April–Sept. 10–12 und 14.15–18.45, sonst bis 17.45 Uhr.* Ein schönes Schauspiel sind *Flugvorführungen (Mitte März–Anfang Nov.)* von Greifvögeln.

NIZZA (NICE)

[173 F5] Die prächtig gelegene Großstadt (342 000 Ew.) ist zugleich das neben Cannes mondänste Seebad an der Côte d'Azur. Berühmt ist die *Promenade des Anglais* mit Palmen und dem Grandhotel Negresco immer noch, doch heute braust hier der Autoverkehr, direkt oberhalb des Strands. Kunstfreunde besuchen das Chagall-Museum, *Musée National du Message Biblique Marc Chagall, avenue du Docteur-Menard, www.musee-chagall.fr, tgl. außer Di 10–18 Uhr,* mit der weltweit größten Chagall-Sammlung, und das *Musée Matisse, www.musee-matisse.org, Sommer tgl. außer Di 11–18 Uhr.* Weitere bedeutende Museen: Das *Musée des Beaux-Arts, 33, avenue des Baumettes, tgl. außer Mo 10–18 Uhr,* lohnt besonders wegen der französischen Impressionisten.

ZIEL IN DER UMGEBUNG

Cap Ferrat **[173 F5]**
Das Refugium der Milliardäre ist kein Sperrgebiet. Einen kleinen Spaziergang auf der Halbinsel, 15 km östlich von Nizza, dort, wo prächtige Villen in üppigen Gärten liegen, kann man sich immer gönnen und eine der schönsten, die *Villa Île de France* mit dem *Musée Ephrussi de Rothschild* sogar besuchen. Das heutige Museum ist eine einzige Schatzkammer der Kunst. Herrlich ist auch der Park, in dem im Sommer Konzerte stattfinden. *Dez.–Okt. tgl. außer Mo 14.30–18 bzw. 15–19, Park Di–Sa 9–12 Uhr*

Nizza ehrt Marc Chagall mit der größten Sammlung seiner Bilder

ORANGE

[173 D4] Allein wegen des römischen Amphitheaters, des besterhaltenen in Europa, lohnt sich der Besuch der Stadt im Rhônetal (27 500 Ew.). Es wurde wahrscheinlich während Cäsars Regierungszeit (27 v. Chr.–14 n. Chr.) erbaut und bot Platz für 10 000 Zuschauer. Die Bühnenwand ist die einzige erhaltene ihrer Art und misst 103 m in der Länge und 37 m in der Höhe. *April–Okt. 9–18.30, sonst 9–12 und 13.30–17 Uhr.* Sehr schön ist auch der *Arc de Triom-*

phe, eigentlich Stadtgründungstor, aus der Zeit des Augustus (um 25 v. Chr.) an der N 7 im Norden der Stadt. Die wiederholt restaurierten großartigen Friese feiern Cäsars Siege über die Gallier 49 v. Chr. Ruhig und zentral wohnen Sie im *Arène, 30 Zi., place Langes, Tel. 04 90 11 40 40, Fax 04 90 11 40 45,* **€€**.

ZIEL IN DER UMGEBUNG

Gorges de l'Ardèche [172 C4]
Die 120 km lange Ardèche, die nördlich von Orange in die Rhône mündet, hat sich in tiefen Schluchten durch die Felsen gegraben und ist mit ihren 29 Stromschnellen ein Paradies für Kanu- und Kajakfahrer. Insider Tipp Auf der *Haute Corniche* zwischen Vallon-Pont-d'Arc und Pont-St-Esprit (47 km) passiert man atemberaubende Aussichtspunkte wie den *Pont-d'Arc,* einem 34 m hohen und 59 m breiten Naturbogen, die *Serre de Tourre,* den *Aiguilles de Morsanne,* den *Rocher de la Cathédrale* oder den *Balcon des Templiers. 35 km nordwestlich*

PERPIGNAN

[172 B6] Die dynamische ehemalige Hauptstadt des Königreichs Mallorca (105 000 Ew.) ist eindeutig katalanisch. Erst 1659 kam die Stadt endgültig zu Frankreich. Der historische Stadtkern mit seinen engen Gassen wird von der mächtigen sternförmigen *Zitadelle (tgl. außer Di)* beherrscht. Im Palais der Könige von Mallorca, die von 1278 bis 1344 herrschten, *(Juni–Sept. tgl. 10–18, sonst 9–17 Uhr)* ist die große *Salle de Majorque* sehenswert; vom Turm hat man eine schöne Aussicht über die Stadt bis zu den Pyrenäen. An der Place de la Loge steht das ehemalige Börsengebäude *Loge de Mer* von 1397. Bekannt für seine Fischspezialitäten ist das Restaurant *La Passerelle, 1, cours Palmarole, Tel. 04 68 51 30 65, Mo mittags und So geschl.,* **€€**. Sehr stilvoll ist das Hotel *de la Loge, 22 Zi., 1, rue Fabrique Nabot, Tel. 04 68 34 41 02, Fax 04 68 34 25 13, www.hoteldelaloge.fr,* **€€**.

Südliches Flair herrscht in Perpignan, der Hauptstadt des Roussillon

Abendliches Amusement im Hafen von St-Tropez

ST-RAPHAËL/FRÉJUS

[173 E5] Mit Fréjus (30 000 Ew.) ist St-Raphaël (24 000 Ew.) der wichtigste Ferienort zwischen St-Tropez und Cannes. Die Auswahl an Hotels, Ferienhäusern und Campingplätzen ist entsprechend groß. Lohnend ist die Besichtigung der *Cité Épiscopale* im mittelalterlichen Zentrum von Fréjus, mit Kathedrale (12./13. Jh.), Taufkirche (5. Jh.), Kreuzgang und Bischofspalast, heute Rathaus. Die Überreste des einstigen römischen Hafens *Forum Julii* sind über das Stadtgebiet verstreut. Das *Amphitheater, rue Henri-Vadon, tgl. 9–12 und 14–18 Uhr,* fasste 10 000 Zuschauer.

SAINT-RÉMY-DE-PROVENCE

[173 E5] Die friedliche Kleinstadt (9800 Ew.), Geburtsort von Nostradamus (1503), wird vor allem wegen des griechisch-römischen Ausgrabungsorts *Glanum* besucht. Neben den Ausgrabungen mit Tempel, Thermen und Theater stehen hier das eindrucksvolle *Mausoleum der Julier* und ein *Triumphbogen,* beide stammen aus dem 1. Jh. n. Chr. *April–Sept. 9–19, sonst 10.30–17 Uhr*

SAINT-TROPEZ

[173 E5] Das ehemalige Fischernest (5500 Ew.) ist heute einer der am stärksten besuchten Orte an der Côte d'Azur. Man wandelt dabei nicht nur auf den Spuren von Stars wie Brigitte Bardot, sondern kommt zum Beispiel auch nach St-Tropez wegen der Sandstrände, die als die schönsten und größten an der Côte d'Azur gelten (vor allem »Club 55«). Eines der besten französischen Museen für moderne Kunst ist das *Musée de l'Annonciade, Vieux Port, Sommer tgl. außer Di 10–12 und 15–20 Uhr.*

Ein schöner Tagesausflug ist die Fahrt in das Küstengebirge Massif des Maures.

SAINTES-MARIES-DE-LA-MER

[172 C5] Eines der großen Ziele in der Provence, eine Hochburg der Tradition und Religion (2500 Ew.). Besonders, wenn Ende Mai die Wallfahrer zusammenströmen, um den drei Marien und deren schwarzer Dienerin Sara zu huldigen. Zur letzteren, ihrer Schutzpatronin, kommen die Zigeuner zahlreich: ein einzigartiges Schauspiel. Auch an den Samstagen und Sonntagen, die dem 22. Oktober folgen, finden Wallfahrten statt. Ihnen zu Grunde liegt die Legende, nach der Maria Jacobäa, Maria Salome und Maria Magdalena hier im Jahr 45 n. Chr. landeten und die Einwohner der Provence zum Christentum bekehrten. In der wehrhaften romanischen Kirche werden die Reliquien der beiden ersten Marien und ihrer Dienerin Sara aufbewahrt. Im alten Rathaus ist ein interessantes *Museum der Camargue* untergebracht *(tgl. 9–12 und 14–17 bzw. 18 Uhr).*

ZIEL IN DER UMGEBUNG

Camargue **[172–173 C–D5]**
Das Rhônedelta, südlich von Arles, ist das Reich der weißen Pferde, schwarzen Stiere und rosafarbenen Flamingoschwärme. Insgesamt umfasst die Camargue 1400 km² Sumpf, Weideland, Dünen und Salzseen. Das Gebiet am Étang de Vaccarès, dem größten See der Camargue, steht unter Naturschutz und ist nicht zugänglich. Tierbeobachtungen sind nur von der Straße aus möglich. Bootsfahrten und organisierte Ausflüge können in den Verkehrsbüros von Arles, Stes-Maries-de-la-Mer und anderen Orten gebucht werden. Das *Musée camarguais*, Mas du Pont de Rousty, liegt 10 km südlich von Arles an der D 570; *Juli/Aug. tgl. 9.15 bis 18.30, sonst 10.15–16.45 Uhr.* Besonders gut lernt man die Landschaft der Camargue natürlich vom Insider Tipp

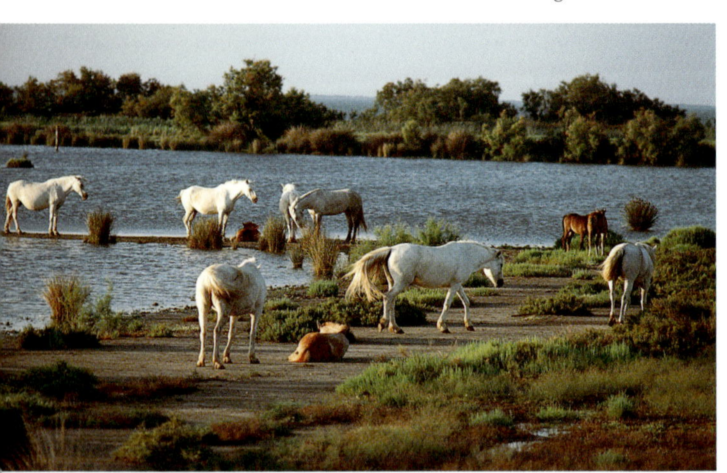

Die Camargue ist berühmt für ihre weißen Pferde

Pferderücken aus kennen. Es gibt eine ganze Reihe von Reiterhöfen, bei denen Sie Pferde mieten und Reitausflüge buchen können.

Vaison-la-Romaine

[173 D4] Eines der bedeutenden kulturgeschichtlichen Ziele der Provence ist die einst keltische Hauptstadt (5600 Ew.), die nach der Eroberung Galliens römisch wurde. Die Ausgrabungen vermitteln ein lebendiges Bild der römischen Zeit. Nicht nur Thermen, Theater und die Villen reicher Römer wurden freigelegt, auch einfache Mietshäuser und eine Ladenstraße sind zu besichtigen, *Sommer tgl. 9.30–18, sonst 10–12 und 14–17 Uhr.* Die Kathedrale *Notre-Dame de Nazareth* ist eine der besonders schönen romanischen Kirchen des Departments. Die Mauern der Apsis stammen aus dem 6. und 7. Jh. Im *Musée archéologique, Sommer tgl. 9.30–18, sonst 10–12 und 14–17 Uhr,* sind viele der Fundstücke zu sehen, die Ausgrabungen hier zu Tage gefördert haben

Vence

[173 F5] Das zauberhaft im Hügelland westlich von Cannes gelegene Städtchen (17 000 Ew.) erfreut sich eines besonders angenehmen Klimas. Im Zentrum der mauerumgürteten Altstadt steht die Kathedrale *St-Véran* (10.–15. Jh.), die zusammen mit ihren An- und Umbauten und Kapellen ein eindrucksvolles Ensemble bildet. Außerhalb der Stadt liegt die bemerkenswerte *Chapelle du Rosaire* (1951 geweiht), deren Entwurf ebenso wie die farbigen Glasfenster von Henri Matisse stammt, *Mo, Mi und Sa 14–17.30, Di und Do 10–11.30 und 14.30–17.30 Uhr*

Insider Tipp

4 km südlich liegt auf einer Anhöhe *St-Paul-de-Vence* (2800 Ew.), ein bezaubernder Ort mit Wehrmauern und mittelalterlichen Gassen, zahlreichen Galerien und Antiquariaten. Einmalig ist die *Fondation Maeght, www.fondation-maeght.com,* nordöstlich des Orts. Der Bau dieser Begegnungsstätte moderner Kunst ist ebenso großartig wie die Sammlung bedeutender Kunstwerke, zu der fast alle Künstler von Rang und Namen einen Beitrag leisteten. *Tgl. Sommer 10–19, sonst 10–12.30 und 14.30–18 Uhr*

Verdon (Canyon)

[173 E5] Eines der großen Naturwunder Europas: Bis zu 700 m tief hat sich hier auf einer Länge von rund 20 km der Verdon in die Kalkfelsen der Haute-Provence gegraben, um sich den Lauf ins Tal der Durance zu bahnen. Mit dem Auto kann man den Canyon auf verschiedenen Routen erkunden. Die Rundfahrt von *Moustiers-Ste-Marie* aus führt zu den schönsten Punkten, ist etwa 100 km lang und nimmt einen Tag in Anspruch. Zu Fuß starten Sie am besten am *Point Sublime* und folgen dem Wanderweg GR 4 *(rund 6 Std. ohne Pausen).* Beliebt sind auch Fahrten mit Kajak, Kanu oder Tretboot. Auskunft: *Offices de Tourisme in Castellane (route Nationale) und Moustiers (Hôtel Dieu, rue Bourgade)*

Frankreich à la carte

Die Touren sind in der Karte auf dem hinteren Umschlag und im Reiseatlas ab Seite 166 grün markiert

1 AUF DEM CANAL DU NIVERNAIS DURCH BURGUND

Der schönste Kanal von Burgund ist 170 km lang und verbindet die Loire bei Decize im Süden mit der schiffbaren Yonne bei Auxerre. Um die Westausläufer des Morvan zu überwinden, mussten die Kanalbauer Schleife an Schleife legen. So entstand Frankreichs windungsreichster Kanal. Ein Urlaub mit einem gemieteten Kabinenkreuzer auf dem Canal du Nivernais ist die wohl erholsamste Art, Land und Leute kennen zu lernen. Dabei sind Fahrräder unentbehrlich, um Städtchen, Dörfer, Kirchen oder Burgen an der Strecke zu besuchen, einzukaufen oder zur Abwechslung im Restaurant zu schmausen. Eine Woche ist bei 5 km/h Reisegeschwindigkeit nicht zu lang, zumal auch 110 Schleusen zu absolvieren sind.

Diese geruhsame Art des Urlaubs wird immer beliebter; mitgeführte Fahrräder ermöglichen auch die Erkundung der Umgebung

In *Decize* werden die Leinen losgemacht. Vorbei an den Dörfern *Champvert, Cercy-la-Tour* und *Vandenesse* tuckern Sie nordwärts. Der Kanal zieht zunächst in langen Geraden durch Wiesen und Felder, südlich von *Châtillon-en-Bazois* dagegen, im Tal des Flüsschens Arnon, legt sich Schleife an Schleife. Das alte Städtchen *Châtillon-en-Bazois* ist ein Zentrum der Freizeitschifffahrt auf dem Kanal, mit eigener Bootswerft, einem *Château* aus dem 16./17. Jh.und einer Kirche aus dem 14. Jh.

Rund 10 km nördlich erwartet Sie ein echtes Abenteuer: die Fahrt durch den 758 m langen Tunnel *Souterrain de la Collanchelle,* mit dem der Canal du Nivernais einen Höhenrücken, die Wasserscheide zwischen Loire und Yonne, durchstößt. Im Anschluss daran ist die grandiose Stufenanlage *Échelle de Sardy* (Leiter von Sardy) mit ihren 16 dicht aufeinander folgenden Schleusen zu meistern. Auf der Höhe von *Château de la Chaise* nahe *Corbigny* treffen sich Canal du Nivernais und Yonne, um von hier ab gemeinsam nordwärts zu ziehen. *Chitry-les-Mines* und *Marigny-sur-Yonne* nahe bei Corbigny sind zwei

Stationen mit Einrichtungen für die Freizeitschifffahrt. Vorbei am Weindorf *Tannay* geht es auf *Clamecy* zu, die erste größere Stadt am Kanal. Hier wurden früher die auf Cure und Yonne geflößten Baumstämme zu großen Flößen zusammengestellt, die bei Hochwasser im Frühjahr bis nach Paris trieben. 23 km östlich von Clamecy liegt *Vézelay (S. 91)*, der berühmte Wallfahrtsort mit seinen romanischen Meisterwerken und Restaurants, darunter der Feinschmeckertempel von Marc Meneau. Von Clamecy setzt der Kanal seinen Weg in lebhaften Windungen fort, vorbei an *Coulange-sur-Yonne* und *Châtel-Censoir* mit der sehenswerten Kirche *St-Potentieu* (11. Jh.). Nächste Etappe sind die malerischen, 50 m steil neben Kanal und Straße aufragenden Kalkfelsen von *Saussois*. Die zerklüftete Wand ist ein beliebter Klettergarten. Bis *Mailly-le-Château* folgen weitere Felsen, ausgewiesen als Réserve Naturelle. Von *Mailly-la-Ville* lohnt sich der Hüpfer hinüber nach *Arcy-sur-Cure*, wo das *Château du Chastenay* (13. Jh.) und *La Grande Grotte*, eine schöne Tropfsteinhöhle mit prähistorischen Felszeichnungen, zu besichtigen sind. Im Restaurant *Grottes an der N 6, Tel. 03 86 81 91 47, €*, können Sie sich für die Rückkehr zum Hausboot stärken. An der letzten Kanalstrecke nach Auxerre liegt die Ortschaft *Irancy*, ein bedeutendes Weindorf. Hier geht der Canal du Nivernais in die nun schiffbare Yonne über, die letzten Kilometer bis zur Endstation *Auxerre (S. 78)* legen Sie auf dem Fluss zurück.

Einige Bootsverleihadressen finden Sie auf Seite 148.

2 BESUCH BEIM ERSTEN MENSCHEN: DURCHS PÉRIGORD GEN SÜDEN

Diese Route führt ins Department Dordogne, die historische Landschaft Périgord. Man kann sie auf der Fahrt an die Atlantikküste zwischen Bordeaux und Biarritz als Etappe durchqueren, es kann aber auch passieren, dass man sich zum Bleiben verführen lässt. Denn dies ist eine der besonders attraktiven Regionen Frankreichs, landschaftlich bezaubernd, kulinarisch sensationell, historisch eine Schatzkammer mit Höhepunkten wie der Höhle von Lascaux, dem Zentrum der Vorgeschichte in Les Eyzies-de-Tayac, mit Schlössern, Burgen und Abteien zuhauf. Die Route beginnt im Périgord noir nördlich der Hauptstadt Périgueux und führt südwärts ins Dordognetal und weiter im Nachbardepartment Lot-et-Garonne bis Moissac. Für die insgesamt ungefähr 270 km lange Strecke sollten Sie drei bis vier Tage einkalkulieren.

Wenn man über Paris und Limoges oder über Lyon und Clermont-Ferrand in den Südwesten Frankreichs fährt, liegt das Périgord an der Strecke. In *Brantôme (S. 101)*, 27 km nördlich von *Périgueux (S. 110)*, empfiehlt sich mindestens eine Übernachtung im zauberhaft am Fluss gelegenen, schönen Hotel *Moulin de l'Abbaye, 16 Zi., Tel. 05 53 05 80 22, Fax 05 53 05 75 27*, mit Ein-Stern-Restaurant, *mittags geschl., €€€*, das mit den Spezialitäten des Périgord bekannt macht: *magret de canard* (Entenbrustfilet), *foie gras*

(Entenstopfleber), Brattäubchen am Spieß mit Steinpilzen …

Von Brantôme versäume man nicht den Abstecher auf der D 78 nach *Bourdeilles:* Die alten Häuser drängen sich zwischen dem Flüsschen Dronne und steilen Felsen entlang der Wallmauern, über denen sich das große Schloss erhebt. Sehr schöne Inneneinrichtung *(tgl. Sommer 9–12 und 14–19 Uhr).* Von Bourdeilles nehmen Sie die D 106, um zur D 939 und nach *Périgueux* zu kommen. Von Périgueux folgt eine kleine Straße (D 5) dem gewundenen Lauf der Auvézère nach Osten und bringt Sie nach *Hautefort* mit seinem von schönen Gärten eingerahmten Schloss. Der Bau von 1640–80 hat königliche Dimensionen *(tgl. Sommer 9–12 und 14–19, sonst 14–18 Uhr).*

Von Hautefort bringt Sie die D 704 südwärts zur N 89; im Tal der Vézère ist *Montignac* die erste Station, ein hübsches Städtchen, das durch die Höhlen von *Lascaux (S. 108),* wenige Kilometer südlich, weltberühmt wurde. *Lascaux II* mit seinem Museum ist der Auftakt zu einer faszinierenden Reise in die Prähistorie, wenn man weiter durchs Vézèretal fährt. Die Stationen im *Vallée de l'Homme* sind das *Centre d'Art Préhistorique* in *Le Thot,* das Dorf *Le Moustier, Tursac,* die phantastische Höhlenfelswand *La Roque St-Christoph* und der Ort *Les Eyzies-de-Tayac (S. 107),* wo die ersten Spuren des Cromagnon-Menschen gefunden wurden. Etwa 400 000 v. Chr. traten im Vézèretal die ersten Menschen auf; auf 120 000 bis 35 000 v. Chr. wird das Moustérien, die jüngste Phase der Altsteinzeit, datiert; zwischen

Berühmt für ihre Wandmalereien ist die 1940 entdeckte Höhle von Lascaux

350 000 und 10 000 v. Chr. lebte hier der Cromagnon-Mensch, unser direkter Vorfahre.

In Les Eyzies-de-Tayac liegt das Zwei-Sterne-Hotelrestaurant *Centenaire, Tel. 05 53 06 68 68, Fax 05 53 06 92 41,* **€€€**, eine Gourmetadresse. Über *Le Bugue* kommen Sie nach *Limeuil,* einem malerisch am Zusammenfluss von Vézère und Dordogne gelegenen Städtchen. Nur ein paar Kilometer weiter flussabwärts liegt *Trémolat* mit dem erstklassigen Hotel *Vieux Logis, Tel. 05 53 22 80 06, Fax 05 53 22 84 89,* **€€€**. Über dem Ort befindet sich ein Aussichtspunkt mit Blick auf die *Cingle de Trémolat,* eine prächtige Schleife der Dordogne. Insider Tipp

Zurück in Limeuil, überqueren Sie den Fluss und fahren in Richtung *Le Buisson.* Hier bietet sich ein Abstecher Richtung Siorac an, der Sie zu den viel besuchten Zielen an der Dordogne bringt, nach *Beynac (S. 106), Roque-Gageac (S. 112)* und *Domme (S. 105).*

Die Hauptroute folgt aber der schönen D 25 Richtung Beaumont. Sie kommen durch *Cadouin* mit einer Zisterzienserabtei, die wegen eines Schweißtuchs Christi als Wallfahrtsort besucht wurde, bis man das Tuch als Fälschung entlarvte. Von der alten Bastide *Beaumont* mit Wehrkirche und Resten der Stadtmauer, gegründet 1272 von den Engländern, fahren Sie nach *Monpazier (S. 109),* ebenfalls eine alte Bastide. Insider Tipp Sie ist die schönste weit und breit.

6 km südlich von Monpazier erhebt sich das stolze Schloss *Biron* auf einem künstlichen Hügel. Von der Höhe reicht der Blick rund 30 km weit ins Land. Als Sitz der größten Barone des Périgord während 14 Generationen vereint es alle Baustile vom 12. bis zum 18. Jh. Im Sommer gibt es hier interessante Kunstausstellungen zu besuchen (*tgl. 9.30–12 und 14–19 Uhr).*

Die Strecke von Fumel nach Moissac führt durchs Department Lot-et-Garonne, die alte Landschaft Quercy. Mit ihren Bastiden *Tournon-d'Agenais* und *Lauzerte* in beherrschender Lage, mit den Hügeln, Feldern und Weinhängen erinnert sie stark an die Toskana.

In *Moissac (S. 108),* einem Städtchen an der alten Pilgerstraße nach Santiago de Compostela, ist der Besuch der großartigen romanischen Abtei das letzte Highlight der Route.

3 IN DEN PARC NATIONAL DES PYRÉNÉES

Die Route führt von Toulouse in den 457 km² großen Pyrenäen-Nationalpark und seine schönsten Täler: Cauterets, Ossau und Aspe. Er ist ein großartiges Wanderrevier und gut durch Wanderwege und Gebirgshütten erschlossen. Hier leben noch rund zehn Braunbären (die man allerdings kaum zu sehen bekommt), 4500 Gemsen, eine große Kolonie Geier und Königsadler, Auerhähne und Murmeltiere. Für die rund 420 km sollten Sie ungefähr eine Woche einplanen.

Von *Toulouse (S. 113)* fahren Sie auf der N 117 nach *St-Gaudens,* wo die D 8 zur N 125 und zum sehenswerten Dorf *St-Bertrand-de-Comminges (S. 110)* abzweigt. Südwärts geht es hinauf zum Thermalort *Bagnères-de-Luchon.* Seine heißen Quellen wurden schon von den Römern geschätzt. Ringsum erheben sich die großen Pyrenäengipfel. Außerhalb des Orts, an der Route de Superbagnères, liegt die *Auberge de Castel-Vielh, Castel Biel, Tel. 05 61 79 36 79,* **€€**, in der ausgezeichnete regionale Küche serviert wird. Die D 618 führt weiter westwärts und steigt an zum Col de Peyresourde (1569 m). Durchs schöne *Vallée du Louron* geht es über das malerische Dorf *Arreau* zum nächsten Pass, dem 1489 m hohen Col d'Aspin. Bei Ste-Marie-de-Campan biegen Sie auf die D 918 ab. Rechts erhebt sich der mächtige Pic du Midi de Bigorre; vom Col du Tourmalet (2115 m) zweigt eine Straße (mautpflichtig)

Blick auf den Lac de Gaube in den Pyrenäen

zum Gipfel (2872 m) ab. Wieder zurück auf der D 918, geht es weiter westwärts. Über Barèges kommen Sie nach *Luz St-Sauveur,* einen lebhaften, hübschen Ferienort mit Thermalquellen und einer kuriosen romanischen Wehrkirche. Vor allem aber gilt es, eine der Hauptattraktionen der Pyrenäen nicht auszulassen: den 20 km südlich gelegenen *Cirque de Gavarnie,* ein atemberaubendes, von der Natur geschaffenes Amphitheater von 10 km Breite, mit einem 442 m hohen Wasserfall. Vom Dorf Gavarnie erreicht man den Cirque zu Fuß, per Pferd oder Esel. Nächstes Ziel ist das Tal *Cauterets,* an dessen Ende der Vignemale 3298 m aufragt. Vom Endpunkt Pont d'Espagne geht eine Seilbahn zum schönen Gebirgssee *Lac de Gaube* auf 1725 m Höhe. Die prächtige Bergstrecke der D 918 mit zwei Pässen (Col de Soulor und Col d'Aubisque) bringt Sie von *Argelès-Gazost* ins *Vallée d'Ossau.* Es ist wie das benachbarte *Vallée d'Aspe* ideal für Wanderungen. In den Maisons du Parc erhalten Sie alle Informationen über den Nationalpark. Vom Vallée d'Ossau geht es nordwärts nach *Pau (S. 109),* Geburtsort Heinrichs IV., wo die Tour endet.

Auf Schusters Rappen, im Sattel, unter Segeln ...

Sport in Frankreich kennt alle Extreme: spannend, entspannend, abenteuerlich oder locker

Ob an der Atlantik- oder Mittelmeerküste, in den Pyrenäen oder in den Alpen – in Frankreich gibt es für jede Sportart das passende Revier. Ähnlich wie die Kochkunst betreiben die Franzosen ihren Lieblingssport mit Leidenschaft – und dabei bestens organisiert; und natürlich mit dem spezifischen Savoir-vivre.

ANGELN

Ein Volkssport: Der Angler, der selbstvergessen am Ufer eines Flüsschens, Kanals oder Sees sitzt, gehört zum Bild der französischen Landschaft. Denn irgendein Gewässer ist immer in der Nähe. Eine gültige Angelkarte muss mitgeführt werden. Die Regeln variieren von Ort zu Ort und sind strikt einzuhalten, z. B. die genau kontrollierten Fangzeiten sowie erlaubte Zahl und Mindestgröße der gefangenen Fische. Verboten ist das Angeln in Naturparks und *Réserves. Auskunft beim örtlichen Touristenbüro oder in Geschäften mit Angelzubehör und Conseil Supérieur de la Pêche, 134, avenue Malakoff, 75016 Paris, Tel. 01 45 02 20 20*

An vielen Orten in Frankreich sind traumhafte Wanderungen möglich

GOLF

Die übers Land verteilten knapp 600 Golfplätze lassen keine Wünsche offen. Man kann im schicken Golfhotel wohnen oder als Gast einlochen. Besonders in ländlichen Gebieten sind die Gebühren oft nur halb so hoch wie in Spanien oder Portugal. *Eine Broschüre der 138 Top-Golfadressen verschickt die Fédération Française de Golf, rue Anatole France, 92300 Levallois-Perret.*

HAUSBOOTURLAUB

An der wachsenden Zahl der Verleiher lässt sich ablesen, dass der Urlaub im Hausboot immer beliebter wird. Die Voraussetzungen sind ideal: Flüsse und Kanäle erschliessen die schönsten Landschaften, wie in Burgund der Canal du Nivernais und im Süden der Canal du Midi. In der Hochsaison sind diese beiden Routen besonders stark befahren. Es lohnt sich also, bei Vermietern zu sondieren, die auch Elsass, Champagne, Bretagne oder Charente im Programm haben. Es stehen im Allgemeinen Boote für zwei bis zwölf Personen zur Verfügung, deren Motorleistung so gering ist. dass sie führerscheinfrei gefahren werden dürfen. Zwei Adressen: *Rive de France, 55, rue d'Aguesseau, 92774 Boulogne-Billancourt, Tel. 01 41 86 01 02, www.rivedefrance.com; Crown Blue Line, Port de Plaisance, 21170 St-Jean de Losne, Tel. 03 80 29 13 81, www.wasserwege.com*

KANU & KAJAK

An fließenden Gewässern herrscht in Frankreich kein Mangel. Man leiht einfach ein Kanu oder Kajak und erlebt so die schönsten Flusslandschaften: die burgengesäumte Dordogne, die wilden Gorges du Tarn oder die Gorges du Verdon, den Lot und viele andere. Bei den Tagestrips bringt der Verleiher Boot und Insassen zu einem Startpunkt flussaufwärts; wie lange man dann für die Strecke braucht, bleibt jedem selbst überlassen. *Auskunft erteilen die jeweiligen Touristenbüros der Regionen.*

RAD & MOUNTAINBIKE

Alle Provinzen Frankreichs sind ideal für Ferien mit dem Fahrrad, egal, ob Sie sich nur auf Tagestouren beschränken oder den ganzen Urlaub im Sattel verbringen wollen. Das Straßennetz ist so dicht, dass man dabei problemlos große Städte und stark befahrene Straßen meiden kann. Mountainbiking *(VTT, vélo tout-terrain)* ist auf verschiedenen Fernwanderwegen *(GR, sentiers de grandes randonnées)* und Wanderwegen *(GRP, grandes randonnées de pays)* zugelassen. Bei manchen Bahnverbindungen, die gekennzeichnet sind durch ein Fahrradsymbol, wird das Rad kostenlos mitbefördert. Die *Fédération française de cyclisme, 5, rue Louis Bertrand, 93110 Rosny-sous-Bois, Tel. 01 49 35 69 24, www.ffc.fr, verschickt eine Broschüre mit 36 000 km Piste für Mountainbiker.*

REITEN

Centres équestres, Reitzentren, finden sich in allen Landesteilen. Hier kann man tage- oder wochenweise Reitausflüge *(randonnées)* mit Übernachtung in ländlichen Hotels und Herbergen buchen. Ideale Landschaften für den Reiterurlaub sind Vogesen, Bretagne, Auvergne, Cevennen, Périgord, Camargue und Gascogne. *Auskunft in Touristenbüros und bei der Féderation française d'Equitation 9, boulevard Macdonald, 75019 Paris, Tel. 01 53 26 15 50, www.ffe.com*

SEGELN & SURFEN

An großartigen Segelrevieren ist bei einer Küstenlänge von 4000 km kein Mangel. Jeder größere Ferienort an der Atlantikküste und am Mittelmeer hat seine Marina mit Segelschulen, Boots- und Surfbrettverleih. Auf den endlosen, breiten Stränden von La Baule, Les Sables d'Olonne und anderswo ist bei niedrigen Wasserständen Strandsegeln *(char à voile)* und Speedsail (Segelbretter mit vier Rädern) angezeigt. Fürs Surfen ist die Côte d'Ar-

Windsurfen ist in an vielen Stränden der Mittelmeerküste

gent das ideale Revier; Surfer reisen sogar aus Amerika und Australien zu Profiweltmeisterschaften an.

In nahezu jedem Küstenort gibt es einen Surfclub. Ideal zum Windsurfen *(planche à voile)* sind die Insider Tipp Binnenseen des Landes, z. B. *Lac de Biscarosse, Lac de Léon, Lac de Cazaux* u. a., an denen in den Kiefernwäldern schöne Campingplätze liegen. *Infos bei der Fédération française de voile, www.ffv.fr*

SKIFAHREN

Frankreich hat das größte Skigebiet der Welt. Zur Wahl für Wintersportler stehen Vogesen, Jura, Massif Central, Alpen und Pyrenäen. Drei Mal fanden bereits in den französischen Alpen die Olympischen Winterspiele statt: in Chamonix, Albertville und Grenoble. Davon profitieren weiterhin die Skiurlauber, ob in vorwiegend familienfreundlichen Stationen wie Chamonix oder extrem ausgelegten wie Alpe d'Huez mit ganzjährigem Gletscherskilauf und Extremtouren. *Infos unter www.skifrance.fr*

WANDERN

Mit seinen vielfältigen Landschaften ist Frankreich ein Wanderland par excellence. Mehr als 130 000 km markierter Wanderwege durchziehen alle Landesteile, unter anderem die so genannten *GR, grandes randonnées,* die mit rot-weißen Zeichen markiert sind, die rot-gelb gekennzeichneten *GRP (grandes randonnées de pays)* und die gelb markierten *PR (promenade randonnée).* Unerlässlich für Wanderer sind die Karten vom *Institut Géographique National (I.G.N),* die es in Tabakläden, in den *Maisons de la Presse* und in Touristenbüros gibt. *Infos: Fédération française de la randonée pedestre, 14, rue Riquet, 75019 Paris, Tel. 01 44 89 93 90*

Attraktionen zuhauf: künstlich und naturgeschaffen

Wo nicht nur der Nachwuchs auf seine Kosten kommt

Auch für Kinder hat Frankreich viel zu bieten. An den bewachten Stränden sorgen Kinderspielplätze und Sportanlagen fürs Aktivsein. Entdeckungen in der Natur können ebenso begeistern wie spannende Museen, Meeresaquarien, Technik-und Freizeitparks. Eine kleine Auswahl:

Parc Astérix **[168 B3]**

Das Dorf von Asterix und Obelix steht hier so, wie man es aus den Comics kennt. Für Spannung und Kurzweil ist dabei reichlich gesorgt, mit bunten Szenen aus dem Dorfalltag, festlichen Gelagen und vielen Aktivitäten, mit denen sich die alten Gallier die Zeit vertrieben. *Plailly, 30 km nördlich von Paris, www.parcasterix.fr, April–Mitte Okt. Mo–Fr 10–19, Sa/So 9.30–20, Juli/Aug. tgl. 9.30–20 Uhr, Erwachsene 30 Euro, Kinder 22 Euro*

Disneyland Paris **[168 B4]**

Im Reich von Mickeymouse und Co werden Träume von Kindern aller Altersstufen wahr: In der Main Street USA, im Frontierland, Adventureland, Fantasyland und Discoveryland, wo sich Trapper, Indianer, Cowboys, Piraten, Ritter und Astronauten tummeln. Memory, Puzzle, Malen oder Quiz animieren zum Mitmachen. Ausführlich informiert der MARCO POLO Band »Disneyland Paris«. *Marne-la-Vallée, 32 km östlich von Paris, www.disneylandparis.fr, Juli/Aug. tgl. 9–23, sonst Mo–Fr 10–20, Sa/So 9–20 Uhr, Hauptsaison Erwachsene 40 Euro, Kinder 32 Euro*

Disneyland Paris sorgt für fröhliche Gesichter und viel Spaß

Bergérie Nationale de Rambouillet **[168 A4]** Insider Tipp

Im Schlosspark liegt die Schäferei, wo Kinder miterleben können, wie ein Lämmchen geboren wird, Küken schlüpfen, Schafe geschoren und Kühe gefüttert werden. Ein Lehrpfad führt durch das ländliche Idyll. Schöner Abschluss: das Picknick unter alten Bäumen am Schlosssee. *Rambouillet, 45 km südwestlich von Paris, www.bergerie-national.educagri.fr, Mi–So 14 bis 17 Uhr, Erwachsene 2,50 Euro, Kinder 1,50 Euro*

Angesagt!

Was Sie wissen sollten über Trends, die Szene und Kuriositäten in Frankreich

Unter Palmen in Paris
Statt im Sommer an die überfüllte Côte d'Azur zu reisen, bleiben manche Pariser lieber gleich zu Hause. Denn Palmen, Sand, Beachvolley, Abendkonzerte und anderes Amüsement finden sie – wie die begeisterten Besucher – direkt vor der eigenen Haustür. Der Ort bzw. das Ereignis heißt *Paris Plage,* findet sich am rechten Ufer der Seine und erstreckt sich auf mehr als 3 km Länge zwischen Tuilerien und Quai Henri IV *(Mitte Juli–Aug.).*

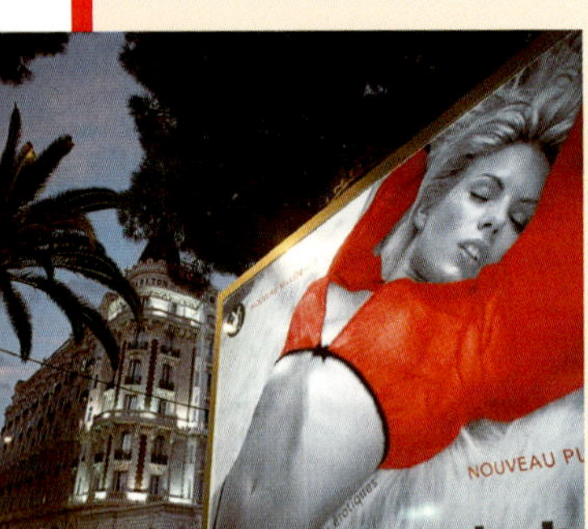

Ultimativer Kick
Nichts geht über den Bungeesprung? Vielleicht doch! Der neueste Schocker heißt *Scable* und wird in der Normandie südwestlich von Caen praktiziert. Dabei rast man mit rund 100 km/h an einem Stahlseil durch die Luft, das bei der Eisenbahnbrücke von Eiffel 400 m über das Flüsschen Souleuvre gespannt ist *(www.ajhackett.fr).*

Modeschnäppchen
Schicke Klamotten der größten Couturiers kosten bekanntlich ein Vermögen. Auch mit schmalerem Budget kann man sich aber eventuell ein hübsches Outfit von Christian Lacroix, Chanel oder Dior mit Accessoires von Hérmes, Vuitton, Gucci oder Prada leisten. Der Trick: *Dépot-Vente,* also Secondhandlager, und spezielle Geschäfte oder Märkte. Sie finden sich in großen Städten.

Höhlenfieber
Wer einmal in die phantastische Unterwelt mit ihren bizarren Stalagmiten und Stalaktiten, ihren Flüssen, Seen und prähistorischen Felszeichnungen eingedrungen ist, den kann leicht das Höhlenfieber packen. Keine andere Landschaft ist dazu so prädestiniert wie das Périgord. Bei dieser Art von Abenteuer geht es nicht um touristische Ausflüge in bekannte Grotten, sondern um Touren in die Unterwelt mit echten Spéologen (Höhlenforschern) als professioneller Begleitung. Informationen im Internet über diese Art des Nervenkitzels finden Sie zum Beispiel unter *www.perso.wanadoo.fr/couleurs.perigord.*

Von Anreise bis Zoll

Hier finden Sie kurz gefasst die wichtigsten Adressen und Informationen für Ihre Frankreichreise

ANREISE

Auto

Die Hauptrouten aus Deutschland sind für Nord- und Mittelfrankreich Aachen–Liège–Paris und Saarbrücken–Metz–Paris. Im Einzugsgebiet von Paris sollte man möglichst Rushhours, Wochenendbeginn und Feiertage meiden. In Richtung Provence und nach Südfrankreich ist die Autoroute du Soleil über Besançon–Lyon am stärksten befahren. Landschaftlich großartig ist die Route Napoléon (N 85) über Grenoble nach Cannes bzw. Aix-en-Provence.

Bahn

Nach Nord- und Mittelfrankreich reist man über Paris. Die Fahrzeit Hamburg–Paris beträgt acht Stunden, Frankfurt–Paris gut sechs Stunden, Ankunft auf der Gare du Nord oder Gare de l'Est an. Weiterfahrt in den Süden und Westen Frankreichs von der Gare Montparnasse, Gare d'Austerlitz oder Gare de Lyon. Mit bis zu 300 km/h fährt der TGV *(Train à Grande Vitesse)* von Paris nach Lyon, Marseille, Nantes, Rennes und Bordeaux, Platzreservierung obligatorisch.

Flugzeug

Drehscheibe des internationalen Flugverkehrs ist der Flughafen Charles de Gaulle 23 km nördlich von Paris. Für den Weiterflug innerhalb Frankreichs muss man zum Aéroport Orly-Ouest (Busse).

Direktflüge der französischen Fluggesellschaft Air France gibt es von Frankfurt am Main nach Paris, Lille, Lyon, Marseille, Nizza und Toulouse; von Wien nach Paris; von Zürich nach Paris, Lyon, Nizza und Toulouse. Von den Billigfluglinien bietet z. B. Hapag Lloyd Express einen Direktflug von Köln-Bonn nach Marseille, Ryanair fliegt von Frankfurt-Hahn direkt nach Montpellier und via London-Stansted in viele andere Städte.

AUSKUNFT

Maison de la France – Französische Fremdenverkehrsbüros

Westendstraße 47, 60325 Frankfurt, Tel. 0190/57 00 25, Fax 59 90 61, www.franceguide.com; Argentinierstraße 41 a, 1040 Wien, Tel. 01/503 28 90, Fax 503 28 71; Rennweg 42, 8023 Zürich, Tel. 0900/90 06 99, Fax 01/217 46 17

Weitere Auskünfte erteilen die regionalen Fremdenverkehrsämter in Frankreich, die alle aufzuführen hier aus Platzgründen nicht möglich ist. Sie erhalten deren Adressen von der Maison de la France oder einfacher im Internet durch Eingabe des Suchbegriffs *Comité Régio-*

nal de Tourisme bei einer Suchmaschine, zum Beispiel *www.google.de.* Bei schriftlichen Anfragen vergessen Sie bitte nicht, Rückporto beizulegen.

AUTO

Die französischen Autobahnen sind gebührenpflichtig. Höchstgeschwindigkeiten: Autobahn 130 km/h, bei Regen 110 km/h; Schnellstraßen 110 km/h, bei Regen 100 km/h; National- und Departmentstraßen 90 km/h, bei Regen 80 km/h; in Ortschaften 50 km/h. Promillegrenze 0,5. Wer bei Polizeikontrollen erwischt wird, muss schon bei geringen Tempoüberschreitungen hohe Geldbußen zahlen. Wer die Höchstgeschwindigkeit um mehr als 50 km/h überschreitet, landet im Gefängnis. Bei Unfällen muss Personenschaden vorliegen, damit die Polizei eingreift.

Pannenhilfe *(dépanneur-remorqueur)* leisten die Dienste der Automobilhersteller rund um die Uhr, vermittelt durch die Polizei *(Rufnummer 17)* bzw. Autobahn-Notrufsäulen. Der ADAC-Auslandsnotruf berät auch Nichtmitglieder über *Tel. 0049/89 22 22 22* rund um die Uhr.

BANKEN & GELD

In großen Städten sind die Banken meist Mo–Fr 9–16.30 bzw. 17 Uhr geöffnet. In kleinen Orten ist von 12.30 bis 14 Uhr Mittagspause. Montags sind die Banken in der Provinz meistens geschlossen, dafür samstags bis 12 Uhr geöffnet. Kreditkarten sind weit verbreitet. Auch Travellercheques werden akzeptiert. Am praktischsten sind die Geldautomaten der Banken sowie auf Flughäfen und Bahnhöfen (Kreditkarten bzw. ec-Karten).

CAMPING

An Campingplätzen besteht in Frankreich kein Mangel, von der ländlichen Wiese mit einfachen Einrichtungen bis zum Luxusplatz der Vier-Sterne-Kategorie an der Côte d'Azur ist alles vorhanden. Rechtzeitige Platzbuchung ist besonders in den Ferienmonaten Juli und August dringend geboten. Die Variante *Camping à la ferme*, also auf dem Bauernhof, ist weit verbreitet. Ein Führer mit Informationen und Adressen wird herausgegeben von *Gîtes de France, www.gites-en-france.com.*

DIPLOMATISCHE VERTRETUNGEN

Deutsche Botschaft
13–15, avenue Franklin-D.-Roosevelt, 75 008 Paris, Tel. 01 53 83 45 00, www.amb-allemagne.fr

Österreichische Botschaft
6, rue Fabert, 75 007 Paris, Tel. 01 40 63 30 63, www.amb-autriche.fr

Schweizer Botschaft und Konsulat
142, rue de Grenelle, 75 007 Paris, Tel. 01 49 55 67 00, www.eda.admin.ch/paris

GESUNDHEIT

Mit der neuen Europäischen Krankenversichertenkarte EHIC *(European Health Insurance Card)* entfällt der bisher mit Arztbesuchen im

Ausland verbundene Papierkrieg. Mit der EU-weit gültigen, blauen Plastikkarte und Pass/Personalausweis können Sie direkt zum Arzt gehen.

INTERNET

Das Internet ist in Frankreich weit verbreitet. Ein besonderer Service sind die *Netanoos*, öffentliche Internetanschlüsse zum Surfen und Versenden von E-Mails mit einer Téle- oder Kreditkarte. Es gibt sie in verschiedenen Hotels, Touristbüros, *mairies* etc. Praktisch zu jedem Thema gibt es informative Websites von Frankreich. Sehr nützlich sind zum Beispiel die offizielle Homepage der französischen Botschaft in Berlin mit ausführlichen Informationen zu allen Themen, *www.botschaft-frankreich.de*, oder Editions Michelin *(www.viamichelin.fr)*

INTERNETCAFÉS

In Frankreich heißen sie Cyber-Cafés und sind in vielen Städten zu finden. Auskunft erteilen die Offices de Tourisme. Hier einige Adressen in großen Städten:

Lyon
Le Cybar, 50, montée du Gourguillon, communigate@ximili.com

Paris
Café Orbital, 13, rue des Medicis, www.cafeorbital.com; Webbar, 30, rue de Picardie, www.webbar.com; easyinternet Café, 6,rue de la Harpe, www.easyintercafe.com/france

Strasbourg
Cybercafé Net Sur Cour, 18, quai des Pêcheurs, www.cybercable.t.m.fr/-netcour

Toulouse
Cyber Media-Net, 19, rue des Lois, www.cybermedianet.fr

KLIMA & REISEZEIT

Im Norden und Westen herrscht ein gemäßigtes maritimes Klima mit wenig ausgeprägten jahreszeitlichen Unterschieden von Temperatur und Niederschlag. Besonders regenreich ist hier im Allgemeinen der Spätherbst. Im Landesinnern, vor allem im Zentralmassiv und seinen Randgebieten sowie im Bereich der östlichen Mittelgebirge, ist das Klima kontinental mit heißen Sommern und extrem kalten Wintern.

Von Mai bis Oktober herrschen im gesamten Mittelmeerraum sommerlich warme bis heiße Temperaturen. Die Winter sind mild, obwohl Schnee und Frost hier nicht unbekannt sind. Klimatische Kapriolen sind jedoch in allen Landesteilen möglich. Jedenfalls sind als beste Reisezeit für die Provence Frühling und Vorsommer sowie Herbst und Vorwinter, für die anderen Gebiete die Monate Juni und September zu empfehlen.

NOTRUF

Europäischer Notruf/ European emergency Call
(Polizei, Notarzt, Feuerwehr): *Tel. 112*

ÖFFENTLICHE VERKEHRSMITTEL

SNCF, die staatliche Eisenbahngesellschaft, setzt vor allem auf schnelle Verbindungen zwischen den großen Städten. Der TGV *(Train à Grande Vitesse)* braucht für die Strecke Paris–Lyon zwei Stunden. Fahrkarten für den TGV kosten nur wenig mehr als für normale Schnellzüge; Platzreservierung ist aber obligatorisch. In dünner besiedelte Gegenden kommt man nur noch selten mit der Bahn. Deshalb bietet SNCF an jedem Bahnhof die Kombination *train & autocar* an, Bahn und Bus. So kommt man praktisch in jeden Winkel des Landes.

Lesenswert

Frankreich literarisch entdecken

Jean Echenoz, »Die großen Blondinen«: zwischen Ernst und Komik wechselnde Liebesgeschichte, zubereitet mit zeitgenössischem Savoir-vivre; Schauplatz ist Paris.
Anne Gavalda, »Ich wünsche mir, dass irgendwo jemand auf mich wartet«: In der verrückten Welt der Popkultur angesiedelter Krimi.
Michel Houellebecq, der Autor von »Ausweitung der Kampfzone« und »Elementarteilchen«, gibt mit dem Roman »Plattform« eine neue Kostprobe seines – umstrittenen – Talents zur Provokation.

ÖFFNUNGSZEITEN

Bei den angegebenen Öffnungszeiten ist zu beachten, dass sie oft kurzfristig geändert werden. In Schlössern, privaten Museen und zoologischen Gärten zahlen Erwachsene durchschnittlich 4–7 Euro, Kinder die Hälfte. Staatliche und städtische Museen erheben um 2–4 Euro. Für die Besichtigung von Klöstern, Kirchen und Ausgrabungen ist mit rund 4–5 Euro zu rechnen.

POST

Briefe (20 g) und Postkarten in Länder der Europäischen Union kosten 0,50 Euro, in andere europäische Länder 0,60 Euro.

STROM

Die Netzspannung beträgt 230 Volt. Flachstecker passen auch in französische Steckdosen. Bei Schukosteckern muss man einen Adapter benutzen.

TELEFON & HANDY

Telefonkarten *(télécartes)* sind erhältlich in Tabakläden, Postämtern, Tankstellen und Hotels. Es gibt auch öffentliche Apparate, die Master/Eurocard oder Visa akzeptieren.

Für Auslandsgespräche von Frankreich aus wählt man die Auslandsvorwahl 00. Nach dieser Vorwahl die Länderkennzahl (D 49, A 43, CH 41), dann die Ortsvorwahl ohne »0«. Für Gespräche vom Ausland nach Frankreich 00 33 und dann die 9-stellige Nummer wählen (die vorangestellte 0 der französischen Regionskennzahl entfällt). Es gibt drei Mobilfunkbetreiber in Frankreich: France Telecom, SFR und Buygues Telecom. Man erkundige sich bei seinem Netzbetreiber, ob er ein Roaming-Abkommen zum Beispiel mit Buygues Telecom *(www.buygtel.com)* unterzeichnet hat. Die Deckung in Frankreich beträgt 98 Prozent. Normaltarif (8–21.30 Uhr) ca. 70 Cent pro Minute, übrige Zeit und feiertags die Hälfte.

Was kostet wie viel?

Kaffee — **1,50 Euro** für eine Tasse »petit noir«

Bier — **ab 2,50 Euro** für ein Gezapftes

Wein — **ab 16 Euro** für eine Flasche im Restaurant

Benzin — **etwa 1,20 Euro** für einen Liter Normal

PKW-Maut — **etwa 5 Euro** pro 100 km Autobahn

Baguette — **90 Cent** beim Bäcker

TRINKGELD

Das Trinkgeld ist im Restaurant im Preis enthalten; man lässt aber einige Münzen (je nach Zufriedenheit etwa 5–10 Prozent) nach Bezahlen der Rechnung auf dem Tisch liegen. Im Hotel gibt man bei besonderen Dienstleistungen dem Portier und dem Zimmerservice ein Trinkgeld, ebenso bei längerem Aufenthalt dem Zimmermädchen. Im Taxi sind 10 Prozent üblich.

UNTERKUNFT

Auf Reisen in der Provinz bereitet es auch in der Hauptreisezeit in den Monaten Juli und August keine großen Schwierigkeiten, ein Hotelzimmer zu finden. Dabei halte man besonders nach den grüngelben Schildern der Hotelkette »Logis de France« Ausschau. Hier wird bei günstigen Preisen traditionsverbundene Gastlichkeit geboten. Die Zimmerpreise sind für ein oder zwei Personen meist dieselben. Extra berechnet wird das Frühstück. Im Kommen sind auch Privatquartiere nach dem englischen Vorbild *Bed & Breakfast.* In diese Kategorie fallen die *Chambres d'hôtes.* Listen mit Adressen der Vermieter von Ferienhäusern bzw. -wohnungen halten die örtlichen Touristenbüros bereit.

Umfangreiche Websites mit Unterkünften aller Art sind für alle Regionen Frankreichs: *www.chateauhotel.com* (Zwei- bis Vier-Sterne-Quartiere, auch in alten Abteien, Manoirs, Mühlen usw.); *www.charmhotel.com* (typisch regionale Unterkünfte); *www.francehotelreservation.com* (Privatzimmer); *www.gites-en-france.com* (Ferienhäuser und Privatzimmer)

ZOLL

Innerhalb der EU gibt es für Privatreisende keine Zollgrenzen mehr. Für den »persönlichen Verbrauch« darf der Tourist z. B. 800 Zigaretten, 1 kg Rauchtabak, 10 Liter Spirituosen und 90 Liter Wein – davon max. 60 Liter Schaumwein – frei ein- und ausführen. Für Schweizer gelten erheblich reduzierte Freimengen.

Wetter in Nizza

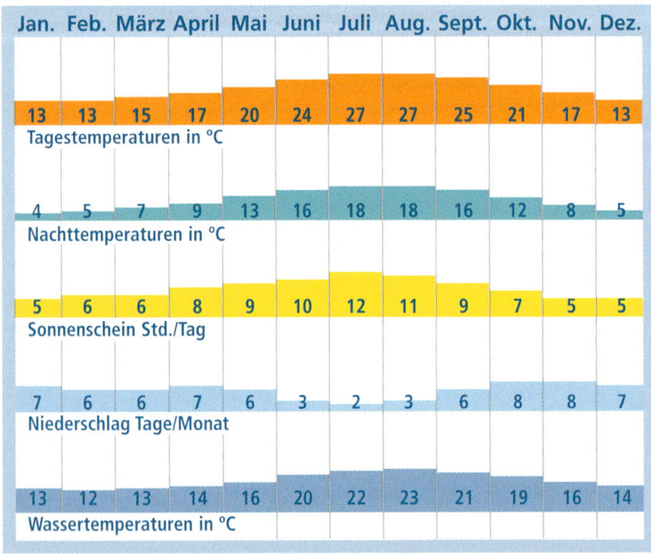

Tu parles français?

»Sprichst du Französisch?«
Dieser Sprachführer hilft Ihnen, die wichtigsten Wörter und Sätze auf Französisch zu sagen

Zur Erleichterung der Aussprache sind alle französischen Wörter mit einer einfachen Aussprache (in eckigen Klammern) versehen.

AUF EINEN BLICK

Ja./Nein.	Oui. [ui]/Non. [nong]
Vielleicht.	Peut-être [pöhtätr]
Bitte.	S'il vous plaît. [sil wu plä]
Danke.	Merci. [märsi]
Gern geschehen.	De rien. [dö rjäng]
Entschuldigen Sie!	Excusez-moi! [äksküseh mua]
Wie bitte?	Comment? [kommang]
Ich verstehe Sie/dich nicht.	Je ne comprends pas. [schön kongprang pa]
Ich spreche nur wenig Französisch.	Je parle un tout petit peu français. [schparl äng tu pti pöh frangsä]
Können Sie mir bitte helfen?	Vous pouvez m'aider, s.v.p.? [wu puweh mehdeh sil wu plä]
Sprechen Sie Deutsch/ Englisch?	Vous parlez allemand/anglais? [wu parleh almang/anglä]
Ich möchte …	J'aimerais … [schämrä]
Das gefällt mir nicht.	Ça ne me plaît pas. [san mö plä pa]
Haben Sie …?	Vous avez …? [wus‿aweh]
Wie viel kostet es?	Combien ça coûte? [kongbjäng sa kut]
Wie viel Uhr ist es?	Quelle heure est-il? [käl‿ör ät‿il]

KENNENLERNEN

Guten Morgen/Tag!	Bonjour! [bongschur]
Guten Abend!	Bonsoir! [bongsuar]
Hallo!/Grüß dich!	Salut! [salü]
Wie ist Ihr Name, bitte?	Comment vous appelez-vous? [kommang wus‿apleh wu]
Wie heißt du?	Comment tu t'appelles? [kommang tü tapäl]

Wie geht es Ihnen/dir?	Comment allez-vous/vas-tu? [kommangt‿aleh wu/wa tü]
Danke. Und Ihnen/dir?	Bien, merci. Et vous-même/toi? [bjäng märsi. eh wu mäm/tua]
Auf Wiedersehen!	Au revoir! [oh röwuar]
Tschüss!	Salut! [salü]

UNTERWEGS

Auskunft

links/rechts	à gauche [a gohsch]/à droite [a druat]
geradeaus	tout droit [tu drua]
nah/weit	près [prä]/loin [luäng]
Bitte, wo ist …?	Pardon, où se trouve …, s.v.p.? [pardong, us truw … sil wu plä]
Wie weit ist das?	C'est à combien de kilomètres d'ici? [sät‿a kongbjängd kilomätrö disi]
Welches ist der kürzeste Weg nach/zu …?	Quel est le chemin le plus court pour aller à …? [käl‿äl schömäng lö plü kur pur aleh a]

Panne

Ich habe eine Panne.	Je suis en panne. [schö süis‿ang pan]
Würden Sie mir bitte einen Abschleppwagen schicken?	Est-ce que vous pouvez m'envoyer une dépanneuse, s.v.p.? [äs‿kö wu puweh mangwuajeh ün deh panöhs sil wu plä]
Gibt es hier in der Nähe eine Werkstatt?	Est-ce qu'il y a un garage près d'ici? [äs‿kil‿ja äng garasch prä disi]
… ist defekt.	… est défectueux. [ä dehfäktüöh]

Tankstelle

Wo ist bitte die nächste Tankstelle?	Pardon, Mme/Mlle/M., où est la station-service la plus proche, s.v.p.? [pardong madam/madmuasäl/mösjöh u ä la stasjong särwis la plü prosch sil wu plä]
Ich möchte … Liter.	… litres, s'il vous plaît. [litrö sil wu plä]
Super.	Du super. [dü süpär]
Diesel.	Du gas-oil. [dü gasual]
bleifrei/mit … Oktan.	Du sans-plomb/… octanes. [dü sang plong/ … oktan]
Voll tanken, bitte.	Le plein, s.v.p. [lö pläng sil wu plä]

Unfall

Hilfe!	Au secours! [oh skur]
Achtung!	Attention! [atangsjong]
Vorsicht!	Attention! [atangsjong]

Rufen Sie bitte schnell …	Appelez vite … [apleh wit]
… einen Krankenwagen.	… une ambulance. [ün‿angbülangs]
… die Polizei.	… la police. [la polis]
… die Feuerwehr.	… les pompiers. [leh pongpjeh]
Es war meine Schuld.	C'est moi qui suis en tort. [sä mua ki süis‿ang torr]
Es war Ihre Schuld.	C'est vous qui êtes en tort. [sä wu ki äts‿ang torr]
Geben Sie mir bitte Ihren Namen und Ihre Anschrift!	Vous pouvez me donner votre nom et votre adresse? [wu puweh mö donneh wottrö nong eh wottr‿adräs]

ESSEN/UNTERHALTUNG

Wo gibt es hier …	Vous pourriez m'indiquer… [wu purjeh mängdikeh]
… ein gutes Restaurant?	… un bon restaurant? [äng bong rästorang]
… ein nicht zu teures Restaurant?	… un restaurant pas trop cher? [äng rästorang pa troh schär]
Reservieren Sie uns bitte für heute Abend einen Tisch für vier Personen.	Je voudrais réserver une table pour ce soir, pour quatre personnes. [schwudrä räsehrweh ün tablö pur sö suar pur kat pärsonn]
Wo sind bitte die Toiletten?	Où sont les W.-C., s.v.p.? [u song leh wehseh sil wu plä]
Auf Ihr Wohl!	A votre santé!/A la vôtre! [a wottr sangteh/a la wohtr]
Bezahlen, bitte.	L'addition, s.v.p. [ladisjong sil wu plä]
Hat es geschmeckt?	C'était bon? [sehtä bong]
Das Essen war ausgezeichnet.	Le repas était excellent. [lö röpa ehtät‿äksälang]

ÜBERNACHTUNG

Können Sie mir bitte ein gutes Hotel empfehlen?	Pardon, Mme/Mlle/M., vous pourriez recommander un bon hôtel? [pardong madam/madmuasäl/mösjöh wu purjeh rökommangdehäng bonn‿ohtäl]
Haben Sie noch …?	Est-ce que vous avez encore …? [äs‿kö wus‿aweh angkorr]
… ein Einzelzimmer	… une chambre pour une personne [ün schangbr pur ün pärsonn]
… ein Zweibettzimmer	… une chambre pour deux personnes [ün schangbr pur döh pärsonn]
… mit Bad	… avec salle de bains

	[awäk sal dö bäng]
… für eine Nacht?	… pour une nuit [pür ün nüi]
… für eine Woche?	… pour une semaine? [pür ün sömän]
Was kostet das Zimmer mit Frühstück?	Quel est le prix de la chambre, petit déjeuner compris? [käl‿ä lö prid la schangbr pti dehschöneh kongpri]

PRAKTISCHE INFORMATIONEN

Arzt

Können Sie mir einen guten Arzt empfehlen?	Vous pourriez recommander un bon médecin, s.v.p.? [wu purjeh rökommangdeh äng bong mehdsäng sil wu plä]
Ich habe Fieber.	J'ai de la fièvre. [schä dla fjäwr]
Ich habe hier Schmerzen.	J'ai mal ici. [scheh mal isi]

Post

Was kostet …	Quel est le tarif pour affranchir … [käl‿ä lö tarif pur afrangschir]
… eine Postkarte …	… des cartes postales … [deh kart postal]
… nach Deutschland?	… pour l'Allemagne? [pur lalmanj]

ZAHLEN

0	zéro [sehroh]	20	vingt [wäng]
1	un, une [äng, ühn]	21	vingt et un, une [wängt‿eh äng, ühn]
2	deux [döh]	22	vingt-deux [wängt döh]
3	trois [trua]	30	trente [trangt]
4	quatre [katr]	40	quarante [karangt]
5	cinq [sängk]	50	cinquante [sängkangt]
6	six [sis]	60	soixante [suasangt]
7	sept [sät]	70	soixante-dix [suasangt dis]
8	huit [üit]	80	quatre-vingt [katrö wäng]
9	neuf [nöf]	90	quatre-vingt-dix [katrö wäng dis]
10	dix [dis]	100	cent [sang]
11	onze [ongs]	200	deux cents [döh sang]
12	douze [dus]	1000	mille [mil]
13	treize [träs]	2000	deux mille [döh mil]
14	quatorze [kators]	10000	dix mille [di mil]
15	quinze [kängs]		
16	seize [säs]		
17	dix-sept [disät]		
18	dix-huit [disüit]	1/2	un demi [äng dmi]
19	dix-neuf [disnöf]	1/4	un quart [äng kar]

Reiseatlas Frankreich

Die Seiteneinteilung für den Reiseatlas finden Sie auf dem hinteren Umschlag dieses Reiseführers

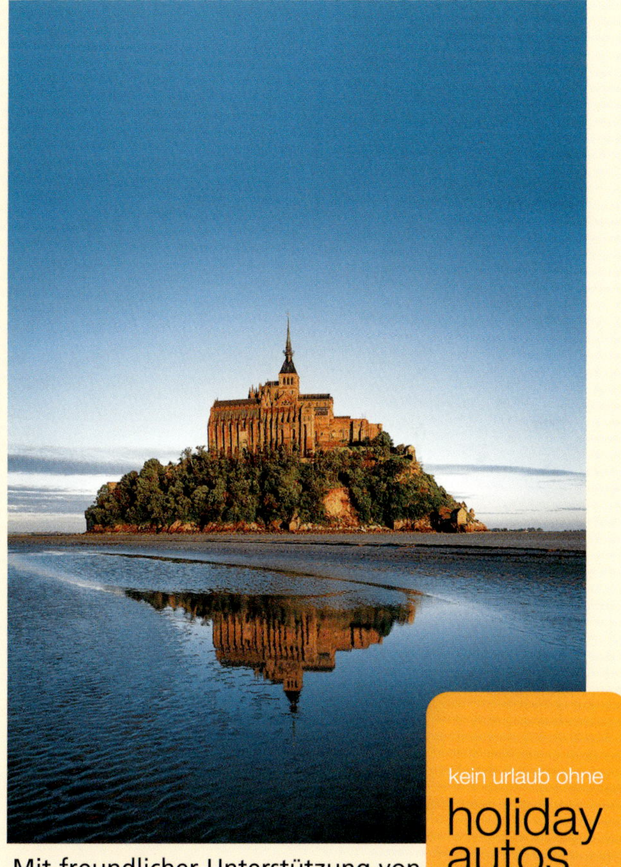

anzeige

total relaxed in den urlaub: einsteiger-übung

1. lehnen sie sich entspannt zurück und gleiten sie in gedanken zu den cleveren angeboten von holiday autos. stellen sie sich vor, als weltgrösster vermittler von ferienmietwagen bietet ihnen holiday autos
   - mietwagen in über 80 urlaubsländern
   - zu äusserst attraktiven preisen

2. vergessen sie jetzt die üblichen zuschläge und überraschungen. dank
   - alles inklusive tarife
   - wegfall der selbstbeteiligung
   - und min. 1,5 mio € haftpflichtdeckungssumme (usa: 1,1 mio €)

   steht ihr endpreis bei holiday autos von anfang an fest.

3. nehmen sie ganz ruhig den hörer, wählen sie die telefonnummer **0180 5 17 91 91 (12cent/min)**, surfen sie zu **www.holidayautos.com** oder fragen sie in ihrem reisebüro nach den topangeboten von holiday autos!

Kartenlegende Reiseatlas

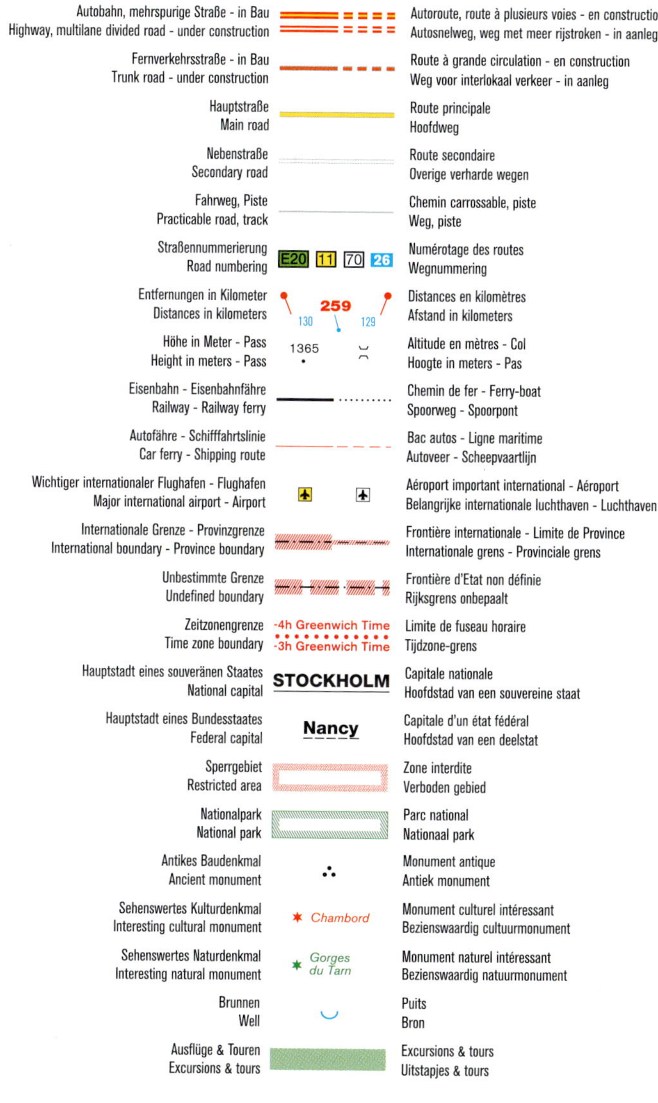

A
B
C
1
2
3
4
5
6
Bude
Holsworthy
Crediton
Exeter
Honiton
Chard
Crewkerne
Blandf. Forum
Boscastle
Okehampton
Lyme Regis
Bridport
Dorchester
POOLE
Cornwall
Launceston
Bodmin Moor
Dartmoor Nat. P.
Sidmouth
Dorset and East Devon Coast
Exmouth
Weymouth
Swanage
Trevose Head
Tavistock
Buckland Abbey
Newton Abbot
Lyme Bay
I. of Portland
Bill of Portland
Coast
Bodmin
Liskeard
TORBAY
Newquay
Saltash
Totnes
Brixham
GREAT BRI
PLYMOUTH
St. Austell
Dartmouth
Camborne
Truro
Bolt Tail
Start Point
Dodman Point
Falmouth
Prawle Point
Penzance
Helston
Lizard Peninsula
Lizard Point
English Channel
Rosslare New York Harbour
Rosslare Harbour
Cork
Alderney
Cap de la Hague
Diélette
Guernsey
St. Peter Port
Sark
Barneville-Carteret
Channel Islands (U.K.)
Jersey
St.Helier
Channel Islands
Côte d'Armor
Côte de Granit Rose
Île de Bréhat
Pointe de Squéouel
Perros-Guirec
Tréguier
Île de Batz
Baie de Lannion
Golfe de St-Malo
Îs. Chausey
Pointe de Beg Pol
St-Pol-de-Léon
Roscoff
Lannion
Paimpol
Plouézec
Côte d'Émeraude
Côte des Abers
Lannilis
Pontrieux
Plouha
C. Fréhel
Cancale
St-Malo
Lesneven
Morlaix
Plouaret
Bégard
Erquy
Dinard
Ploudalmézeau
Le Folgoët
Léon
Guingamp
Matignon
Î. d'Ouessant
Pays de Léon
Landivisiau
Enclos paroissial
Belle-Isle-en-Terre
Saint-Brieuc
Plancoët
Chenal du Four
BREST
Landerneau
Sizun
Quintin
Lamballe
Dinan
Le Conquet
Mts d'Arrée
Huelgoat
Callac
Pointe de St-Mathieu
Plougastel-Daoulas
Pointe de Espagnols
P. N. Rég. d'Armorique
Carhaix-Plouguer
Moncontour
Broons
Caulnes
Crozon
Pleyben
Bretagne
Châteaulin
Rostrenen
Mûr-de-Br.
Merdrignac
Montauban
Iroise
Châteauneuf-du-Faou
Loudéac
St-Méen-le-Grand
Douarnenez
Gourin
Guéméné-s.-Scorff
RENNES
Île de Sein
Lescoff
Cornouaille
Pontivy
Mohon
Mauron
Pte du Raz
Audierne
Briec
Le Faouët
Scaër
Plozévet
Quimper
Bannalec
Plouay
Ploërmel
Pont-l'Abbé
Fouesnant
Baud
Guer
Penmarc'h
Concarneau
Locminé
Lohéac
Pte de Penmarc'h
Quimperlé
Hennebont
Pipriac
Îs. de Glénan
Lorient
Pluvigner
Malestroit
Elven
Pt-Louis
Auray
St-Gravé
Redon
Groix
Î. de Groix
Erdeven
Vannes
Arzon
Muzillac
La Roche-Bernard
Carnac
Sarzeau
Quiberon
Île d'Houat
Herbignac
P. N. Rég. de Brière
Pontchâteau
Île d'Hœdic
Sauzon
Le Palais
Guérande
Belle-Île
Pornichet
Savenay
Locmaria
Le Croisic
St-Nazaire
OCÉAN
ATLANTIQUE
Pornic
Noirmoutier-en-l'Île
Bourgneuf-en-Retz
Île de Noirmoutier
Machecoul
Beauvoir-s.-Mer
Challans
St-Jean-de-Monts
Île d'Yeu
St-Gilles-Croix-de-Vie
Les Sables d'Olonnes
50 km
Santander

Havant
Chichester
PORTSMOUTH
BRIGHTON
Newhaven
Lewes
Bexhill
Hastings
Eastbourne
Beachy Head
Fawley
Lymington
Cowes
Ryde
Bognor Regis
Selsey Bill
I. of Wight
Newport
Ventnor
St. Catherine's Point
Cap Gris-Nez
Marquise
Côte
Boulogne-sur-Mer
Nausicaa
d'Opale
St Omer
Desvres
Nord-Pas-de-Calais
Le Touquet-Paris-Plage
Montreuil
Berck-Plage
Hesdin
Frévent
Channel
Manche
Pointe de Barfleur
Cherbourg-Octeville
Quettehou
Valognes
Baie de la Seine
St-Valery-s.Somme
Cayeux-s.-M.
Ault
Le Tréport
Eu
Abbeville
Gamaches
Airaines
Picquigny
Blangy-s.Br.
Dieppe
St-Valéry-en-Caux
Offranville
Cany-Barville
Fécamp
Étretat
Goderville
Yvetot
Bolbec
Montivilliers
LE HAVRE
Honfleur
Lillebonne
Barentin
Tôtes
Neufchâtel-en-Bray
Forges-les-Eaux
Aumale
Grandvilliers
Marseille-en-Beauvaisis
Gournay-en-Bray
ROUEN
Darnétal
Le Petit-Quevilly
Oissel
Lyons-la-Forêt
Étrépagny
Beauvais
Gisors
Méru
Les Andelys
Château Gaillard
Vernon
Giverny
Mantes-la-Jolie
Poissy
Nanterre
VERSAILLES
Rambouillet
Port-en-Bessin-Huppain
Bernières-sur-Mer
Ouistreham
Trouville-s.-M.
Deauville
Dives-s.-M.
Pont-l'Évêque
Beuzeville
Pont-Audemer
Elbeuf
Louviers
Isigny-s.-M.
Bayeux
Balleroy
CAEN
Carentan
Périers
St-Lô
Lisieux
Brionne
Bernay
Corbon
Basse-Normandie
Haute-Normandie
Normandie
ÉVREUX
Conches-en-Ouche
La Neuve-Lyre
Breteuil
Nonancourt
Dreux
Brezolles
Nogent-le-Roi
Coutances
Torigni-s.-V.
Aunay-s.-Odon
Mt Pinçon
Thury-Harcourt
St-Pierre-s.-Dives
Orbec
Vimoutiers
Broglie
Gavray
Condé-s.-Noireau
Falaise
Vire
Villedieu-les-Poêles
Brécey
Tinchebray
Flers
Briouze
Argentan
Gacé
l'Aigle
Verneuil-s.-Avre
Avranches
Ducey
Pontorson
St-Hilaire-du-Harcouët
Domfront
La Ferté-Macé
Mortrée
Sées
Le Merlerault
Tourouvre
Châteauneuf-en-Th.
Maintenon
Ablis
Dourdan
Mortagne-au-Perche
La Loupe
Chartres
Cathédrale
Auneau
Louvigné-du-Désert
Fougères
Gorron
Javron
Pré-en-Pail
Alençon
Rémalard
Illiers-Combray
Mamers
Bellême
Nogent-le-Rotrou
St-Aubin-du-Cormier
Ernée
Mayenne
Bais
Villaines-la-Juhel
Juvigné
Pays de la Loire
Evron
Sillé-le-Guillaume
Beaumont-s.-S.
Bonnétable
La Ferté-Bernard
Brou
Bonneval
Villars
Vitré
Laval
Montsûrs
Conlie
Tuffé
Vibraye
Courtalain
Châteaudun
Patay
La Guerche-de-Bret.
Quelaines-St-Gault
Vaiges
Meslay-du-Maine
Loué
LE MANS
Montfort-l.G.
Mondoubleau
St-Calais
Parigné-l'Évêque
ORLÉANS
Retiers
Martigné-Ferchaud
Craon
Château-Gontier
Sablé-s.-S.
Malicorne-s.-S.
Écommoy
Le Grand-Lucé
Vendôme
Fréteval
Ouzouer-l.-M.
Oucques
Meung-s.-L.
Beaugency
Pouancé
Châteaubriant
Segré
Le Lion-d'Angers
Châteauneuf-s.-S.
Durtal
Pontvallain
La Flèche
Le Lude
Château-du-Loir
Montoire-s.-le-Loir
Château-Renault
Herbault
Mer
Chambord
Blois
Bracieux
Cour-Cheverny
Candé
ANGERS
Bécon-les-Granits
Seiches-s.-L.
Baugé
Noyant
Château-la-Vall.
Neuillé-Pont-Pierre
TOURS
Amboise
Montrichard
Contres
Romorantin-Lanthenay
Neung-s.-B.
Nort-s.-E.
Ancenis
Varades
Trélaze
Les Ponts-de-Cé
Gennes
Longué-Jum.
Vernantes
Bourgueil
Gizeux
Langeais
Luynes
Montbazon
Bléré
St-Aignan
Selles-s.-Ch.
Chabris
Valençay
NANTES
Beaupréau
Chalonnes-s.-L.
Chemillé
Saumur
Azay-le-Rid.
Chinon
Nouans-les-F.
Gracay
Vertou
Vallet
Cholet
Doué-l.-F.
Montreuil-Bellay
L'Île-Bouchard
Sainte-Maure-de-T.
Loches
Écueillé
Vatan
Clisson
Maulévrier
Vihiers
Argenton-Château
Thouars
Richelieu
Ligueil
Descartes
Levroux
Issoudun
Centre
Montaigu
Mortagne-s.-S.
Mauléon
Bressuire
Loudun
Moncontour
Châtillon-s.-Indre
Buzançais
Rocheservière
Les Herbiers
Pouzauges
Cerizay
Airvault
Châtellerault
Preuilly-s.-Claise
Châteauroux
Les Essarts
La Roche-sur-Yon
Chantonnay
La Châtaigneraie
Moncoutant
Mirebeau
Neuville-de-Poitou
Naintré
La Roche-Posay
Le Blanc
Ardentes
Neuvy-St.Sépulchre
Bournezeau
Ste-Hermine
Fontenay-le-Comte
Secondigny
Parthenay
Poitiers
St. Savin
St-Gaultier
Argenton-s.-Creuse
Éguzon-Chatzome
Luçon
St-Maixent-l'École
Chauvigny
Lussac-l.-Ch.
Prissac
La Trimouille
Montmorillon
Gençay
Tranche

170

Dover
Folkestone
New Romney
Dungeness
Lydd
Strait of Dover
Pas de Calais
Eurotunnel
Dunkerque
De Panne
Nieuwpoort
Torhout
BRUGGE
Eeklo
Evergem
GENT
Lokeren
Veurne
Diksmuide
Roeselare
Tielt
Ingelm.
Aalter
Wetteren
Merelbeke
Zottegem
Aalst
Vilvoorde
BRUX
Calais
Gravelines
Bourbourg
Bergues
Poperinge
Ieper
Waregem
Menen
Kortrijk
TOURCOING
ROUBAIX
LILLE
Geraardsb.
Ronse
Halle
Waterloo
Ath
Soignies
BELGIË
Mons
Binche
Tournai
Leuze
Cap Gris-Nez
Marquise
Côte d'Opale
Boulogne-sur-Mer
Nausicaa
Le Touquet-Paris-Plage
Berck-Plage
Montreuil
Desvres
St-Omer
Watten
Steenvoorde
Cassel
Hazebrouck
Bailleul
Armentières
Aire
Lillers
Béthune
Nord-Pas-de-Calais
Lens
Carvin
Douai
Orchies
St-Amand-l.-E.
Valenciennes
Denain
Maubeuge
Jeumont
Beaumont
Spiennes
Bruay-en-A.
Liévin
Hesdin
St-Pol-s.-Ternoise
Arras
Frévent
Auxi-le-Château
Bernaville
Doullens
Bapaume
Cambrai
Le Cateau-Cambrésis
Avesnes-sur-Helpe
Chimay
Caudry
St-Valery-s.Somme
Cayeux-s.-M.
Ault
Le Tréport
Dieppe
Eu
Gamaches
Abbeville
Airaines
Vignacourt
Cathédrale
Albert
Péronne
Bohain-en-Verm.
St. Quentin
Guise
la Capelle
Fourmies
Hirson
Trélon
Tremblois-les-Rocroi
Blangy-s.Br.
Picquigny
AMIENS
Corbie
Longueau
Moreuil
Poix-de-Picardie
Aumale
Neufchâtel-en-Bray
Conty
Forges-les-Eaux
Grandvilliers
Breteuil
Ham
Roye
Picardie
Vervins
Marle
La Fère
Chauny
Noyon
Laon
Montdidier
Crèvecœur-l.-Gr.
Marseille-en-Beauvaisis
Gournay-en-Bray
Barentin
Montville
ROUEN
Darnétal
Oissel
Elbeuf
Louviers
les Andelys
Château Gaillard
Lyons-la-Forêt
Etrépagny
Beauvais
Gisors
Méru
Clermont
St-Just-en-Ch.
Compiègne
Soissons
Urcel
Pont-Ste.-Maxence
Crépy-en-V.
Villers-Cotterêts
Fère-en-Tardenois
Fismes
REIMS
Rethel
Neufchâtel-s.-A.
Bergnicourt
Suippes
Mouy
Montataire
Creil
Chantilly
Senlis
Nanteuil-le-Haudouin
Magny-en-V.
Marines
Vernon
Giverny
Mantes-la-Jolie
Pontoise
Beaumont-sur-Oise
ÉVREUX
Neuve-Lyre
Nonancourt
Dreux
Brezolles
St-Denis
Meaux
Lagny
La Ferté-sous-Jouarre
Château-Thierry
Dormans
Épernay
Châlons-en-Champ.
Poissy
Nanterre
VERSAILLES
BOULOGNE-B.
PARIS
Vitry
Créteil
Crécy-la-Ch.
Coulommiers
Montmirail
Champaubert
Fère-Champenoise
Vitry-le-François
Mailly-le-Camp
Nogent-le-Roi
Rambouillet
Châteauneuf-en-Th.
Maintenon
Chartres
Cathédrale
Auneau
Ablis
Arpajon
Evry
Juvisy-s.-O.
Corbeil-Essonnes
Dourdan
Melun
Ile de France
Rozay-en-Brie
Nangis
Provins
Esternay
Sézanne
Champagne
Villenauxe-l.-G.
Anglure
Arcis-sur-Aube
Étampes
Fontainebleau
Montereau-fault-Y.
Bray-s.-S.
Nogent-s.-S.
Romilly-s.-S.
Piney
Troyes
Estissac
Nogent-le-Rotrou
Illiers-Combray
Angerville
Malesherbes
Nemours
Château-Landon
Sens
Pont
Chéroy
Villeneuve-l'Archevêque
Bonneval
Villars
Toury
Pithiviers
Châteaudun
Patay
Artenay
Chevilly
Corbeilles
Courtenay
Villeneuve-s.-Yonne
Auxon
St-Florentin
les Riceys
Bar-s.-Sei
ORLÉANS
Bellegarde
Montargis
Châlette-sur-Loing
Joigny
Migennes
Fréteval
Ouzouer-l.-M.
Oucques
Jargeau
Châteauneuf-s.-L.
Lorris
Ouzouer-s.-L.
Douchy
Charny
Aillant-s.-Th.
Auxerre
Chablis
Tonnerre
Laignes
Coulmier-le-Sec
Meung-s.-L.
Beaugency
Val de Loire
La Ferté-St.-Aubin
Sully-s.-Loire
Châtillon-Coligny
Bléneau
Toucy
Noyers
Mer
Herbault
Blois
Chambord
Bracieux
Cour-Cheverny
Neung-s.-B.
Cerdon
Gien
Argent-s.-Sauldre
Bonny-s.-Loire
St-Fargeau
Saint-Amand-en-Puisaye
Vermenton
Nitry
Montbard
Amboise
Montrichard
Contres
Romorantin-Lanthenay
Salbris
Aubigny-s.-Nère
Cosne-Cours-s.-L.
Entrains-s.-N.
Vézelay
Avallon
Clamecy
Bléré
St-Aignan
Noyans-les-F.
Selles-s.-Cher
Chabris
Valençay
Vierzon
Neuvy-s.-Bar.
La Chapelle-d'Angillon
Sancerre
Donzy
Varzy
Corbigny
Lormes
Saulieu
Loches
Ecueillé
Graçay
Vatan
Massay
Mehun-s.-Yèvre
Les Aix-d'Angillon
La Charité-s.-L.
Prémery
Guérigny
Baugy
St-Saulge
Parc Rég. Nat. du Morvan
Bourgogne
Bourges
Nérondes
Fourchambault
Nevers
Châtillon-en-Bazois
Château-Chinon
Centre
Levroux
Issoudun
St-Florent-s.-Cher
Dun-s.-Auron
Imphy
La Machine
Cercy-la-Tour
Autun
Épinac
Le Creusot
Buzançais
Châteauroux
Ardentes
Neuvy-
Lignières
St-Amand-Mont
St-Pierre-le-Moûtier
Decize
Luzy
Montceau-
Le Blanc
Vlaanderen
Canal du Centre

172

MÖNCHEN-GLADB.
NEUSS
SOLINGEN
LEVERKUSEN
BERG. GLADB.
KÖLN
Gummersbach
SIEGEN
Bad Berleburg
Bad Laasphe
Dillenburg
Geel
Aarschot
Hasselt
Maaseik
Genk
Sittard
Geilenkirchen
MAASTRICHT
Heerlen
Jülich
Kerpen
Brühl
Troisdorf
Siegburg
Overath
Waldbröl
Altenkirchen (W.)
Sint-Truiden
Tienen
Tongeren
Visé
AACHEN
Stolbg. (Rhld.)
Düren
BONN
LIÈGE
Herstal
Eupen
Verviers
Monschau
Zülpich
Euskirchen
Bad Honnef
Westerburg
Westerwald
Gießen
Wetzlar
Seraing
Spa
Schleiden
Bad Neuenahr-Ahrweiler
Andernach
Neuwied
Montabaur
Limburg a.d.L.
Weilburg
Butzbach
Huy
NAMUR
Malmedy
St. Vith
Trois-Ponts
Maria Laach
KOBLENZ
Bad Ems
Mayen
Idstein
Taunus
Ciney
Dinant
Marche-en-Famenne
Fraiture
Daun
Boppard
St. Goar
Cochem
Loreley
FRANKFURT a.M.
Rochefort
Prüm
Eifel
WIESBADEN
Rüdesheim.
MAINZ
Rüsselsheim.
Bastogne
Bitburg
Kyllburg
Wittlich
Bernkastel-Kues
Kappel
Bingen a.Rh.
St-Hubert
Recogne
Diekirch
Echternach
Bad Kreuznach
Oppenheim.
Neufchâteau
Bouillon
LUXEMBOURG
Mersch
Arlon
Trier
Hunsrück
Morbach
Idar-Oberstein
Bad Sobernheim
Alzey
Worms
Sedan
MANNHEIM
Luxembourg
Saarburg
Birkenfeld
Lauterecken
Grünstadt
Pfälzer Wald
Carignan
Virton
Longwy
Pétange
Esch-s.-A.
Dudelange
Villerupt
Saarland
Merzig
St. Wendel
Kusel
KAISERSLAUTERN
Bad Dürkheim
LUDWIGSHAFEN a.Rh.
Longuyon
Thionville
Neunkirchen
Homburg
Landstuhl
Neustadt a.d.W.
Speyer
Moyeuvre-Grde.
Briey
Saarlouis
Völklingen
Bouzonville
Zweibrücken
Pirmasens
Annweiler a.Tr.
Landau i.d.Pf.
Verdun
Étain
Jarny
Boulay-M.
Forbach
SAARBRÜCKEN
Sarreguemines
Bad Bergzabern
KARLSRUHE
Mars-la-Tour
METZ
St.-Avold
Faulquemont
Bitche
Niederbronn-l.-Bains
Wissembourg
Lauterbourg
Pont-à-Mousson
Sarre-Union
Haguenau
Rastatt
Baden-Baden
St.-Mihiel
Château-Salins
Dieuze
Sarrebourg
Phalsbourg
Bischwiller
Lorraine
Commercy
Bar-le-Duc
Nancy
Saverne
Brumath
Bühl
Dombasle-s.-M.
Héming
STRASBOURG
Kehl
St.-Dizier
Ligny-en-Barrois
Toul
Vaucouleurs
St.-Nicolas-d.-P.
Lunéville
Cirey-s.-Vezouze
Donon
Molsheim
Obernai
Mont Ste.-Odile
Oberkirch
Offenburg
Schwarzwald
Joinville
Baccarat
Barr
Benfeld
Lahr/Schw.
Neufchâteau
Mirecourt
Charmes
Rambervillers
Raon-l'Étape
Sélestat
Liffol-le-Grand
Thaon-les-Vosges
Colombey-les-Deux-Églises
Vittel
Dompaire
Bruyères
St.-Dié
Alsace
Emmendingen
Chaumont
Contrexéville
Épinal
Ribeauvillé
Colmar
Furtwangen i.Schw.
Kaiserstuhl
Nogent
Remiremont
Gérardmer
Cornimont
Munster
Breisach a.Rh.
FREIBURG i.Br.
Titisee-Neustadt
Montigny-le-Roi
Le Val-d'Ajol
Grd. Ballon
Guebwiller
Langres
Plombières
St.-Loup-s.-Semouse
Fougerolles
Luxeuil-l.-B.
St.-Maurice-s.-Moselle
Cernay
Müllheim
Todtnau
Fayl-la-Forêt
Jussey
Faverney
Schopfheim
MULHOUSE
Waldshut-Tiengen
Lörrach
Rheinfelden
Combeaufontaine
Lure
Belfort
Altkirch
Champlitte
Vesoul
Héricourt
BASEL
Liestal
Sissach
Fretigney-et-Velloreille
Cuse-et-Adrisans
Montbéliard
Audincourt
Delle
Porrentruy
Delémont
Aarau
Brugg
Gray
Franche-Comté
Olten
Mirebeau
DIJON
Genlis
Marnay
Baume-les-Dames
Jura
Malleray
Solothurn
Beromünster
Auxonne
BESANÇON
Grenchen
Langenthal
Sursee
Willisau
Ornans
La Chaux-de-Fonds
Biel
SCHWEIZ
Luzern
Dole
Salines Royales
Arc-et-Senans
Morteau
Le Locle
Burgdorf
Beaune
Mont-sous-Vaudrey
Salins-l.-B.
Levier
Pontarlier
Neuchâtel
BERN
Langnau i.E.
Sarnen
Chalon-sur-Saône
Poligny
Arbois
Münsingen
Wiggen
Lons-le-Saunier
Champagnole
Vallorbe
Yverdon-l.-B.
Thun
Spiez
Interlaken
St.-Germain-du-Bois
DEUTSCHLAND
BELGIQUE
Ardennes
Saône
Moselle
Mosel
Rhein
Vosges
Marne
Meuse
Côtes de Meuse
50 km

A
B
C
167
1
2
3
4
5
6
Croix-de-Vie
La Mothe-Achard
Les Sables-d'Olonne
Talmont-St-Hilaire
Bournezeau
Moutiers-les-Maux.
Ste-Hermine
La Châtaigneraie
Fontenay-le-Comte
Secondigny
Parthenay
Neuville-de-Poitou
Poitiers
Chauvigny
Lussac-l.-Ch.
Luçon
La Tranche-s.-M.
La Faute-s.-M.
Maillezais
Marans
Niort
St-Maixent-l'École
Vivonne
Gençay
Pertuis Breton
St-Martin-de-Ré
Île de Ré
La Rochelle
Mauzé-s.-l.-Mignon
Melle
Chey
Couhé
Poitou-
Sauzé-Vaussais
Civray
Pertuis d'Antioche
Châtelaillon-Plage
Surgères
Brioux-s.-B.
Chef-Boutonne
Aulnay
Ruffec
Île d'Oléron
Parc Interrégional du Marais Poitevin
St-Pierre-d'Oléron
Rochefort
Tonnay-Ch.
St-Jean-d'Angély
Champagne-Mouton
Chabanais
Le Château-d'Oléron
Marennes
Aigre
Mansle
Matha
Charentes
Saintes
Rouillac
Chasse-neuil-s.-B.
La Tremblade
Cognac
Ruelle-s.-Touvre
Saujon
Jarnac
Angoulême
Pte de la Coubre
Royan
Cozes
Segonzac
Château-neuf-s.-Ch.
La Couronne
Nontron
Le Verdon-s.-Mer
Soulac-s.-Mer
Gémozac
Pons
Archiac
Barbezieux-St-Hilaire
Gironde
Jonzac
Mareuil
St-Vivien-de-M.
Mirambeau
Brantôme
Lesparre-Médoc
Montendre
Montmoreau-St-Cybard
Pauillac
Montguyon
Chalais
Ribérac
Hourtin
Lac d'Hourtin et de Carcans
Blaye
St-Laurent-Médoc
La Roche-Chalais
St-Aulaye
Golfe de Gascogne
Lacanau-Océan
Lacanau
Bourg
St-André-d.-C.
Coutras
Isle
Mussidan
Vergt
L. d. Lacanau
Macau
Libourne
Montpon-Ménestérol
Le Bugue
Le Bouscat
Cenon
Saint-Emilion
Dordogne
Bergerac
Mérignac
Pessac
BORDEAUX
Castillon-l.-B.
Ste-Foy-l.-Grde.
Arès
Créon
Sauveterre-d.-Guy.
Beaumont
Bassin d'Arcachon
Biganos
Villenave-d.O.
Duras
Eymet
Arcachon
C. Ferret
La Brède
Guyenne
Cadillac
Castillon
Dune du Pyla
La Teste
Salles
La Réole
Miramont-d.-Guy.
Parc Nat. Rég.
Langon
Etang de Cazaux et de Sanguinet
Belin-Béliet
Villandraut
Marmande
Bazas
Tonneins
Biscarrosse
St-Symphorien
Garonne
Etang de Biscarrosse et de Parentis
Parentis-en-Born
des Landes
Casteljaloux
Villeneuve-s-L.
Golfo de Vizcaya
Sore
Aiguillon
Pissos
Captieux
Agen
Mimizan
Labouheyre
de Gascogne
Sabres
Nérac
Côte d'Argent
Labrit
Mézos
Aquitaine
Mézin
Astaffort
Lesperon
Morcenx
Roquefort
Francescas
Landes
Cazaubon
Condom
Castets
Villeneuve-d.-M.
Eauze
Valence-s.-B.
Tartas
Léon
Mont-de-Marsan
Vic-Fezensac
Soustons
Grenade-s.-l'A.
Midi
Hossegor
St-Paul-l.-D.
St-Sever
Dax
Capbreton
St-Vincent-d.-T.
Hagetmau
Aire-s.-l'A.
Riscle
Auch
Peyrehorade
Amou
Bassoues
Boucau
Adour
Biarritz
Orthez
Garlin
Mirande
DONOSTIA S.SEBASTIÁN
Hondarribia
Bayonne
Bidache
Salles-d.-B.
Lembeye
Vic-en-Bigorre
Masseube
Ondarroa
St-Jean-de-Luz
Hasparren
Mourenx
Pau
Hendaye
Cambo-l.-B.
Monein
Morlaàs
Trie-s.B.
Zarautz
Irún
Dancharia
St-Palais
Castelnau-Magnoac
Azpeitia
Andoain
St-Jean-Pied-de-Port
Oloron-S.-Marie
Gan
Pontacq
Tarbes
Bergara
Tolosa
Santesteban
Irurita
Chemins de Saint-Jacques
Nay-Bourdettes
Lannemezan
Oñati
Beasain
Leiza
Pto de Ibañeta
Pic d'Orhy
Arudy
Lourdes
Bagnères-d.-B.
Montréjeau
Alsasu
Roncesvalles
Erro
Pyrénées
Laruns
Argelès-Gazost
Pic du Midi de Bigorre
Salvatierra
Sierra de Andía
Irurzun
PAMPLONA IRUÑEA
Isaba
Pic d'Anie
Cauterets
Luz-St.-S.
Arreau
St-Béat
Aoiz
Puerto de Somport
Parc Nat. des Pyrénées Occidentales
Estella
Monreal
Ansó
Vignemale
Gavarnie
St-Lary-Soulan
Kurutzke
Puente-l.-R.
Canfranc
Mte. Perdido
Bielsa
Pico de Aneto
Navarra
Lumbier
Sigüés
Biescas
Broto
Los Arcos
Artajona
Albar
Berdún
Jaca
Ordesa y Mte. Perdido
Benasque
Lerín
Sangüesa
Monasterio S. Juan d.l.P.
Sabiñánigo
Boltaña
Lodosa
Tafalla
Sra. de la Peña
Aínsa-Sobrarbe
Campo
El Villar d.A.
Luesia
Anzánigo
Puerto de Monrepós
Emb. de Mediano
Peralta
Carcastillo
Guara
Arnedo
Calahorra
Caparroso
Sádaba
Hoya de Huesca
Rodellar
Emb. de El Grado
Alfaro
Huesca
Graus
Enciso
Corella
Ejea
Erla
El Grado

168

Limoges
Limousin
Plateau de Millevaches
Guéret
Montluçon
Moulins
Vichy
Roanne
Thiers
Riom
Clermont-Ferrand
Auvergne
Puy de Sancy
Issoire
Montbrison
St-Étienne
Firminy
Ussel
Tulle
Brive-la-Gaillarde
Aurillac
St-Flour
Le Puy-en-Velay
Figeac
Cahors
Rodez
Mende
Millau
Montauban
Albi
Castres
Carcassonne
Béziers
Narbonne
Montpellier
Nîmes
Alès
Sète
Agde
Perpignan
Andorra la Vella
Massif Central
Languedoc
Roussillon
Pyrénées
Cévennes
Golfe du Lion
Tanjah (Tanger)
50 km

168
A
B
C
1
2
3
4
5
6
Châteauroux
Issoudun
Bourges
Nevers
Autun
Le Creusot
Montceau-l.M.
Digoin
Moulins
Montluçon
St-Amand-Montrond
Guéret
Limoges
Vichy
Roanne
Thiers
Riom
Clermont-Ferrand
Limousin
Plateau de Millevaches
Ussel
Tulle
Brive-la-Gaillarde
Issoire
Auvergne
Massif Central
Montbrison
St-Étienne
Le Puy-en-Velay
Aurillac
St-Flour
Figeac
Mende
Cahors
Rodez
Villefranche-de-Rouergue
Millau
Alès
Montauban
Albi
Castres
Toulouse
Nîmes
Montpellier
Languedoc
Pyrénées
Sète
Béziers
Agde
Narbonne
Carcassonne
Roussillon
Golf du Li
Andorra
Perpignan
Tanjah (Tanger)
172

169
D
E
F
Beaune
Dôle
Salines Royales
Arc-et-Senans
Salins-l.-B.
Comté
Le Locle
Neuchâtel
BERN
Luzern
Mont-sous-Vaudrey
Levier
Pontarlier
Langnau i. E.
Sarnen
Chalon-sur-Saône
Poligny
Arbois
Travers
Fribourg
Thun
Münsingen
Wiggen
Lons-le-Saunier
St-Germain-du-Bois
Champagnole
Vallorbe
Payerne
Yverdon-l.-B.
Moudon
SCHWEIZ
Spiez
Interlaken
Grindelwald
Louhans
Tournus
Romenay
Cossonay
Vaud
LAUSANNE
Bulle
Château-d'Oex
Frutigen
Adelboden
Kandersteg
Jungfrau
Eiger
Finsteraarhorn
St-Laurent-en-Grandvaux
Brassus
Morges
Rolle
Lac Léman
Vevey
Montreux
Saanen
Lenk
Leukerbad
Goppenstein
Brig
Mâcon
Moirans-en-Montagne
St-Claude
Nyon
Évians-l.-B.
Les Diablerets
Wildhorn
Aigle
Bex
Sion
Sierre
Visp
Simplon
Oyonnax
Gex
Genève
Thonon-les-Bains
GENÈVE
Bourg-en-Bresse
Annemasse
Champéry
Martigny
Valais/Wallis
Walliser Alpen
Thoissey
Châtillon-s.-Ch.
Villefranche-s.-S.
Trévoux
Pont-d'Ain
Bellegarde-s.-Valserine
La Roche-s.-Foron
Bonneville
Zermatt
Saas Fee
Matterhorn
Grd.Combin
Mte.Cervino
Mt.Rosa
Ambérieu-en-B.
Tenay
Seyssel
Sallanches
Chamonix-Mont-Blanc
Alpi Pennine
Champoluc
Lagnieu
Meximieux
Neuville-s.-S.
Villeurbanne
Annecy
Megève
Mt.Blanc
Monte Bianco
Valle d'Aosta
Châtillon
Duingt
Courmayeur
Pré-St-Didier
Verrès
Vénissieux
Crémieu
Belley
Lac du Bourget
Aix-l.-B.
Albertville
Ugine
Bourg-St-Maurice
Aosta
Vallée d'Aoste
Cogne
Sacro Monte
Biella
Bourgoin-Jallieu
La Tour-du-Pin
Chambéry
Aiguebelle
Gran Paradiso
Parco Naz. del Gran Paradiso
Ivrea
Vienne
St-Jean-d.-B.
Les Abrets
Le Pont-de-Beauvoisin
Moûtiers
Col de l'Iseran
Val-d'Isère
Noasca
Roussillon
La Côte-St-André
Voiron
Pont-charra
Pralognan-la-Vanoise
Parc Nat. de la Vanoise
Beaurepaire
Tullins
Voreppe
Lanslebourg-Mont-Cenis
Cérès
ITALIA
St-Rambert-d'Albon
Rhône
Alpes
St-Michel-de-Maurienne
Piemonte
Ciriè
Chivasso
St-Marcellin
Sassenage
Villard-Bonnet
GRENOBLE
Modane
Susa
Almese
TORINO
Sett. Torinese
Romans-s.-I.
Gières
Vizille
Villar-d'Arène
Bardonecchia
Fenestrelle
Rivoli
Moncalieri
Chieri
Bourg-d.-P
Villard-de-Lans
Vif
Séchilienne
Col du Lautaret
Oulx
Sestriere
Valence
Parc Nat.
Rég. le Grd. Veymont
La Mure
Barre des Écrins
Parc National des Écrins
Briançon
Pinerolo
Carmagnola
Chabeuil
du Vercors
Die
Mens
Col de la Croix-Haute
Abriès
Torre Pellice
Moretta
Bra
Crest
Loriol-s.-D.
Drôme
Saillans
Châtillon-en-D.
Guillestre
Saluzzo
Savigliano
Montélimar
Luc-en-Diois
Col Bayard
Gap
Chorges
Sampèyre
Fossano
Dieulefit
Aspres-s.-Buëch
Veynes
Mgne. de Parpaillon
Alpi Cozie
Acceglio
Busca
Barcelonnette
Larche
Dronero
Cúneo
Mondovì
Valréas
Bollène
Serres
Rer. de Beaumont
Nyons
Laragne-Montéglin
Selonnet
Col de Maure
Borgo S. Dalmazzo
Valdieri
Limone Piemonte
Ormea
Buis-l.-B.
Vaison-l.-R.
Mont Ventoux
Séderon
Provence
Parc Nat. du Mercantour
Parco Nat. d'Alpi Marittime
Orange
Malaucène
Montagne de Lure
Sisteron
Château-Arnoux
Digne-l.-B.
Thorame-Haute
Guillaumes
St-Sauveur-s.-Tinée
Tende
Pieve d.T.
Carpentras
Sault
Banon
Forcalquier
Entrevaux
La Brillane
Barrême
Col des Lèques
Glandola
San Remo
Taggia
Villeneuve-
Avignon
l'Isle-s.-l.-S.
Apt
P.N. Rég. du Luberon
Moustiers-Ste-M.
Castellane
Alpes-
St-Martin-du-Var
Sospel
Menton
Ventimiglia
Cavaillon
Manosque
Riez
Col de Valferrière
Vence
MONACO
Monte-Carlo
Monaco
Riviera
St Rémy-d.-P.
Cadenet
Pertuis
Vinon-s.-V.
Lac de Ste.-Croix
Côte d'Azur
Grasse
NICE
Bastia
Salon-d.-Prov.
Durance
Mougins
Antibes
Miramas
Istres
AIX-EN-PROV.
Barjols
Salernes
Draguignan
Cannes
Fréjus
Côte d'Azur
Port-de-Bouc
Étang de Berre
St-Maximin-la-Ste-Baume
Gardanne
Carcès
Calvi, L'Île Rousse
Martigues
Marignane
Trets
Brignoles
Le Luc
St-Raphaël
MARSEILLE
Aubagne
Cuers
Massif des Maures
Ste Maxime
St Tropez
Cap Croisette
Cassis
TOULON
Collobrières
Cap Camarat
La Ciotat
Bandol
Le Lavandou
La Seyne-s.-Mer
Hyères
Île du Levant
Île de Port-Cros
Parc Nat. de Port-Cros
Cap Sicié
Île de Poquerolles
Îles d'Hyères
MER MÉDITERRANÉE
50 km
Al Jaza'ir (Alger)
Bejaia
Tunis
Porto-Vecchio
Ajaccio, Propriano
Propriano
Ajaccio
Calvi, L'Île Rousse

A
B
C
1
2
3
4
5
6
Osny
Gisors
Pontoise
Héliport
Musée
Méry
Amiens
Villiers-Adam
D 104
Beauvais
Moiss
Frépillon
N184
Béthemont-la-Forêt
Chauvry
SNCF
Abbée de Maubuisson
Rouen
RER
Maubuisson
Taverny
N328
Forêt de Montmorency
Cergy-Pontoise
l'Oise
Beauchamp Z.A.
Beauchamp
St-Leu
Domo
A115
Eaubonne
Jouy-le-Moutier
Conflans-
Musée
St-Honorine
A1
Herblay
St-Leu
Ermont
Montmoren
Maure-court
Herblay
Francon-ville
Ermont
Franconville
Andrésy
Enghien
Cormeilles
St-Gratien
N184
Maisons-Laffitte
Parc
Seine
Rouen, Giverny
Argenteuil-Cote
Achères
Argenteuil
Sannois
Forêt de
RER
SNCF
Poissy
Bezons
Gennevilliers
Parcs
St-Germain
Argenteuil
N. Dame
A86
Bois-Colombes
Villeneuve La Garenne
ST-GERMAIN-en-Laye
Houilles
Musée
Terrasse
A14
Nanterre
Colombes
Asnières
Clich
Jardin Anglais
N13
Bezons
le Vésinet
Courbevoie
La Gde Arche
Cham-bourcy
Musée
RER
Nanterre
Parc
Neuilly-s-Seine
Forêt
Chatou
Expo
Arc de Triomphe
Marly le Roi
SNCF
Rueil-
Musée
Boulogne-Billancourt
de
E5
Marly-le-Roi
Malmaison
St-Nom
Noisy-le-Roi
Parc de Marly
St-Cloud
St. Cloud
Porte d´ Auteuil
Tour Eiffel
A13
Pavillon du Butard
Bailly
Parc
Vaucresson
Jardin
le Chesnay
P. St-Cloud
Expo
Arboretum
Parc
Manufact.
Port d´O
Trianons
Sèvres
Montrouge
A1
Bois-d'Arcy
Jardins
SNCF
VERSAILLES
Meudon
Clamart
Dreux
St-Cyr
Château
Musée
Chaville
Musée
Chêne d. Missions
Observa-toire
SNCF
RER
Bagneux
34
St-Quentin
31
RER
Parc de Sceaux
Rose l'Ha
Bièvre
Vélizy-C.
A86
Montigny
Guyan-court
Jouy-en-J.
Sceaux
Rungi
Buc
les Loges
Musée
Rambouillet
D91
Bièvres
Antony
Fresnes
Magny-l.-H.
Toussus-le-Noble
Fresnes
Vau-hallan
Longjumeau
Ru
Parc Régional de la Haute Vallée de Chevreuse
Châteaufort
Palaiseau
Saclay
Massy
Chevreuse
St-Aubin
N118
École Poly-technique
Igny
Ch. de la Chevreuse
St-Rémy
Massy
Wissous
Gif
Orsay
Palaiseau
N306
Chât. de Coubertin
RER
Orsay
Villebon
Courtabœuf
E5
N20
A6
Bures-s-Y.
Villejust
Longjumeau
E15
Gometz
les Ulis
A1
Orléans, Le Mans
Nozay
Villemoisson
les Molières
© Hallwag AG, Bern
4 km
T.G.V
la Ville-du-Bois
Janvry
Étampes

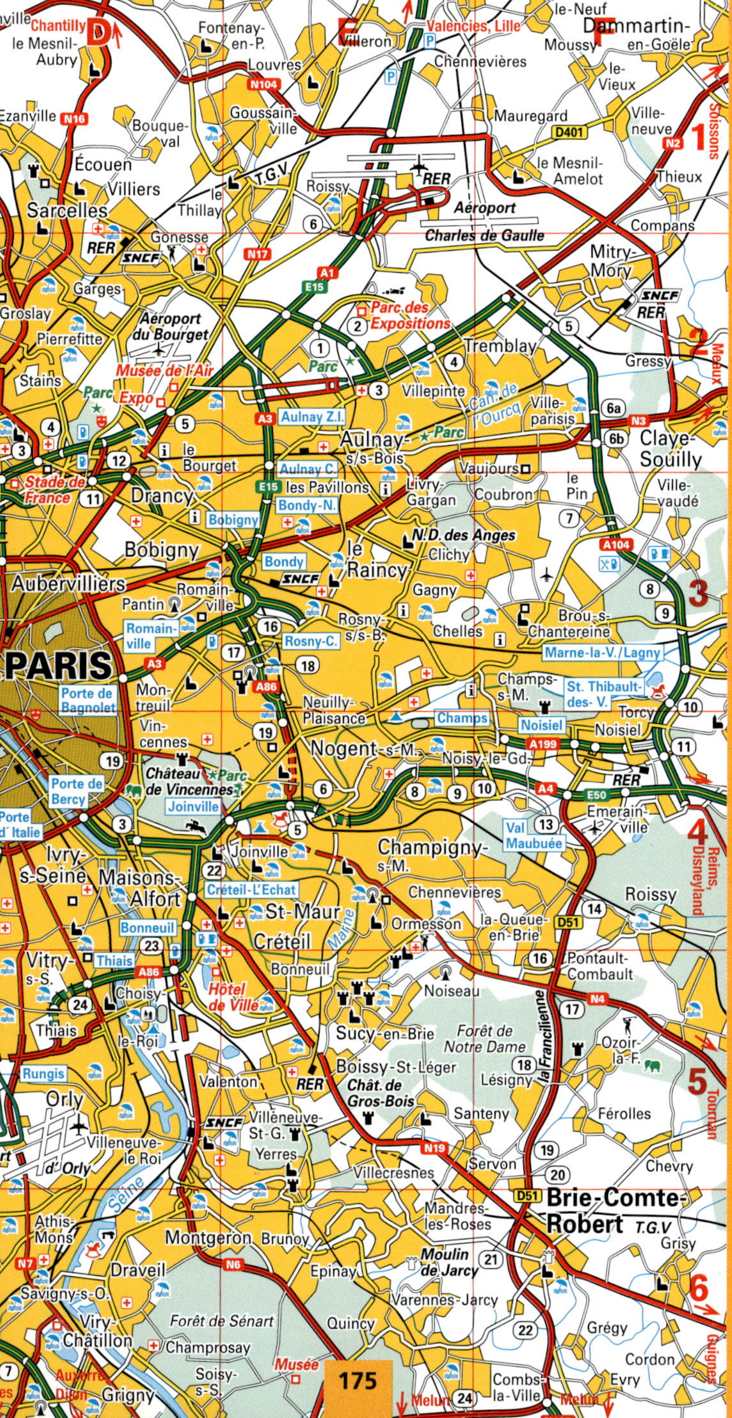

Chantilly
D
le Mesnil-Aubry
Fontenay-en-P.
E
Villeron
Valencies, Lille
le-Neuf
Dammartin-en-Goële
Moussy
F
Louvres
N104
Chennevières
le-Vieux
Ezanville
N16
Bouqueval
Goussainville
Mauregard
D401
Villeneuve
N2
1
Soissons
Écouen
Villiers
T.G.V.
le Thillay
Roissy
RER
le Mesnil-Amelot
Thieux
Sarcelles
6
Aéroport
Charles de Gaulle
Compans
RER
SNCF
Gonesse
N17
Mitry-Mory
A1
E15
Garges
SNCF
RER
Groslay
Aéroport du Bourget
Parc des Expositions
2
5
2
Meaux
Pierrefitte
1
Tremblay
Gressy
Musée de l'Air
Parc
4
Stains
Parc
Expo
3
Villepinte
Can. de l'Ourcq
Villeparisis
6a
4
5
A3
Aulnay Z.I.
N3
3
Aulnay-s/s-Bois
Parc
6b
Claye-Souilly
12
le Bourget
Aulnay C.
Vaujours
Stade de France
11
Drancy
E15
les Pavillons
Livry-Gargan
Coubron
le Pin
Villevaudé
Bondy-N.
Bobigny
Bobigny
7
N.D. des Anges
A104
le Raincy
Clichy
Bondy
SNCF
Aubervilliers
Pantin
Romainville
Gagny
8
3
9
Romainville
16
Rosny-s/s-B.
Chelles
Brou-s-Chantereine
Rosny-C.
Marne-la-V./Lagny
PARIS
A3
17
18
A86
Champs-s-M.
St. Thibault-des-V.
Porte de Bagnolet
Montreuil
Neuilly-Plaisance
Torcy
10
Champs
Noisiel
Noisiel
Vincennes
19
Nogent-s-M.
A199
11
19
Noisy-le-Gd.
Château de Vincennes
Parc
RER
Porte de Bercy
6
8
9
10
A4
E50
Joinville
Emerainville
Porte d'Italie
3
5
Val Maubuée
13
4
Reims, Disneyland
Champigny-s-M.
Ivry-s-Seine
Joinville
22
Maisons-Alfort
Créteil-L'Echat
Chennevières
Roissy
St-Maur
Marne
Ormesson
la-Queue-en-Brie
D51
14
Bonneuil
Créteil
23
Bonneuil
16
Pontault-Combault
Vitry-s-S.
Thiais
A86
Hôtel de Ville
Noiseau
Choisy-le-Roi
24
N4
17
Thiais
la Francilienne
Sucy-en-Brie
Forêt de Notre Dame
Ozoir-la-F.
Rungis
Boissy-St-Léger
18
Lésigny
5
Orly
Valenton
RER
Chât. de Gros-Bois
Tournan
SNCF
Villeneuve-St-G.
Santeny
Férolles
Villeneuve-le Roi
d'Orly
Yerres
N19
19
Servon
Chevry
Villecresnes
20
Seine
D51
Brie-Comte-Robert
T.G.V
Athis-Mons
Mandres-les-Roses
Grisy
Montgeron
Brunoy
N7
N6
Moulin de Jarcy
21
Draveil
Epinay
6
Savigny-s-O.
Varennes-Jarcy
Viry-Châtillon
Forêt de Sénart
Quincy
Grégy
22
Champrosay
Guignes
Cordon
7
Auxerre
Dijon
Grigny
Soisy-s-S.
Musée
Combs-la-Ville
Evry
Melun
24
Melun

Im Register sind alle in diesem Reiseführer erwähnten Orte und Ausflugsziele verzeichnet. Halbfette Seitenzahlen verweisen auf den Haupteintrag, kursive auf ein Foto.

Schreiben Sie uns!

Liebe Leserin, lieber Leser,

wir setzen alles daran, Ihnen möglichst aktuelle Informationen mit auf die Reise zu geben. Dennoch schleichen sich manchmal Fehler ein – trotz gründlicher Recherche unserer Autoren/innen. Sie haben sicherlich Verständnis, dass der Verlag dafür keine Haftung übernehmen kann. Wir freuen uns aber, wenn Sie uns schreiben.

Senden Sie Ihre Post an die MARCO POLO Redaktion, MairDumont, Postfach 31 51, 73751 Ostfildern, marcopolo@mairs.de

Impressum

Titelbild: Mont-Saint-Michel (Huber: Giovanni)
Fotos: W. Dieterich (6, 11, 20, 72, 76, 85, 101, 103, 106, 109, 111, 116, 117, 120, 123, 125, 129, 130, 138, 143, 149); Feldhoff & Martin (2 o.); F. Frei (56); R. Freyer (7, 30, 40, 136); R. M. Gill (134, 150); G. Hartmann (9, 66, 73); HB-Verlag (53, 54); HB-Verlag: Kirchner (4, 43, 45); Huber: Giovanni (163); H. Krinitz (24); Lade: Lange (25), Ott (27); Laif: Huber (15); Mauritius: Mehlig (5 r.), Dr. Wirth (145); H. P. Merten (1, 26, 28, 48); REA: Craig (35); Schapowalow: Heaton (2 u.), Pratt-Pries (36); Schuster: Bernhart (94), Explorer (U. r., 12, 77), Nacivet (67); T. Stankiewicz (U. l., 5 l., 17, 22, 61, 71, 81, 93, 126, 133, 137, 140, 146, 152); M. Thomas (U. M., 118, 135); E. Wrba (18, 33, 37, 41, 47, 49, 59, 60, 69, 82, 87, 90, 92, 97, 98, 99, 100, 108, 114, 121)

9., aktualisierte Auflage 2005 © MairDumont GmbH & Co. KG, Ostfildern
Herausgeber: Ferdinand Ranft, Chefredakteurin: Marion Zorn
Lektor: Manfred Pötzscher, Bildredaktion: Gabriele Forst
Kartografie Reiseatlas: © MairDumont/RV Verlag, Ostfildern
Gestaltung: red.sign, Stuttgart
Sprachführer: in Zusammenarbeit mit Ernst Klett Sprachen GmbH, Stuttgart, Redaktion PONS Wörterbücher

Printed in Germany. Gedruckt auf 100% chlorfrei gebleichtem Papier

Bloß nicht!

Zu guter Letzt ein paar Tipps zur Vermeidung unliebsamer Abenteuer

Bestehlen lassen

In stark frequentierten Urlaubsregionen und an Fernrouten operieren regelrechte Banden, die sich auf den Autodiebstahl spezialisiert haben. Deshalb sollte man hier keinesfalls den Wagen über Nacht auf ungesichertem Parkplatz abstellen, sondern am besten gleich Hotels mit Garagen oder eingezäunten bzw. durch Schranken gesicherten Plätzen ansteuern. Auch tagsüber ist man in Großstädten und in beliebten Feriengebieten wie Provence, Côte d'Azur oder Atlantikküste nicht vor Autodieben sicher. Deshalb keinesfalls Wertsachen im geparkten Wagen liegen lassen!

Sich auf die Füße treten lassen

Es gibt besonders schöne Ziele, die man unbedingt gesehen haben möchte. Dazu gehören zum Beispiel der Mont-St-Michel, Les Baux, Rocamadour, Lourdes, Place du Tertre in Paris. So bedauerlich es sein mag: Im Zeitalter des Massentourismus sollte man solche Orte zumindest in der Hauptsaison meiden, es sei denn, Gedränge, Geschäftemacherei und horrende Preise für Dienstleistungen stören einen nicht weiter. Wer außerhalb der Ferienmonate an die Loire fährt, ist besser dran: Die meisten Schlösser sind ganzjährig geöffnet.

Schwach werden

Dragueur heißt der Typ, der das Anmachen als eine Art Sport betreibt. Bei eindeutigen Annäherungsversuchen hilft oft ein energisches *casse-toi!*, das heißt: »Verdrück dich!« Oft wird auch versucht, das »Opfer« in ein freundlich-interessiertes Gespräch zu verwickeln. Lassen Sie sich nicht täuschen. Denn wenn ein *dragueur* letztlich nicht zum Ziel kommt, kann es sehr ungemütlich werden.

Vor verschlossener Tür stehen

Wenn Sie am Nachmittag noch eine Besichtigung vorhaben, kann die Zeit knapp werden. Denn bei vielen Sehenswürdigkeiten werden Besucher 45 Minuten, ja bis zu eine Stunde vor dem Ende der offiziellen Öffnungszeiten nicht mehr eingelassen.

Leichtsinnig sein

Entlang der Atlantikküste sind hohe Wellen und starke Strömungen schon manchem, auch geübtem, Schwimmer zum Verhängnis geworden. Auch die Gefahren bei schlechtem Wetter im Gebirge werden allzu oft unterschätzt. Auf jeden Fall sollten Sie sich über das Wetter informieren, bevor Sie zu einer Wanderung ins Gebirge aufbrechen.